国家社科基金后期资助项目
出版说明

　　后期资助项目是国家社科基金设立的一类重要项目,旨在鼓励广大社科研究者潜心治学,支持基础研究多出优秀成果。它是经过严格评审,从接近完成的科研成果中遴选立项的。为扩大后期资助项目的影响,更好地推动学术发展,促进成果转化,全国哲学社会科学工作办公室按照"统一设计、统一标识、统一版式、形成系列"的总体要求,组织出版国家社科基金后期资助项目成果。

全国哲学社会科学工作办公室

国家社科基金
后期资助项目
GUOJIA SHEKE JIJIN HOUQI ZIZHU XIANGMU

社会组织参与社会治理
法律问题研究

陈咏梅 著

上海三联书店

目　　录

导　　论

一、问题的缘起

我国正处在公共行政的转型攻坚阶段,建立在"国家—社会"一体化结构基础上的传统行政管理体制面临严重挑战,迫切要求加快克服政府一元化管理的弊端,寻求多元化利益诉求下社会治理创新的路径与方法。党的十八大要求"加快形成党委领导、政府负责、社会协同、公众参与、法治保障的社会管理体制"[①];党的十八届三中全会通过的《中共中央关于全面深化改革若干重大问题的决定》要求建立健全社会组织参与社会事务的机制和制度化渠道,并首次采用"社会治理"代替以往的"社会管理"[②];党的十九大进一步要求"提高社会治理社会化、法治化、智能化、专业化水平""打造共建共治共享的社会治理格局"[③],提出了创新社会治理的明确要求。社会组织是社会权力的重要载体,推进社会组织参与社会治理是创新社会治理、实现多元治理格局的有效路径。同时,社会组织主体资格和法律地位的确立、参与机制的建立和理性治理的追求需要法治的支撑和保障,如果不能通过规范的制度建构来代替传统国家行政对经验及伦理的依赖,公共行政将难以真正完成现代化的转型,现代化的社会治理模式亦将难以确立。将社会组织对社会治理的参与同行政法治结合起来,在法治的框架下探寻社会治理创新的路径和方法,对相关法律问题进行梳理并展开深入研究,提供社会组织参与社会治理的理论支持和制度保障,在法治国家、法治政府、法治社会一体建设的改革背景下具有重要的理论价值和实践意义。

---

① 胡锦涛:《坚定不移沿着中国特色社会主义道路前进为全面建成小康社会而奋斗——在中国共产党第十八次全国代表大会上的报告》,人民出版社 2012 年版,第 34 页。
② 《中共中央关于全面深化改革若干重大问题的决定》,载《人民日报》2013 年 11 月 16 日。
③ 习近平:《决胜全面建成小康社会夺取新时代中国特色社会主义伟大胜利——在中国共产党第十九次全国代表大会上的报告》,人民出版社 2017 年版,第 62 页。

（一）社会组织参与社会治理：创新社会治理的必然要求

"每一历史时代的经济生产以及必然由此产生的社会结构，是该时代政治和精神的历史基础。"[①]随着社会主义市场经济体制的确立和发展，计划经济体制下形成的"国家—社会"一体化的一元化社会结构模式已为多元利益需求的多元化社会结构所替代，一元化社会结构模式下以政府对社会事务进行全方位、单向度控制为特征的传统行政管理体制面临改革的迫切要求。实践中，转变政府职能、创新社会治理已经成为行政体制改革的明确要求。在立法领域，《社会力量办学条例》《民办教育促进法》《政府投资基金暂行管理办法》《社会组织信用信息管理办法》等一系列法律法规的颁行显示政府正逐步放权、还权于社会，政府"单中心"的管理模式正在逐步打破，多元化治理的格局逐渐形成，社会组织参与社会治理已经成为创新社会治理的必然要求。首先，社会组织参与社会治理打破了政府在社会治理领域的垄断地位，有助于促进政府职能转变，促使政府将精力和资源集中用于宏观调控和市场监管等"应该管、管得了、管得好"的领域，优化资源配置，形成社会治理领域的竞争与合作关系，最大限度地激发社会创造力、供给力，为社会提供个性化、多样化、高质量的公共产品与公共服务，从而使多元化的社会需求得到满足；其次，社会组织参与社会治理使传统行政管理体制下政府与公民的两极关系转化为以政府之外的社会组织为联结的政府与公民、政府与社会组织、社会组织与其一定范围内成员之间的多向度、多维度的行政关系，有助于缓解政府压力，减少政府成为社会矛盾焦点的概率，形成多元治理主体共同治理的社会治理新格局。[②]

（二）法治化：社会组织参与社会治理的路径选择

党的十八大要求"加快形成政社分开、权责明确、依法自治的现代社会组织体制"[③]，党的十八届三中全会进一步提出"激发社会组织活力"[④]，政府与社会组织的关系呈现出新的趋向。根据民政部发布的《2019年民政事业发展统计公报》的统计数据，截至2019年底，全国共有社会组织86.6万个，比上年增长6.0%。[⑤]社会组织的快速发展显示，随着行政体制改革

---

① 《马克思恩格斯选集》（第1卷），人民出版社2012年版，第380页。

② 参见石佑启、陈咏梅：《论社会管理主体多元化与行政组织法的发展》，载《法学杂志》2011年第12期，第21页。

③ 胡锦涛：《坚定不移沿着中国特色社会主义道路前进为全面建成小康社会而奋斗——在中国共产党第十八次全国代表大会上的报告》，人民出版社2012年版，第34页。

④ 《中共中央关于全面深化改革若干重大问题的决定》，载《人民日报》2013年11月16日。

⑤ 数据来源：中华人民共和国民政部网站，http://www.mca.gov.cn，2019年《民政事业发展统计公报》。

的深入和社会主义市场经济的发展,各类社会组织正在以其独特的优势参与社会治理,已经成为社会治理创新不可或缺的组织载体,承担着越来越重要的治理功能,政府与社会组织共同治理的治理格局正在逐步形成。与此同时,民政部对"中国文化网络传播研究会"作出撤销登记的行政处罚①、北京市民政局作出取缔非法社会组织"全国正义慈善联盟"的决定②、深圳市民政局决定对"深圳市爱佑未来慈善基金会"进行立案调查③等系列案件的查处,亦显示社会组织参与社会治理仍然面临组织的法定性欠缺、行为的规范性不足等诸多问题。如何对社会组织进行有效的法律规制以保证其参与行为的有序性,已经成为公共行政转型过程中必须面对的重要课题。

囿于已有立法规范不足等问题,社会组织的法律地位、权力来源、职权范畴、行为程序、法律责任以及权利救济等尚缺乏足够的立法依据,相关的制度设计及机制建构还待完善。这些都构成了社会组织参与社会治理的障碍性因素,影响了政府职能转变及社会治理创新的实际效果,不利于行政体制改革的进一步推进。在创新社会治理的过程中,政府渐次退却领域的治理职能,需要由政府以外的社会组织来承接,在培育和发展社会组织的同时也要对其进行规范,唯此传统行政管理体制下政府全能型管理与能力有限性之间的深层次矛盾才能得到根本性的解决,政府职能的转变及社会治理创新方能真正实现。党的十九大强调,"全面依法治国是中国特色社会主义的本质要求和重要保障",要求"建设中国特色社会主义法治体系"。④ 完善相关的立法规范,建构社会组织参与社会治理的制度体系,将社会组织参与社会治理纳入法治的轨道,在法治的框架下依法进行,是社会组织参与社会治理必然的路径选择。

二、国内外研究现状及其述评

(一) 国外研究现状

1. 政治学与管理学等领域的相关研究

西方并无"社会组织"(Social Organizations)的提法,而是称其为"非

---

① 案件来源:中国社会组织政务服务平台网站,http://www.chinanpo.gov.cn/index。
② 案件来源:北京市民政局网站,http://mzj.beijing.gov.cn/art/2018/1/10/art _ 4490 _
  464040.html。
③ 案件来源:深圳市民政局网站,http://mzj.sz.gov.cn/ydmh/xxgk/mzxw/content/post_
  2933710.htm。
④ 习近平:《决胜全面建成小康社会夺取新时代中国特色社会主义伟大胜利——在中国共产党
  第十九次全国代表大会上的报告》,人民出版社 2017 年版,第 28 页。

政府组织"(Non-governmental Organizations),或"第三部门"(The Third Sector),或"非营利组织"(Non-profit Organizations),或"志愿组织"(Voluntary Organizations)等。相关研究始于 20 世纪 50 年代,在非政府组织及其对社会治理的参与等方面已经形成了大量的研究成果,建构起了较为成熟的理论体系。

(1) 对非政府组织的研究。① 学者们对非政府组织的内涵、成因、作用及影响等展开了较为深入的研究。如美国学者莱斯特·M. 萨拉蒙(Lester M. Salamon)在《全球公民社会:非营利部门视界》一书中提出了著名的非政府组织的定义属性,即组织性、非营利性、非政府性、志愿性、自治性等②;朱莉·费希尔在《非政府组织与第三世界政治的发展》一书中阐释了非政府组织对各国政治体制的影响,以详实的资料为非政府组织的作用与前景勾勒了较为清晰完整的轮廓③;巴西学者 Adonai Lacruz 和 Everton Cunha 探讨了管理办公室在非政府组织中的调节作用④;澳大利亚学者 Leanne M. Kelly 与 Maya Cordeiro 分析了实用主义在非政府组织组织过程中的应用⑤等。

(2) 对社会治理的研究。学者们在有关社会治理的研究和实践中形成了如下的经典理论:福利国家理论(保罗·皮尔逊,《福利制度的新政治学》,2004 年)、第三条道路理论(安东尼·吉登斯,《第三条道路:社会民主主义的复兴》,2000 年)、新公共管理理论(欧文·E. 休斯,《公共管理导论》,2015 年;马克·H. 穆尔,《创造公共价值:政府战略管理》,2016 年;Joshua Steinfeld, Clifford McCue, Eric Prier. *Professionalism as Social Responsibility in Procurement and Administration*,2017 年等)、治理理论(迈克尔·麦金尼斯,《多中心治道与发展》,2000 年;埃莉诺·奥斯特罗姆,《公共事物的治理之道:集体行动制度的演进》,2000 年;格里·斯托克,《作为理论的治理:五个论点》,2019 年等)、新公共治理理论(斯蒂芬·

---

① 因西方国家并无"社会组织"的提法,而称其为"非政府组织"或"第三部门"等,本书在阐述域外相关的理论、立法及制度等时,采用"非政府组织"的概念。

② 参见[美]莱斯特·M. 萨拉蒙著:《全球公民社会:非营利部门视界》,贾西津、魏玉等译,社会科学文献出版社 2002 年版,第 12 页。

③ 参见[美]朱莉·费希尔著:《非政府组织与第三世界政治的发展》,邓国胜、赵秀梅译,社会科学文献出版社 2002 年版,第 287 页。

④ See Adonai Lacruz, Everton Cunha. Project Management Office in Non-governmental Organizations:An Ex Post Facto Study, *Revista de Gestão*, Vol. 25, No. 2,2018, pp. 212 - 227.

⑤ See Leanne M. Kelly, Maya Cordeiro. Three Principles of Pragmatism for Research on Organizational Processes, *Methodological Innovations*,Vol. 13,No. 2,2020,pp. 1 - 10.

奥斯本，《新公共治理？——公共治理理论和实践方面的新观点》，2016年等）。

（3）对非政府组织参与社会治理的研究。学者们对非政府组织参与社会治理的特点、方式、作用等方面进行了较为系统的研究。如美国学者 Peter Graef 指出，非政府组织在西方国家处于非常重要的战略地位，其所提供的高效率的公共服务甚至连政府都无法比拟[①]；加拿大学者 Anthony Heyes 与 Steve Martin 对非政府组织的竞争模式进行了研究[②]；美国学者 Donald F. Kettl 提出，竞争机制的引入使非政府组织在社会服务中由补充角色变为平等的竞争者，在提高社会效率的同时也减少了政府的负担，提高了社会治理的灵活性[③]等。

2. 法学领域的相关研究

学者们对非政府组织参与社会治理的法律规制等问题进行了研究，取得了较为丰厚的研究成果。如德国学者哈特穆特·毛雷尔在《行政法学总论》一书中提出，私法组织是否可以纳入行政主体的范畴取决于是否将行政主体扩展到一切法律上独立的、经授权执行行政任务的组织和主体[④]；意大利学者路伊萨·托尔奇亚在《法治与经济发展：意大利社会制度中的法律体系》一文中指出，独立于政府之外的公共机构拥有自身的决策权和裁决权[⑤]；俄国学者 Freek van der Vet 阐释了非政府组织如何向法院提出诉求，以及限制性环境如何影响非政府组织的诉讼[⑥]等。西方国家有关社会组织的法律体系较为成熟，如美国《联邦税法典》对社会组织规制的条文有上千条之多，法国有《非营利社团法》，德国有《结社法》，日本有《特定非营利活动促进法》等，法学领域的研究往往借鉴了本国的立法成果。

---

① See Peter Graefe. Personal Services in the Post-industrial Economy: Adding Nonprofits to the Welfare Mix, *Social Policy & Administration*, Vol. 38, 2004, pp. 456 – 469.

② See Anthony Heyes, Steve Martin. Social Labeling by Competing NGOs: A Model with Multiple Issues and Entry, *Management Science*, Vol. 63, No. 6, 2017, pp. 1657 – 2048.

③ See Donald F. Kettl. *The Global Public Management Revolution: A Report on the Transformation of Governance*, Brookings Institution Press, 2000, p. 61.

④ 参见［德］哈特穆特·毛雷尔著：《行政法学总论》，高家伟译，法律出版社 2000 年版，第 503 页。

⑤ 参见［意］路伊萨·托尔奇亚：《法治与经济发展：意大利社会制度中的法律体系》，中国—欧盟法律研讨会论文，转引自郭道晖：《权力的多元化与社会化》，载《法学研究》2001 年第 1 期，第 6 页。

⑥ See Freek van der Vet. Holding on to Legalism: The Politics of Russian Litigation on Torture and Discrimination before the European Court of Human Rights, *Social & Legal Studies*, Vol. 23, No. 3, 2014, pp. 361 – 381.

（二）国内研究现状

1. 政治学与管理学等领域的相关研究

国内对社会组织参与社会治理的研究主要集中于政治学、管理学等领域，相关研究始于 20 世纪 80 年代，虽历时不长，但已经形成了较为丰厚的研究成果。

（1）对社会组织的研究。学者们对社会组织的概念界定、特征及其发展等问题进行了较为深入的研究。如王名、蔡志鸿、王春婷在《社会共治：多元主体共同治理的实践探索与制度创新》一文中指出，社会组织已经成为解决政府失灵的新的和有效的制度因素，在多元共治五个主体层面中将成为社会共治的核心主体[1]；熊光清在《中国民间组织的主要功能、制度环境及其改进路径》一文中指出，民间组织在政治生活中能够抑制政府对公众滥用公共权力，对提高公民社会行为能力有重要作用[2]；王诗宗、宋程成在《独立抑或自主：中国社会组织特征问题重思》一文中指出，我中国社会组织之独特结构及实践为组织对其所面对的"制度复杂性"的能动"回应"，对社会组织进行多层次制度分析可能导出关于我国社会组织的新的"研究纲领"[3]；马庆钰、贾西津在《中国社会组织的发展方向与未来趋势》一文中指出，我国社会组织在改革开放后经过了"恢复发展""曲折发展""平稳发展"三个阶段，并阐释了我国社会组织发展的宏观目标、指导思想和基本原则[4]；张贤明、张力伟在《社会治理共同体：理论逻辑、价值目标与实践路径》一文中提出，应当将社会组织的活力与效用嵌入治理问题的专业性之中[5]等。

（2）对社会治理的研究。学者们对社会治理的目标、路径、方式等展开研究，形成了较为丰硕的研究成果。如何增科在《从社会管理走向社会治理和社会善治》一文中指出，社会治理和政府社会管理存在重大区别，是一个由多元行动者以各自权威对社会事务、社会生活和社会组织的规范与

---

[1] 参见王名、蔡志鸿、王春婷：《社会共治：多元主体共同治理的实践探索与制度创新》，载《中国行政管理》2014 年第 12 期，第 17 页。

[2] 参见熊光清：《中国民间组织的主要功能、制度环境及其改进路径》，载《哈尔滨工业大学学报（社会科学版）》2013 年第 4 期，第 21 页。

[3] 参见王诗宗、宋程成：《独立抑或自主：中国社会组织特征问题重思》，载《中国社会科学》2013 年第 5 期，第 50 页。

[4] 参见马庆钰、贾西津：《中国社会组织的发展方向与未来趋势》，载《国家行政学院学报》2015 年第 4 期，第 62 页。

[5] 参见张贤明、张力伟：《社会治理共同体：理论逻辑、价值目标与实践路径》，载《理论月刊》2021 年第 1 期，第 66 页。

协调过程①；白景坤在《我国社会组织管理体制改革的目标及路径探析》一文中，分析了我国社会组织管理体制改革的目标构成及渐进式社会组织管理体制改革的路径，指出突破体制困境、构建理想的组织管理体制有助于推动社会组织的发展，实现和谐的社会管理②；姜晓萍在《国家治理现代化进程中的社会治理体制创新》一文中指出，创新社会治理体制的关键在于构建新型社会治理体系③；范如国在《复杂网络结构范型下的社会治理协同创新》一文中提出，政府主导的传统线性管理模式已经不能应对复杂社会问题，有必要引入复杂科学管理范式这一新的管理范式，建立社会治理的协同创新机制和制度安排，展开协同社会治理④；王浦劬在《国家治理、政府治理和社会治理的含义及其相互关系》一文中指出，"治理的根本出发点是人民的根本利益"⑤；俞可平在《推进国家治理体系和治理能力现代化》一文中提出了衡量一个国家的治理体系是否现代化的五个标准——公共权力运行的制度化和规范化、民主化、法治、效率、协调⑥；佟德志在《当代世界民主治理的主体复合体系》一文中提出，"多元主体的互动形成了民主治理的复合体系"⑦等。

（3）对社会组织参与社会治理的研究。学者们对社会组织参与社会治理的模式、路径等问题进行了较为深入的探讨。如孙柏瑛在《当代政府治理变革中的制度设计与选择》一文中指出，政府管理理念已经发生了根本性的变化，政府将与政府以外的非营利组织、非政府组织、社区组织、公民自治组织等第三部门以及私营机构等，共同承担管理公共事务的责任⑧；张康之在《论主体多元化条件下的社会治理》一文中指出，创新社会治理是新型社会体制的重心和突破口，由于治理主体的多元化，合作将成

① 参见何增科：《从社会管理走向社会治理和社会善治》，载《学习时报》2013 年 1 月 28 日。
② 参见白景坤：《我国社会组织管理体制改革的目标及路径探析》，载《理论探讨》2010 年第 2 期，第 136 页。
③ 参见姜晓萍：《国家治理现代化进程中的社会治理体制创新》，载《中国行政管理》2014 年第 2 期，第 24 页。
④ 参见范如国：《复杂网络结构范型下的社会治理协同创新》，载《中国社会科学》2014 年第 4 期，第 98 页。
⑤ 王浦劬：《国家治理、政府治理和社会治理的含义及其相互关系》，载《国家行政学院学报》2014 年第 3 期，第 14 页。
⑥ 参见俞可平：《推进国家治理体系和治理能力现代化》，载《前线》2014 年第 1 期，第 5 页。
⑦ 佟德志：《当代世界民主治理的主体复合体系》，载《政治学研究》2020 年第 6 期，第 14 页。
⑧ 参见孙柏瑛：《当代政府治理变革中的制度设计与选择》，载《中国行政管理》2002 年第 2 期，第 19—20 页。

为共同开展社会治理行动的必然选择①；杨丽、赵小平、游斐在《社会组织参与社会治理：理论、问题与政策选择》一文中提出，社会组织日益成为社会治理的主体力量，也面临公信力不足、自治性弱、政府依赖性强等诸多问题，需要提升其专业化程度，形成多元主体协作平台与共治机制②；范和生、唐惠敏在《社会组织参与社会治理路径拓展与治理创新》一文中提出了创新社会组织治理模式的构想③；徐越倩、吴丹阳在《社会组织参与社会治理的标准化》一文中，从政府发展监管社会组织、社会组织自主治理以及政社合作三个维度，提出了构建社会组织参与社会治理标准体系框架的构想④等。

2. 法学领域的相关研究

从法学的角度研究社会组织对社会治理的参与还较为薄弱，已有的研究主要从理论法学及行政法学的角度展开。(1)理论法学。已有的成果主要有：苏力、葛云松、张守文、高丙中在《规制与发展：第三部门的法律环境》一书中，对第三部门的法律制度、税收法律问题、运行及其合法性进行了探讨⑤；郭道晖在《权力的多元化与社会化》一文中指出，权力社会化是人类社会发展的必然归宿，与国家相对分离的民间社会和社会多元化格局将逐渐形成⑥；马金芳在《社会组织多元社会治理中的自治与法治》一文中指出，社会治理创新是政府与民间良性互动的双赢选择，社会组织的发展与壮大形成了新型权力制约机制，应当推进从社会组织自治到社会自治的进程⑦等。(2)行政法学。已有的成果主要有：王建芹在《从管制到规制：非政府组织法律规制研究》一书中，对非政府组织的政府监管进行了研究，指出我国非政府组织法律制度需要有一个从"管制"到"规制"的发展过程⑧；王新时在《从行政组织法的视角看我国非政府组织之法律规制》一文

① 参见张康之：《论主体多元化条件下的社会治理》，载《中国人民大学学报》2014年第2期，第1—3页。

② 参见杨丽、赵小平、游斐：《社会组织参与社会治理：理论、问题与政策选择》，载《北京师范大学学报（社会科学版）》2015年第6期，第5页。

③ 参见范和生、唐惠敏：《社会组织参与社会治理路径拓展与治理创新》，载《北京行政学院学报》2016年第2期，第94—96页。

④ 徐越倩、吴丹阳：《社会组织参与社会治理的标准化》，载《治理研究》2020年第6期，第90—96页。

⑤ 参见苏力、葛云松、张守文、高丙中著：《规制与发展：第三部门的法律环境》，浙江人民出版社1999年版。

⑥ 参见郭道晖：《权力的多元化与社会化》，载《法学研究》2001年第1期，第3—4页。

⑦ 参见马金芳：《社会组织多元社会治理中的自治与法治》，载《法学》2014年第11期，第87页。

⑧ 参见王建芹著：《从管制到规制：非政府组织法律规制研究》，群言出版社2007年版，第198—201页。

中指出,对非政府组织的法律规制推动了传统行政主体理论的发展,行政组织法对非政府组织的系统规制是其在社会公共治理中发挥作用的重要保障[①];江必新、李沫在《论社会治理创新》一文中指出,社会治理创新的主要任务就是保障和改善民生,促进社会公平正义,增强社会发展活力,促进社会和谐稳定[②];石佑启、杨治坤在《中国政府治理的法治路径》一文中提出,我国的政府治理包括自治和共治两个维度,共治"即由政府、社会、市场等多元主体对公共事务的共同治理,形成政府、社会、市场多元主体的合作治理结构。合作、协调、伙伴关系、互利共赢是共治的基本精髓"[③];江国华在《习近平全面依法治国新理念新思想新战略的学理阐释》一文中提出,推进多层次、多领域依法治理对于创新社会治理具有重要意义[④]等。

(三) 现有研究小结

国内外对社会组织参与社会治理的已有研究主要集中于政治学、管理学等领域,将社会组织参与社会治理与行政法治结合起来,从行政法学的角度予以研究亟待加强。本书拟结合党的十八大及十八届三中、四中全会,党的十九大及十九届四中、五中全会等提出的"全面推进依法治国""加强和创新社会治理""推进国家治理体系和治理能力现代化",以及《法治政府建设实施纲要(2015—2020 年)》等的战略安排,探寻社会组织参与社会治理的路径和方法,对相关法律问题展开系统研究。

三、研究的意义

(一) 理论价值

1. 拓展行政法学的研究视域

从行政法学的基本原理出发,并借鉴政治学、管理学、社会学、经济学等学科理论,探寻社会治理创新的路径和方法,关注社会组织参与社会治理过程中出现的法律问题,对与此相关的行政法学理论与行政法律制度等进行系统的分析与梳理,有助于拓展行政法学的研究视域,增强行政法学对经济社会发展的回应性与贡献力。

---

① 参见王新时:《从行政组织法的视角看我国非政府组织之法律规制》,载《内蒙古大学学报(哲学社会科学版)》2012 年第 1 期,第 54 页。
② 参见江必新、李沫:《论社会治理创新》,载《新疆师范大学学报(哲学社会科学版)》2014 年第 2 期,第 25 页。
③ 参见石佑启、杨治坤:《中国政府治理的法治路径》,载《中国社会科学》2018 年第 1 期,第 69 页。
④ 参见江国华:《习近平全面依法治国新理念新思想新战略的学理阐释》,载《武汉大学学报(哲学社会科学版)》2021 年第 1 期,第 40 页。

2. 丰富行政主体及行政行为理论

行政法治的核心在于规范行政权力的配置与运行。厘清政府及其他行政权力主体的权力范畴,实现行政权力在政府与社会之间的有序运行,是规范行政权力运行的关键所在。从行政法治的角度研究社会组织参与社会治理,有利于从源头上调整行政权力的配置,建立合理的行政权力结构,理顺政府与社会之间的职能关系,形成多元化主体的社会治理模式,实现政府与社会之间适度的平衡,推进行政主体及行政行为理论的进一步发展。

3. 促进行政组织法的发展

以社会组织参与社会治理为切入点,以创新社会治理为突破口,以法治化为路径选择,探讨社会组织在社会治理中的主体资格、法律地位、职权职责等问题,检讨与反思现行行政组织法律制度的缺陷,有助于完善相关法律法规,提高立法技术,促进行政组织法的发展,以完善的法律体系推动改革进程,巩固改革成果。

4. 推进行政法学研究方法的创新

通过对多学科研究成果的借鉴以及对多种研究方法的综合运用,尤其是采用价值分析法、功能分析法、实证分析法等研究方法,从公共行政和法治行政的视角研究社会组织参与社会治理相关的法律问题,探讨社会组织参与社会治理的法律与法理基础,以法的权威性、理性和稳定性保障社会治理创新预期目标的实现,有助于推进法学研究方法的创新,为本学科及其他学科的研究提供科学的参考和借鉴。

(二) 现实意义

1. 破解社会组织参与社会治理之现实难题

研究社会组织参与社会治理的现实障碍、改革的动力与前景等问题,以社会治理创新为目标,定位检视现有制度上的缺陷,探寻社会组织参与社会治理法律规制的新思路,解决社会组织参与社会治理所面临的程序设计、机制建构与制度供给等问题,破解社会组织参与社会治理的现实难题,促进法治政府与法治社会的建设。

2. 促进社会治理创新

以对社会治理的参与为依托,完善社会组织的职能构成和组织结构,不断提升社会组织的社会治理能力,保证政府渐次退却的公共事务领域有相应的社会组织能够予以承接,从而推进国家行政权力向社会转化,促使国家行政管理与社会自治之间的良性互动,促进社会治理模式的创新。

3. 推进国家治理体系和治理能力现代化

以社会组织参与社会治理为有效路径,探讨与此相关的法律问题,厘定政府权力的疆界,思考政府与社会组织在社会治理中的权限和分工,形成竞争与合作的良性关系,为社会提供高效、优质的公共服务,满足多元化的社会需求,以有效保障与增进公民权益,这正是推进国家治理体系和治理能力现代化的出发点和落脚点。

四、研究的思路和方法

(一) 主要思路

本书立足我国法治政府与法治社会的建设实践,关注创新社会治理之现实问题,将社会组织参与社会治理同行政法治结合起来,对与此相关的行政法理论与制度进行系统的梳理、分析与论证,研究社会组织参与社会治理的程序设计、机制建构与制度安排,探寻社会组织参与社会治理的救济途径,探讨社会组织参与社会治理的责任追究,提供社会组织参与社会治理之理论指导。

(二) 研究方法

本书以公共行政与法治行政为视角,综合运用多种研究方法,对社会组织参与社会治理法律问题进行研究,对相关问题给予合理的解释和有效的解决方案,力求增强研究成果的创新性与贡献力。

(1) 价值分析法与功能分析法相结合。从价值判断角度阐述社会组织参与社会治理的应然状态,解析社会组织参与社会治理的价值目标,在法治的框架下建构社会组织参与社会治理之制度体系;从功能分析的角度解读社会组织参与社会治理在法治政府与法治社会建设中的功能,探索提升社会组织在社会治理中的作用与功能的路径和方法,满足社会治理创新的要求。

(2) 规范分析法与实证分析法相结合。从规范分析的角度,提炼社会组织参与社会治理的法律问题,分析相关规范文本的现状、问题及其原因,提出完善社会组织参与社会治理规范文本的对策建议;同时,立足我国法治政府与法治社会的建设实践,运用实地调研、数据分析等实证分析方法,分析社会组织参与社会治理面临的实际问题,提供研究的实证材料,保证研究的现实针对性。

(3) 历史分析法与比较分析法相结合。将社会组织参与社会治理置于"推进国家治理体系和治理能力现代化""加强和创新社会治理"这一特定的历史发展阶段进行考察,以发展的眼光进行评价,并比较我国社会组织与西方国家非政府组织在参与社会治理的目标、特征、路径、方式等方面的异同,为构建我国社会组织参与社会治理的模型提供对比样本和制度参考。

（4）多学科综合分析法。综合运用法学、经济学、行政学和社会学等学科理论展开对社会组织参与社会治理的研究,多角度、全方位剖析社会组织参与社会治理的法律问题,对社会组织参与社会治理在程序设计、机制建构、制度安排、权利救济与责任追究等方面存在的问题及其原因进行全面分析,在此基础上提出兼具前瞻性与可行性的对策建议。

第一章　社会组织参与社会治理与行政法治

"国家与社会的分化,是法治生成的基础。"①如果说对权利的保障构成了现代法治的基础,那么多元化的利益诉求则为当代公共行政转型的推动力。在日益多元的利益诉求下,行政机关越来越难以单独应对越来越复杂的公共事务,单向度、垄断式的传统行政管理体制难以为继,要求更为有效的治理模式。人民主权与权利让渡及治理与善治等理论提供了社会组织参与社会治理合法性的理论依据,信息公开与公众参与等制度提供了社会组织参与社会治理的制度支持,以社会组织为重要构成的多元化治理模式兼具合法性与可行性。为保证治理的有效性,应当将社会组织参与社会治理纳入法治的轨道,以法治的原则与精神为要求,在法治的框架下建构社会组织参与社会治理的行为规则与制度体系。

第一节　公共行政转型与社会组织的兴起

"在传统的行政管理体制下,政府是公共事务唯一的或几乎唯一的主体,是公共物品唯一的或几乎唯一的提供者,人们几乎把政府与公权力等同,很少有人想象政府之外还有其他公权力——社会公权力的存在。"②传统行政管理体制下政府对行政权力的高度垄断相悖于经济社会的发展要求,日渐多元的利益主体及利益诉求要求创设新的组织形式实现不同利益的整合。"在任何社会,社会公共体都是必要的,但是'公共体'并不等于政府"的认知逐渐成为共识③,行政权力由政府独享的传统权力结构模式逐渐被打破,传统行政管理体制所依赖的社会基础已经发生了根本性的变

---

① 周佑勇:《公共行政组织的法律规制》,载《北方法学》2007年第1期,第94页。
② 姜明安:《行政管理体制改革的目标、任务和路径选择》,载《前沿理论》2008年第12期,第13页。
③ 姜明安:《行政的"疆域"与行政法的功能》,载《求是学刊》2002年第2期,第69页。

化,公共行政面临转型的明确诉求。将政府的权力限定于其应然的边界,充分发挥政府以外的社会组织在社会公共事务治理中的功能和作用,成为推进公共行政转型,形成符合经济社会发展需要的公共行政秩序的必然要求。

一、公共行政的转型要求及其可能性

传统理念下,公共行政(Public Administration)意指政府对公共事务的管理[①],由政府承担对公共服务与公共物品的供给。改革开放以来,持续推进的市场化改革带来了深刻的社会变革,"国家—社会"一体化的社会结构逐渐转化为利益需求多元的多元化社会结构模式,仅仅依靠政府已经难以满足日益多元化的利益诉求与权利要求,政府对公共产品与公共服务供给的不足与人民日益增长的美好生活需要之间的矛盾日渐凸显,要求公共行政从传统走向现代。

(一) 传统公共行政转型:社会结构模式变化之要求

以全能型政府全方位管理为特征的传统行政管理体制形成于计划经济时期,计划经济体制下国家与社会合一、社会结构及利益需求的一元化决定了全方位、单向度的行政管理模式有其难以比拟的制度优势,政府对行政权力的垄断、对社会公共事务的全能型管理有效保证了计划的上行下达,有利于集中可集中的力量保证计划的实现,满足了计划经济体制下对社会的管理要求。随着经济社会的不断发展,计划经济体制以及与之相适应的政府全能型垄断管理与经济社会发展所需要的社会活力及创新能力之间的矛盾日渐凸显,改革成为推进经济社会发展的必然选择。波澜壮阔的市场化改革契合了经济全球化及新公共管理运动在全球展开的社会背景,焕发了社会活力,激发了社会创造力,社会从对国家的依附中逐渐独立出来,越来越多地参与到公共行政之中,发挥着越来越重要的治理功能。"国家—社会"一体化的社会结构模式逐渐瓦解,计划经济体制下一元化的社会结构为社会主义市场经济体制下的多元化社会结构所替代,传统行政管理体制赖以依存的社会结构模式已经不复存在。以"国家—社会"一体化社会结构为基础的传统行政管理体制,已经难以在利益诉求多元的多元化社会结构模式下有序运行,公共行政必须实现从传统到现代的转型。

---

① 参见张康之、张乾友:《三维视角中的公共行政概念》,载《中国行政管理》2012年第6期,第104页。

（二）治理理念、主体、方式的新发展：公共行政转型之可能性

行政管理体制改革是一个"从一元治理到多元治理""从管制政府到服务政府"的过程。① 在这一过程中，新的治理理念逐渐形成。政府认识到全能型管理与权责有限性之间的矛盾，开始从"不该管、管不了、管不好"的领域渐次退却，由政府作为单一管理主体垄断公共事务的时代已经渐行渐远。政府职能向社会组织转移，政府与社会组织合作已为发展的基本趋向。② 在政府"退却""不及"与"未尽"的领域，社会组织开始参与到社会治理之中，承担公共事务的治理职能，社会所需的公共产品与公共服务逐渐由政府与社会组织共同承担。在"不该管、管不了、管不好"的领域，政府"少管"和"不管"逐渐成为现实，政府不再独享公共事务的管理权，各种类型的社会组织逐渐成为重要的社会治理主体。

就社会组织参与社会治理的途径而言，主要有以下几种：一是法律、法规、规章的授权，如《民办教育促进法》规定，国家机构以外的社会组织可以利用非国家财政性经费面向社会举办学校及其他教育机构③；二是行政机关的行政委托或行政外包，如政府通过公开招标、定向委托、邀标等形式将本由自己承担的公共服务交由社会组织提供等；三是社会组织依据自治章程等承担一定的治理职能，如律师协会等协会组织依据协会章程对组织成员的行为进行约束和规范等。通过法律、法规、规章的授权，行政机关的行政委托或行政外包，以及组织自治章程的规定等，社会组织参与社会治理逐渐成为常态，公共行政为政府所垄断的局面逐步被打破，社会治理的主体趋向多元。

就社会组织参与社会治理的方式而言，主要有以下几种：一是合作。政府作为公共事务唯一管理主体的传统现象正在被打破，政府的职能从"划桨"转向"掌舵"，将部分具体的"划桨"职能交由社会组织承担，以政府"掌舵"、社会组织"划桨"的合作模式等实现对公共事务的治理。如浙江永安余姚在外来人口管理上推行的承包制等。二是自主。即社会组织依据相关法律、法规、规章的授权或组织章程的规定，独立对相关社会公共事务进行治理。如妇联依据《中华全国妇女联合会章程》的规定维护妇女、儿童

---

① 俞可平著：《论国家治理现代化》，社会科学文献出版社2015年版，第84页。

② 参见郁建兴、沈永东：《调适性合作：十八大以来中国政府与社会组织关系的策略性变革》，载《政治学研究》2017年第3期，第39页。

③ 参见《民办教育促进法》第2条："国家机构以外的社会组织或者个人，利用非国家财政性经费，面向社会举办学校及其他教育机构的活动，适用本法。本法未作规定的，依照教育法和其他有关教育法律执行。"

的合法权益等。① 社会组织参与社会治理体现出较为明显的非营利性特征,通过合作与自主相结合的治理方式,社会组织越来越多地参与到公共行政之中,公共事务领域中政府之"不能""不宜""不及"等逐渐被弥补。

社会组织对社会治理的参与带来公共事务治理手段的多元化。从政府的角度而言,区别于传统管理模式下以单向度、强制性管理手段为主导,政府越来越多采用双向的、柔性的治理手段,行政指导、行政协议、行政奖励、劝告、建议等越来越多运用于对公共事务的治理,改变了传统以强制为特征的单向度管理模式,合作与共赢成为发展的基本趋向,公共治理的实际效果得以提升;从社会组织的角度而言,社会团体、基金会、民办非企业单位等类型的社会组织以区别于政府的非强制性、灵活多样的治理手段提供了公共治理的新选择,推进了社会治理目标的更好实现。"只有政府与社会公共组织各司其职,社会才有可能获得更好的公共产品与公共服务"的认知逐步形成②,公共行政转型的理念及实践基础已经具备。

二、社会组织的兴起

社会组织的兴起提供了公共行政转型的组织载体。考察西方非政府组织的生成与发展,辨析其与我国社会组织在发展规律上的异同,有助于发展社会组织,形成多元化主体合作治理的新型治理模式。

(一) 非政府组织在西方的兴起

在西方,"市场失灵"(Market Failure)与"政府失灵"(Government Failure)构成了非政府组织产生与发展的直接诱因。非政府组织的生成始于近代工业化的发展时期,随西方资产阶级革命、工业革命及宗教改革同步进行。有学者指出,非政府组织在西方的发展历程几乎和西方资本主义自身一样悠久。③ 进入 20 世纪,西方国家的非政府组织获得了极为快速的发展。20 世纪中期,英国经济学家贝弗里奇爵士提交的《社会保险和相关服务》报告使得"福利国家"(Welfare States)的理念得到广泛传播④,"结社"(Association Forming)在西方各国发展迅速。自 20 世纪 70 年代末 80年代初起,随着全球性的经济滞涨及"福利国家"的破产,人们发现,"在市

---

① 如《中华全国妇女联合会章程》第 3 条规定:"代表妇女参与国家和社会事务的民主管理、民主监督,参与有关妇女儿童法律、法规、规章的制定,维护妇女儿童合法权益。"

② 石佑启、陈咏梅著:《行政体制改革及其法治化研究:以科学发展观为指引》,广东教育出版社2013 年版,第 42 页。

③ 参见王名编著:《非营利组织管理概论》,中国人民大学出版社 2002 年版,第 19 页。

④ 参见[英]贝弗里奇著:《贝弗里奇报告:社会保险和相关服务》,劳动和社会保障部社会保险研究所译,中国劳动社会保障出版社 2008 年版。

场这只'看不见的手'无法使私人的不良行为变为符合公共利益行为的地方,可能也很难构造'看得见的手'(政府)去实现这一任务"①。为克服"政府失灵"的压力,一场被称为"重塑政府"(Reinventing Government)、"再造公共部门"(Re-Engineering in the Public Sector)的"新公共管理运动"(New Public Management Movement)在全球兴起,其肇始于英国,随后进入美国,进而扩展到西方主要发达国家,最后波及发展中及转型国家。与之相适应的是"全世界正置身于一场全球性的'结社革命'之中,历史将证明这场变革对世纪后期世界的重要性"②,非政府组织在全球范围内获得了广泛的发展空间。进入 21 世纪,非政府组织在组织数量和组织规模上获得了更为快速的发展,"全球化浪潮导致了新的跨界流动和网络,这些流动和网络不仅融合了经济,而且融合了政治和社会文化,产生了相互依存的复杂关系,形成了一个更为复杂也更为紧密相连的世界,导致了各部门组织数量和规模的爆炸"③。在社会治理领域,非政府组织的治理功能也日趋成熟,非政府组织与政府之间相互依存的合作伙伴关系已经形成。④

(二)社会组织在我国的兴起

我国社会组织的发展路径区别于西方国家,在发展过程中形成了独立的社会组织与受政府支配的社会组织两种组织形态,呈现出快速发展与发展尚不均衡两个较为突出的特征。

1. 我国社会组织的三个发展阶段

社会组织在我国的发展可以划分为中华人民共和国成立至改革开放前的基本停滞期、改革开放后至 20 世纪末的快速发展期,以及进入 21 世纪的健康平稳发展期三个阶段.其发展历程区别于域外的非政府组织。

第一个阶段:中华人民共和国成立至改革开放前。中华人民共和国成立之后,为建立社会组织的新格局,先后颁行了《社会团体登记暂行办法》(1950 年)和《社会团体登记暂行办法实施细则》(1951 年),确定了社会团体登记的分级管理体制,完成了对社会组织的社会主义改造。由于中华人民共和国成立初期的主要任务是复苏国家经济,促进工业发展,国家与

---

① [美]查尔斯·沃尔夫著:《市场与政府:权衡两种不完善的选择》,谢旭译,中国发展出版社1994 年版,第 34 页。

② 参见[美]莱斯特·M.萨拉蒙著:《全球公民社会:非营利部门视界》,贾西津、魏玉等译,社会科学文献出版社 2002 年版,第 28—29 页。

③ John Casey. *The Nonprofit World*:*Civil Society and the Rise of the Nonprofit Sector*, Kumarian Press,2016,pp. 3 - 4.

④ 参见宋敏、吴晓云:《和谐社会语境下我国非政府组织的发展路径》,载《广西社会科学》2009年第 10 期,第 142 页。

社会呈现出"强国家—弱社会"的关系模式[1],社会组织的数量较为有限。据统计,"(20世纪)50年代初全国性社团只有44个"[2]。由于国际国内政治形势的变化,在这一阶段,社会组织的发展基本处于停滞状态。[3]

第二个阶段:改革开放后至20世纪末。改革开放以来,在经济领域,计划经济体制向社会主义市场经济体制转变,高度集中的计划经济转向尊重市场、权利导向的市场经济;在行政管理领域,转变政府职能、创新社会管理体制等改革举措持续推进,使得政府垄断行政权力的局面逐步被打破,政府对社会的管理也从微观走向宏观,社会组织获得极为快速的发展,其数量、组织规模等均达到了前所未有的高度。[4] 为规范社会组织的发展,我国在1990年至1991年12月、1996年至2000年初及2000年期间对社会组织进行了三次全国性的清理。[5]

第三个阶段:进入21世纪的发展。进入21世纪,社会组织获得了新的发展契机。党和国家高度重视社会组织的发展,要求充分发挥社会组织在社会治理中的功能和作用。2007年,党的十七大报告首次使用"社会组织"一词,并要求"发挥社会组织在扩大群众参与、反映群众诉求方面的积极作用,增强社会自治功能"[6];《国民经济和社会发展第十二个五年规划纲要》以专章的形式对"加强社会组织建设"进行了规定[7],《国民经济和社会发展第十三个五年规划纲要》以专节的形式对"发挥社会组织作用"进行了规定[8],彰显对社会组织及其功能的重视;党的十八大要求"引导社会组

---

[1] 参见周佑勇:《公共行政组织的法律规制》,载《北方法学》2007年第1期,第94页。

[2] 汪春翔:《和谐社会视域下社会组织建设研究》,江西师范大学2013年博士学位论文,第63页。

[3] 参见黄建:《民主政治视域下中国非政府组织发展研究》,中共中央党校2014年博士学位论文,第87页。

[4] 如1989年,全国性社团数量达1600多个,地方性社团数量上升至20万个,分别为1978年的16倍和33倍。参见吴忠泽、陈金罗主编:《社团管理工作》,中国社会出版社1996年版,第5页。

[5] 参见高丙中、袁瑞军主编:《中国公民社会发展蓝皮书》,北京大学出版社2008年版,第33—38页。

[6] 胡锦涛:《高举中国特色社会主义伟大旗帜 为夺取全面建设小康社会新胜利而奋斗——在中国共产党第十七次全国代表大会上的报告》,人民出版社2007年版,第30页。

[7] 参见《中华人民共和国国民经济和社会发展第十二个五年规划纲要》第九篇"标本兼治加强和创新社会管理"第三十九章"加强社会组织建设"的规定。来源:中华人民共和国中央人民政府网站,http://www.gov.cn,《中华人民共和国国民经济和社会发展第十二个五年规划纲要》。

[8] 参见《中华人民共和国国民经济和社会发展第十三个五年规划纲要》第十七篇"加强和创新社会治理"第七十章"完善社会治理体系"第三节"发挥社会组织作用"的规定。来源:中华人民共和国中央人民政府网站,http://www.gov.cn,《中华人民共和国国民经济和社会发展第十三个五年规划纲要》。

织健康有序发展"①；党的十九大报告对社会组织的建设与发展进行了专门论述，指出"中国特色社会主义进入新时代"②，要求"发挥社会组织作用"③，"形成有效的社会治理"④，社会组织进入新的健康平稳发展期。

2. 我国社会组织发展的特征

考察我国社会组织的生成与发展，呈现出发展的速度较为迅速，组织类型较为丰富，但是分布的领域较为集中，区域之间的发展欠均衡，城乡之间的差异较大等特征，社会组织的发展与创新社会治理的要求尚有一定的距离。

（1）社会组织的发展较为迅速，组织类型较为丰富

全国性与地方性的数据统计提供了解析我国社会组织发展状况的数据支持。通过对数字形式的全国性数据与地方性数据，以及表格形式的社会组织数量走势图、单体数量统计表、统计数据表、统计指标变化情况表等全国性数据与地方性数据的分析，可以得出对社会组织在全国范围内与地方范围内的发展，以及整体数量与单体数量发展的总体性结论，获得对策建议的数据支持。

从组织类型上来看，根据民政部及各地方民政部门的统计数据，我国社会组织的类型主要包括社会团体、民办非企业单位与基金会等。⑤ 其中，社会团体又包含了工商服务业类、科技研究类、社会服务类、农业及农村发展类等类型，民办非企业单位包含了民办非营利性的教育、卫生、文化、体育、民政、劳动机构等类型，基金会包含了公募基金会和非公募基金会等类型，组织类型多样化的特征明显。

从组织发展的态势上来看，首先，以全国性的统计数据为分析对象，无论是以年度为单位进行分析⑥，还是以一定的发展阶段为单位进行分析，

---

① 胡锦涛：《坚定不移沿着中国特色社会主义道路前进为全面建成小康社会而奋斗——在中国共产党第十八次全国代表大会上的报告》，人民出版社 2012 年版，第 38 页。

② 习近平：《决胜全面建成小康社会夺取新时代中国特色社会主义伟大胜利——在中国共产党第十九次全国代表大会上的报告》，人民出版社 2017 年版，第 13 页。

③ 习近平：《决胜全面建成小康社会夺取新时代中国特色社会主义伟大胜利——在中国共产党第十九次全国代表大会上的报告》，人民出版社 2017 年版，第 63 页。

④ 习近平：《决胜全面建成小康社会夺取新时代中国特色社会主义伟大胜利——在中国共产党第十九次全国代表大会上的报告》，人民出版社 2017 年版，第 57 页。

⑤ 如民政部发布的 2019 年《民政事业发展统计公报》所载的"社会组织按登记机关分类"表格显示，社会组织含社会团体、基金会、民办非企业单位。数据来源：中华人民共和国民政部网站，http://www.mca.gov.cn，2019 年《民政事业发展统计公报》。

⑥ 如根据民政部发布的 2019 年《民政事业发展统计公报》的统计数据，截至 2019 年底，全国共有社会组织 86.6 万个，比上年增长 6.0%；吸纳社会各类人员就业 1037.1 万人，比上年增长 5.8%，社会组织的数量及人员规模均处于上升状态。数据来源：中华人民共和国民政部网站，http://www.mca.gov.cn，2019 年《民政事业发展统计公报》。

我国社会组织的组织数量及人员规模等均处于持续向上发展的状态。2010—2017 年中国社会组织数量走势图,及 2010—2017 年中国社会团体、基金会、民办非企业单体数量统计表的数据,揭示了 2010 年至 2017 年我国社会组织持续发展的总体趋势,社会团体、民办非企业、基金会等社会组织无论是从个体发展的角度还是从整体发展的角度均呈上升趋势;同时,2018 年与 2019 年也呈上升趋势。其次,以地方性的统计数据为分析对象①,不论是通过对数字形式统计数据的对比,如湖南省等②,还是通过对表格形式数据的对比,如广东省以月为单位的数据统计、云南省以年与月为单位的数据显示等,这些地方社会组织的发展也呈上升趋势。

通过对全国性的统计数据以及广东省等东部地区、湖南省等中部地区、云南省等西部地区统计数据的分析,针对我国社会组织的组织形态与发展态势,可以得出如下的结论:一是我国社会组织的发展呈上升发展态势;二是社会组织的组织形态较为丰富,形成多元主体的社会治理模式及创新社会治理在组织数量、组织规模、组织形态上具备了一定的基础。

2010—2017 年中国社会组织数量走势图③

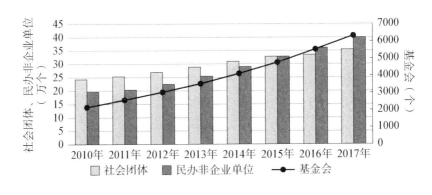

① 地方性的数据分析包含对我国东部地区、中部地区与西部地区的分析。在本书的阐述中,东部地区以广东省为样本,中部地区以湖南省为样本,西部地区以云南省为样本。
② 以湖南省为例,比较湖南省 2018 年 12 月、2019 年 12 月与 2020 年的民政统计数据,社会组织在个体上及总数上均呈上升态势。至 2018 年 12 月,湖南省社会组织的数量分别为社会团体 15197 个、民办非企业单位 20053 个、基金会 311 个,总计 35561 个;至 2019 年 12 月,湖南省社会组织的数量分别为社会团体 15862 个、民办非企业单位 20660 个、基金会 354 个,总计 36876 个;至 2020 年 12 月,湖南省社会组织的数量分别为社会团体 1.6 万个、民办非企业单位 2.1 万个、基金会 378 个,总计 36876 个。数据来源:湖南省民政厅网站,http://mzt. hunan. gov. cn,湖南省 2018 年 12 月份社会服务统计报表、湖南省 2019 年 12 月份社会服务统计报表、湖南省 2020 年 12 月份民政统计数据。
③ 数据来源:中华人民共和国民政部网站,http://www. mca. gov. cn,2017 年《社会服务发展统计公报》。

2010—2017 年中国社会团体、基金会、民办非企业单体数量统计表①

指标	2010 年	2011 年	2012 年	2013 年	2014 年	2015 年	2016 年	2017 年
社会团体（万个）	24.5	25.5	27.1	28.9	31.0	32.9	33.6	35.5
基金会（个）	2200	2614	3029	3549	4117	4784	5559	6307
民办非企业单位（万个）	19.8	20.4	22.5	25.5	29.2	32.9	36.1	40.0

2018 年社会组织按主要活动领域分类表②　　单位：个

指标	社会团体	基金会	民办非企业单位
合计	366234	7034	444092
科学研究	14838	504	14665
教育	10102	1511	240012
卫生	8707	177	30882
社会服务	49409	2341	73024
文化	41835	295	26614
体育	33722	42	19986
工商业服务	42510	224	5437
农村及农村发展	64745	86	3060
其他	100366	1854	30412

2019 年社会组织按登记分类表③　　单位：个

指标	社会团体	基金会	民办非企业单位
合计	371633	7585	487112
民政部登记	1983	213	99

① 数据来源：中华人民共和国民政部网站，http://www.mca.gov.cn，2017 年《社会服务发展统计公报》。
② 数据来源：中华人民共和国民政部网站，http://www.mca.gov.cn，2018 年《民政事业发展统计公报》。
③ 数据来源：中华人民共和国民政部网站，http://www.mca.gov.cn，2019 年《民政事业发展统计公报》。

续 表

指标	社会团体	基金会	民办非企业单位
省级民政部门登记	31789	5242	15287
市级民政部门登记	89359	1534	66012
县级民政部门登记	248507	596	405714

2020 年 12 月广东省社会组织统计数据①　　　　单位：个

地区	社会组织数	其中			慈善组织数	公开募捐资格数
		社会团体数	民办非企业单位数	基金会数		
广东省本级	3323	2068	780	475	293	51
广州市	8095	3440	4551	104	185	8
深圳市	10742	4742	5568	432	326	19
珠海市	2443	1136	1294	13	25	1
汕头市	2656	1254	1383	19	42	7
佛山市	5160	2557	2573	30	66	19
韶关市	1943	1159	781	3	16	4
河源市	1928	847	1076	5	18	1
梅州市	2531	1402	1090	39	50	7
惠州市	3392	1406	1970	16	49	2
汕尾市	1339	565	772	2	7	4
东莞市	4626	1145	3426	55	103	3
中山市	2273	715	1554	4	5	1
江门市	3463	2344	1116	3	25	7
阳江市	1734	760	970	4	6	1
湛江市	3267	955	2306	6	9	2
茂名市	2698	1119	1571	8	9	2
肇庆市	2402	1035	1366	1	11	5
清远市	2297	957	1337	3	11	4
潮州市	1762	754	994	14	21	1

---

① 数据来源：广东社会组织信息网，http://smzt.gd.gov.cn/shzz/tjcx/shzzsjtj/index.html，2020 年 12 月广东省社会组织统计数据。

续　表

地区	社会组织数	其中			慈善组织数	公开募捐资格数
		社会团体数	民办非企业单位数	基金会数		
揭阳市	2607	944	1627	36	75	1
云浮市	1162	662	479	21	35	2
合计	71843	31966	38584	1293	1384	155

2016 年和 2017 年云南省社会组织统计指标变化情况(单位:个)①

　　(2) 社会组织分布的领域较为集中,区域之间、城乡之间的发展欠均衡

　　从社会组织分布的领域来看,主要集中于教育类、社会服务类、卫生类、工商服务类等传统领域,科技与研究类、生态环境类、法律类等新兴领域社会组织的数量及占比还比较小。以近年来发展较快的民办非企业单位的构成为例,根据民政部的统计数据,截至 2017 年底,全国共有民办非企业单位 40.0 万个,占比前三的分别为教育类占 54.3%(21.7 万个)、社会服务类占 15.5%(6.2 万个)、卫生类占 6.8%(2.7 万个),此三项的占比达 76.7%;科技服务类、法律类、生态环境类的占比分别仅为 4%(1.6 万个)、0.3%(1197 个)与 0.1%(501 个)。② 根据 2018 年的统计数据,占比居于前三位的同样是教育类(240012 个,占比为 54%)、社会服务类(73024

---

①　数据来源:云南省民政厅网站,http://ynmz. yn. gov. cn,2017 年 3 季度主要统计指标分析及变化情况。

②　数据来源:中华人民共和国民政部网站,http://www. mca. gov. cn,2017 年《社会服务发展统计公报》。

个,占比为 16.4%)、卫生类(30882 个,占比为 7%)[①],此三项的占比上升至 77.4%,显示出社会组织分布的领域还很不均衡。

从社会组织的区域分布来看,主要集中于东部地区,中部地区社会组织处于向上发展的过程中,但与东部地区相比还有一定的差距,西部地区还欠发展,社会组织在不同区域的发展欠均衡。以 2017 年社会组织在全国范围内的分布为例,全国社会组织总量位居前十的省份分别为江苏省(8.98 万个)、广东省(6.69 万个)、浙江省(5.31 万个)、山东省(5.07 万个)、四川省(4.36 万个)、湖北省(3.59 万个)、湖南省(3.44 万个)、河南省(3.39 万个)、河北省(3.20 万个)、安徽省(3.02 万个)。这十个省份社会组织总量在全国的占比已经接近 2/3,其中,江苏一省社会组织总量就超过全国的 1/10。[②] 在社会组织总量排名前十的省份中,东部地区占 5 个(分别为江苏省、广东省、浙江省、山东省、河北省),社会组织总量的占比达 38.3%;中部地区占 4 个(分别为湖北省、湖南省、河南省、安徽省),社会组织总量的占比为 17.3%;西部地区仅有 1 个省份(四川省),社会组织总量的占比为 5.7%。至 2020 年,社会组织总量排名前十的省份分别是江苏省、广东省、浙江省、山东省、四川省、河南省、湖南省、河北省、安徽省、福建省。其中,东部地区占 6 个(江苏省、广东省、浙江省、山东省、河北省、福建省),中部地区占 3 个(河南省、湖南省、安徽省),西部地区仍为 1 个(四川省),东部地区社会组织的分布优势进一步扩大。

从社会组织在城乡之间的分布来看,城乡之间存在较大差异,社会组织主要集中于城市地区,在农村地区的发展亟待加强。以 2020 年 12 月广东省社会组织统计数据提供的数据为例,即使是在社会组织较为发达、总量居前的广东省,城乡之间的发展差异也是较为明显的。作为国家级三大城市群之一的珠三角九市——广州、深圳、珠海、佛山、东莞、中山、江门、肇庆、惠州的社会组织,无论是社会组织的总量,还是分类(社会团体、民办非企业单位、基金会)的个体数,均远超粤北山区的韶关、河源、梅州、清远、云浮 5 市,社会组织在城市与农村地区发展不均衡的难题需要破解。

3. 我国社会组织的两种组织形态

依据与政府关系的不同,我国的社会组织可以划分为受政府支配的社

---

① 数据来源:中华人民共和国民政部网站,http://www.mca.gov.cn,2018 年《民政事业发展统计公报》。

② 参见黄晓勇主编:《社会组织蓝皮书:中国社会组织报告(2018)》,社会科学文献出版社 2018 年版,第 3—4 页。

会组织与独立的社会组织共两种组织形态。所谓受政府支配的社会组织，系指由政府扶植成立，直接或间接受政府资助、支持的社会组织，主要包括体制内的社会团体、基金会等，为我国社会组织的重要组成部分。因其成立、资金来源、人员配置等受政府支配，受政府支配的社会组织往往作为政府的附属机构或者派出机构发挥作用，其职能常常是政府职能的延伸，独立性较差，采取的治理方式、治理手段等也往往与政府趋同。所谓独立的社会组织，系指自发成立并自主开展活动的社会组织，民办非企业单位、体制外的基金会等归属这一范畴。从近年来的发展来看，独立的社会组织在社会组织中的占比呈上升趋势，尤其是民办非企业单位的发展较快。① 因独立的社会组织并未得到政府的特殊帮助，相对于受政府支配的社会组织，其独立性较强。② 与域外非政府组织与政府之间已经形成较为成熟的合作与伙伴关系相比，我国社会组织的两种组织形态——受政府支配的社会组织与独立的社会组织——与政府之间的关系受既有立法的规范与调整而呈现自己的特点。③

4. 与西方非政府组织之比较

西方国家的非政府组织经过 19 世纪至今的发展已经较为成熟，与政府之间的合作与伙伴关系已经形成，在社会治理中发挥着不可或缺的作用，已经成为西方国家社会治理的重要构成。相较西方国家的非政府组织是在长期的革命斗争、宗教改革以及社会矛盾发展历程中形成的与政府之间的合作与伙伴关系，首先，我国社会组织在生成与发展的历程上与西方国家的非政府组织有较大的不同，因而在组织形态以及与政府之间的关系方面具有区别于西方的自己的特点，如何理顺政府与社会组织之间的关系，进一步发挥社会组织在我国社会治理中的功能与作用，还有制度性的难题需要破解；其次，我国社会组织发展的历程与西方国家的非政府组织相比还比较短，与西方国家非政府组织已经达到的规模与承担的治理职能相比，我国社会组织在全国及地方范围内的总量上，在每万人拥有的社会

---

① 以民政部发布的统计数据为例，2017 年、2018 年、2019 年全国共有民办非企业单位的数量分别是 40.0 万个、444092 个、487112 个，均超过了当年度其他两类社会组织的总和。数据来源：中华人民共和国民政部网站，http://www.mca.gov.cn，2017 年《社会服务发展统计公报》、2018 年《民政事业发展统计公报》、2019 年《民政事业发展统计公报》。

② 参见石佑启、陈咏梅著：《法治视野下行政权力合理配置研究》，人民出版社 2016 年版，第 97—98 页。

③ 进一步的阐述见第二章"社会组织参与社会治理之主体资格与监管趋向"。

组织数等指标上①,在承担社会公共职能的领域、区域、范围上,与西方国家的非政府组织还有一定的距离,表明我国社会组织在组织发展及公共职能的承担方面还有较大的发展空间。在与政府之间逐步走向合作与竞争的关系方面,中西方的发展具有某些契合性。

三、社会组织的发展趋向

在市场化改革与创新社会治理的进程中,我国社会组织已经取得了长足的发展,形成了区别于西方非政府组织的自己的特色。但是,与我国的人口数相比,与需要承接的社会公共职能相比,与推进中的社会治理创新的要求相比,我国社会组织在组织数量、组织规模、人员配备上,在履责能力上,在承担社会公共治理职能的范围和程度上还需加强。② 应当解决社会组织在组织数量、组织规模、人员配备等方面存在的问题,在分布的领域、区域等方面存在的问题,在履责能力、治理效果等方面存在的问题。

(一) 社会组织规模的发展要求

如果缺乏满足多元化治理所要求的组织载体,创新社会治理将因组织载体的缺失或不足而失去必要的前提。良性的治理结构需要多元治理主体之间的合理分工③,发展社会组织的组织数量,壮大社会组织的组织规模,加强社会组织的人员配备,提供多元化治理模式所要求的组织载体,是克服传统行政管理体制的弊端,创新社会治理需要解决的首要问题。首先,要增加社会组织的数量,解决每万人社会组织拥有数较低的实际问题,保证有足够的社会组织承担社会所需的公共治理职能,在组织数量和组织类型上满足社会治理的要求,确保对社会治理的要求逐步得以实现。其次,要壮大社会组织的组织规模,解决实践中存在的社会组织不仅数量不

---

① 根据民政部的统计数据,2011 年至 2019 年我国社会组织的总量分别为 2011 年 46.2 万个、2012 年 49.9 万个、2013 年 54.7 万个、2014 年 60.6 万个、2015 年 66.2 万个、2016 年 70.2 万个、2017 年 76.2 万个、2018 年 81.7 万个、2019 年 86.6 万个,呈现出逐年增长的发展态势。但是,在每万人拥有的社会组织数等指标上,仍然较低。数据来源:中华人民共和国民政部网站,http://www.mca.gov.cn,民政部 2011—2017 年《社会服务发展统计公报》,2018 年、2019 年《民政事业发展统计公报》。

② 参见石佑启、陈咏梅著:《行政体制改革及其法治化研究:以科学发展观为指引》,广东教育出版社 2013 年版,第 114 页。

③ 参见曹爱军、方晓彤:《社会治理与社会组织成长制度构建》,载《甘肃社会科学》2019 年第 2 期,第 96 页。

足而且规模不够的问题①,避免因组织规模的限制而影响社会组织对治理职能的履行,保证社会组织的组织规模能够应对社会公共事务的治理要求。再次,要增强社会组织对人才的吸引力,提高社会组织的人才储备力,保证社会组织能够拥有合理的人员配备。社会组织所承担的公共治理职能需要通过组织人员的治理行为完成,人员配备的不足将影响社会组织对公共治理职能的承担。人员配备问题已经成为影响社会组织及其参与社会治理的实践难题,需要以配套性的制度予以切实解决。

(二) 社会组织发展的均衡性要求

社会组织的均衡发展包含分布领域的均衡性、分布区域的均衡性以及城乡之间的均衡发展等要求。对于分布领域的均衡性而言,针对社会组织在科技与研究、生态环境、法律等经济社会发展所需的新兴领域分布较少的现状,需要以专门性的扶持政策着力发展科技与研究、生态环境、法律服务等领域的社会组织,以在全球性的竞争中占据优势地位。对于分布区域的均衡性而言,应当在充分调研社会组织在东部、中部、西部地区发展状况的基础上,进一步推进社会组织在东部地区的发展,提高每万人拥有的社会组织数等指标;同时,关注社会组织在东部以外区域的发展,尤其要培育和发展欠发达地区的社会组织,以专门性的扶持政策及立法规范等推进西部等欠发达地区社会组织的发展,逐步实现社会组织在东部、中部、西部地区的均衡发展,从整体上满足对社会公共事务的治理要求。对于城乡之间的均衡发展而言,应当着力解决农村地区社会组织数量少、规模小、活动开展不起来等发展薄弱的现实问题,缩小城乡之间的差异,逐步实现社会组织在城乡之间的均衡发展。

(三) 社会组织履责能力的提升要求

社会组织参与社会治理的实际效果取决于其履责能力。社会组织参与社会治理目标能否得以实现,关键在于社会组织是否具有满足创新社会治理所要求的履责能力。受到组织规模、人员配备、立法规范、制度环境等限制,社会组织的履责能力尚未满足对社会公共事务的治理要求,需要提升社会组织的履责能力,以形成与政府职能的衔接与协调,使政府能够将职能集中于"应该管、管得了、管理好"的领域,政府渐次退出的公共领域的

---

① 以 2017 年度全国性学术性社会团体评估结果为分析样本,在参与评估的 31 家全国性学术性社会团体中,办公面积最小的仅为 10 平方米(中国高校科技期刊研究会);有 1 家全国性学术性社会团体仅有 1 名工作人员;有 13 家全国性学术性社会团体未建立分支机构等。参见徐家良主编:《社会组织蓝皮书:中国社会组织评估发展报告(2018)》,社会科学文献出版社2018 年版,第 53—62 页。

治理职能由社会组织有效承担,从而在公共产品与公共服务的提供上形成政府与社会组织之间的积极合作与良性竞争,公众得以获得更为优质的公共产品和公共服务,创新社会治理的目标得以实现。

第二节　社会组织参与社会治理的理论依据与制度支持

社会组织参与社会治理是对管制社会的挑战,却是现代社会组织体系之秩序基石。① 社会组织参与社会治理为公共行政发展所要求,需要对其合法性与可行性予以审慎的论证。人民主权与权利让渡及治理与善治等理论提供了社会组织参与社会治理合法性与必要性的理论依据,信息公开制度与公众参与制度等提供了社会组织参与社会治理的制度支持,推进社会组织参与社会治理具有合法性与可行性。

一、社会组织参与社会治理的理论依据

人民主权与权力让渡理论从价值层面上揭示了社会组织参与社会治理的合法性,治理与善治理论从实践层面验证了社会组织参与社会治理的必要性。社会组织作为新的治理主体参与社会治理,"不断满足人民日益增长的美好生活需要"②,不仅合法,而且必要。

(一) 人民主权与权利让渡理论

人民主权思想萌芽于古希腊,近现代意义上的人民主权理论则起源于启蒙时代。法国启蒙思想家卢梭对人民主权理论的阐释在西方被奉为经典——"正像自然赋予了每个人控制他肌体的每个部分的绝对权力一样,社会契约也赋予了政治共同体控制它的成员的绝对权力;正是这种权力处于公意指导之下的时候,正如我以上所说的,就拥有了主权这个名称。"③历经欧洲资产阶级革命及工人运动洗礼的马克思,赋予了人民主权理论社会主义条件下的新的内涵——"只有为社会的普遍权利,特殊阶级才能要求普遍统治"④,而且"它不能再求助于历史的权利,而只能求助于

---

① 参见周佑勇:《公共行政组织的法律规制》,载《北方法学》2007 年第 1 期,第 94 页。
② 习近平:《决胜全面建成小康社会夺取新时代中国特色社会主义伟大胜利——在中国共产党第十九次全国代表大会上的报告》,人民出版社 2017 年版,第 57 页。
③ [法]让·雅克·卢梭著:《社会契约论》,徐强译,九州出版社 2006 年版,第 75 页。
④ 《马克思恩格斯选集》(第 1 卷),人民出版社 2012 年版,第 13 页。

人的权利"①,深刻揭示了国家权力源自人民对自身权利的让渡这一本质。行政权力作为"被赋有法律权力的公仆"②,其行使应当有助于保障与增进权利,"凡是显然为人民谋福利以及把政府建立在它的真正基础之上的任何行为,都是而且永远是正当的特权"③。为了更好地行使行政权力,要"找到某种形式的结合,使这种结合能够动用全部成员的集体力量来保护其结合者的人身利益;而且在这种结合下,每个人和别人结合的时候并不是使自己服从于其他的人,而是仅仅服从于他自己,并且仍像从前一样自由"④。人民主权与权利让渡理论从价值层面上提供了社会组织参与社会治理合法性的理论依据。

权利是法的内核。我国《宪法》明确规定了国家的一切权力属于人民⑤,人民让渡部分权利的目的在于更好地实现自己的权利。作为行政权力的承受者,行政机关负有提供公共产品及公共服务的法定职责,当其难以承担所有的公共职能时,得以一定的方式保证人民的权利要求获得满足,寻求其他的治理主体共同参与社会治理成为当然的要求与必然的选择。以组织性、非营利性、非强制性、自愿性等为特征的社会组织成为提供公共产品与公共服务的最佳选择。社会组织既可以与政府合作,共同承担公共治理职能,也可以独立承担其职能范畴内的公共职能,还可以凭借自身独特的优势提供更为优质的公共产品与公共服务,形成与政府的合作共赢与良性竞争,最大限度地满足人民的利益诉求与权利要求,从而使权利让渡的目标要求得以实现。党的十九大提出,"中国共产党人的初心和使命,就是为中国人民谋幸福"⑥,明确要求"加强社区治理体系建设,推动社会治理重心向基层下移"⑦,体现了对权利的尊重和保障,深刻诠释了执政为民的执政理念。

(二) 治理(Governance)与善治(Good Governance)理论

治理理论的兴起始于世界银行对"治理危机"(Crisis in Governance)一词的使用(1989 年)。此后,对治理及其最高标准——善治的研究成为

---

① 《马克思恩格斯选集》(第1卷),人民出版社 2012 年版,第 15 页。
② [英]洛克著:《政府论》(下篇),叶启芳、瞿菊农译,商务印书馆 2015 年版,第 95 页。
③ [英]洛克著:《政府论》(下篇),叶启芳、瞿菊农译,商务印书馆 2015 年版,第 100 页。
④ [法]让·雅克·卢梭著:《社会契约论》,徐强译,九州出版社 2006 年版,第 36—37 页。
⑤ 参见《宪法》第 2 条第 1 款:"中华人民共和国的一切权力属于人民。"
⑥ 习近平:《决胜全面建成小康社会夺取新时代中国特色社会主义伟大胜利——在中国共产党第十九次全国代表大会上的报告》,人民出版社 2017 年版,第 1 页。
⑦ 习近平:《决胜全面建成小康社会夺取新时代中国特色社会主义伟大胜利——在中国共产党第十九次全国代表大会上的报告》,人民出版社 2017 年版,第 62—63 页。

重要的理论前沿。"如果说追问统治者占有权力的理由构成了近代民主政治的逻辑起点,那么治理理论追问政府垄断公共产品供给的理由则成为民主政治进一步深入发展的逻辑起点。"①区别于基于单向度、强制性的"即使受到普遍的反对,仍然能够付诸实施"的统治(Government)②,治理与善治的价值在于构建一个多元主体、多中心治理和竞争机制,"提请人们注意私营和志愿机构已经更多地参与提供服务和战略性决策这一事实"③,其实质是行政权力向社会的回归,"为有秩序的规则和集体行动创造条件"④。在治理与善治之下,"不仅要有好的政府治理,还要有好的社会治理"⑤。作为一种新型的管理范式,治理打破了笛卡尔研究的传统范式,突破了政府对行政权力的垄断,将政府以外的社会组织引入社会治理之中,弥补了统治的不足;善治更是"公共利益最大化的治理过程和治理活动"⑥,是公共治理中的"帕累托最优"⑦,提供了社会组织参与社会治理必要性的理论支持。

在我国,持续推进的市场化改革打破了传统的一元化利益结构,多元化的利益诉求已经形成,仅仅依靠政府单向度、强制性的统治已经难以实现资源的最优配置,也难以满足不断增长的对公共产品和公共服务的需求。引入政府以外的社会组织,以其拥有的政府所不具备的特色和优势参与到社会治理之中,既能够为社会提供更为优质和多元的公共产品和公共服务,满足社会对公共产品与公共服务的需求,也有助于化解政府面临的治理效能不足的难题,避免政府的"失灵"。"善治是社会共治"⑧,政府以外的社会组织参与社会治理,以多元化、多中心的治理代替传统的政府统治,成为经济社会发展要求下的必然选择。

二、社会组织参与社会治理的制度支持

以知情权(The Right to Know)为法理基础的信息公开制度提供了社

① 曹任何:《治理与善治的合法性分析》,载《南京社会科学》2003 年第 5 期,第 45 页。
② 曾正滋:《公共行政中的治理——公共治理的概念厘析》,载《重庆社会科学》2006 年第 8 期,第 84 页。
③ [英]格里·斯托克:《作为理论的治理:五个论点》,华夏风译,载《国际社会科学杂志(中文版)》2019 年第 3 期,第 25 页。
④ 竺乾威:《新公共治理:新的治理模式?》,载《中国行政管理》2016 年第 7 期,第 132 页。
⑤ 俞可平:《国家治理的中国特色和普遍趋势》,载《公共管理评论》2019 年第 1 期,第 30 页。
⑥ 俞可平:《法治与善治》,载《西南政法大学学报》2016 年第 1 期,第 6 页。
⑦ 俞可平著:《论国家治理现代化》,社会科学文献出版社 2015 年版,第 77 页。
⑧ 王利明:《法治:良法与善治》,载《中国人民大学学报》2015 年第 2 期,第 118 页。

会组织参与社会治理所需的公共信息[①],公众参与(Public Participation)的制度支持保证了社会组织对社会治理的参与。信息公开制度、公众参与制度等的支持使得社会组织能够参与社会治理并在治理中发挥着独特的治理功能,多中心治理格局的形成与更好的社会治理得以成为可能。

(一) 信息公开制度

信息公开制度作为规范性的制度建构始于北欧的瑞典。基于对公民知情权的保护,英国、美国、澳大利亚等英美法系国家,法国、德国、荷兰以及亚洲地区的日本、韩国等大陆法系国家,均制定了政府信息公开法,确立了政府信息公开制度,对各国民主政治及经济社会的发展起到了独特的推动作用。

在我国,广州市于 2003 年颁行了全国第一部有关政府信息公开的地方政府规章《广州市政府信息公开规定》,规定了政府信息以公开为原则[②];《深圳市政府信息网上公开办法》(2004 年)的颁行首开网上公开政府信息之先河;随后,上海市、北京市、吉林省、陕西省、南京市、武汉市等省市相继颁布政府信息公开的制度规范;2007 年,国务院颁布《政府信息公开条例》,明确规定条例的立法目的是"保障公民、法人和其他组织依法获取政府信息,提高政府工作的透明度,促进依法行政"[③],以中央层面立法规范的形式对政府信息公开进行了规定。在专门性的立法之外,《立法法》《价格法》《行政处罚法》《行政许可法》《土地管理法实施条例》等单行法律法规也对政府信息公开进行了规定[④],信息公开制度已经确立。

信息公开被认为是"必须依赖政府解决的问题之一"[⑤],信息公开制度保证了社会组织作为权利主体(Subject of the Right)知晓相关信息以决定是否参与社会治理以及如何参与社会治理,避免了因信息缺失所导致的参与不能,是社会组织参与社会治理的重要制度支持。修改后的《政府信息公开条例》(2019 年)规定,"对涉及公众利益调整、需要公众广泛知晓或者

---

① 知情权又称"知的权利""知悉权"等,最早由肯特·库柏(Kent Copper,美国)提出。

② 参见《广州市政府信息公开规定》(2003 年)第 6 条:"政府信息以公开为原则,不公开为例外。"

③ 参见《政府信息公开条例》(2007 年)第 1 条:"为了保障公民、法人和其他组织依法获取政府信息,提高政府工作的透明度,促进依法行政,充分发挥政府信息对人民群众生产、生活和经济社会活动的服务作用,制定本条例。"

④ 如《立法法》第 86 条规定:"部门规章签署公布后,及时在国务院公报或者部门公报和中国政府法制信息网以及在全国范围内发行的报纸上刊载。地方政府规章签署公布后,及时在本级人民政府公报和中国政府法制信息网以及在本行政区域范围内发行的报纸上刊载。"

⑤ 贺林波、李燕凌著:《公共服务视野下的行政法》,人民出版社 2013 年版,第 242 页。

需要公众参与决策的政府信息,行政机关应当主动公开"①,明确了"确定主动公开政府信息的具体内容,并按照上级行政机关的部署,不断增加主动公开的内容"为行政机关的法定职责②,并以专门性的责任追究条款予以保证③。如果政府不依法公布应予公开的信息,将依法承担相应的法律责任。通过信息公开制度的建构,政府信息或由政府主动公开,或依申请公开,以保证"如果公众实际上未能及时得到通知的话,不能以此让任何人受不利于己的影响"④。社会组织得以依据政府的信息公开获取社会治理的相关信息,并通过公众参与制度的支持参与到社会治理之中。

(二) 公众参与制度

在西方,公众参与作为一项重要的民主形式经历了从古代的参与民主(直接民主)到近代的议会民主(间接民主)再到现代的参与民主(直接民主)的发展过程。现代意义的参与式民主以公众对政治、经济、社会生活等的直接参与为核心要求,弥补了民主理论中的个人主义困境,被视为疗救代议制民主的有效方案。⑤ 公众参与作为必需性的要求为法律所不断强化⑥,是非政府组织参与社会公共事务治理的重要制度支持。

我国《宪法》明确规定了人民可以依照法律规定管理社会事务⑦,以根本法的形式明确了公众对社会事务的参与;法律、行政法规、行政规章等对公众参与制度进行了具体规定,明确公众可以通过结社组织各种社会团体、行业协会、社团组织参与社会公共事务的管理,并要求任何组织和个人均不得非法干涉社会组织依法开展的社会活动,提供了社会组织参与社会治理的制度支持。

从中西方公共行政的发展历程来看,无论是"奉行管得最少的就是最好的政府"的守夜人政府,还是"从摇篮到坟墓"的福利型政府,抑或"单向

---

① 参见《政府信息公开条例》第 19 条:"对涉及公众利益调整、需要公众广泛知晓或者需要公众参与决策的政府信息,行政机关应当主动公开。"

② 参见《政府信息公开条例》第 22 条:"行政机关应当依照本条例第二十条、第二十一条的规定,确定主动公开政府信息的具体内容,并按照上级行政机关的部署,不断增加主动公开的内容。"

③ 参见《政府信息公开条例》第 51—53 条对责任追究的规定。

④ [美]理查德·J.皮尔斯著:《行政法》(第一卷),苏苗罕译,中国人民大学出版社 2016 年版,第 263 页。

⑤ 参见石佑启、陈咏梅著:《法治视野下行政权力合理配置研究》,人民出版社 2016 年版,第 64 页。

⑥ 参见[美]约翰·克莱顿·托马斯著:《公共决策中的公民参与》,孙柏瑛等译,中国人民大学出版社 2010 年版,第 3 页。

⑦ 参见《宪法》第 2 条第 3 款:"人民依照法律规定,通过各种途径和形式,管理国家事务,管理经济和文化事业,管理社会事务。"

度全方位管理"的全能型政府,均无法克服政府职能有限性的缺陷。政府职能的有限性与纷繁的公共行政事务之间存在天然的矛盾,在经济社会快速发展的今天,政府更是难以独自应对公共行政的发展所带来的治理需求,引入政府以外的社会组织参与社会治理,弥补政府权能的不足成为公共行政发展的必然趋势。通过公众参与制度的支持,社会组织得以参与到社会治理之中,公共治理职能得以分解。尽管公众参与制度还需要完善,但是业已建构的公众参与制度使得社会组织得以参与到社会治理中,并以独特的优势提供了社会所需的公共产品与公共服务,社会治理得以更好地实现。

第三节 社会组织参与社会治理之 现状、问题及其原因分析

社会组织作为合法治理主体已广泛参与到对社会公共事务的治理之中,发挥着日渐重要的治理功能,也面临治理过程中凸显的各种问题。客观审视社会组织参与社会治理面临的问题并分析其原因,有助于促进社会组织对社会治理的参与。

一、社会组织参与社会治理之现状

借鉴已有的研究成果,分析权威的统计数据,并结合实证考察获得的资料,可以形成如下的判断:就参与治理的领域而言,社会组织对社会治理的参与已经涉及许可参与的各领域,但尚不均衡;就活动的方式而言,呈多样化的特点,且往往采用多种方式而非局限于某一种方式;就参与治理的实际效果而言,社会组织对社会治理的参与推进了社会公共职能的更好实现,但治理的实际效果还待提升。

(一)参与治理的领域

社会组织参与社会治理的领域已经非常广泛。第一,社会组织对社会治理的参与涵盖了许可参与的社会公共事务的各领域,如工商服务、科技研究、教育、卫生、社会服务、文化、体育、法律、生态环境、农业及农村发展等。第二,社会组织对社会治理的参与并不局限于某一个领域,同时参与到多个领域之中已经成为常态。第三,社会组织对社会治理的参与虽然覆盖面较广,但参与治理的领域较为集中,仍然主要集中于社会服务、教育服务、工商服务、农业及农村发展服务等传统领域,参与治理的领域呈现出尚

不均衡的状态。[①] 第四,参与社会治理的领域处于动态发展的形态。如2008年,我国社会组织中占比位列前三的分别为教育服务类占24.8%(10.2万个)、社会服务类占13.4%(5.5万个)、卫生服务类占9.5%(3.9万个),占比不足5%的主要为职业及从业组织类、体育类、生态环境类、法律类、宗教类等[②];至2016年,社会组织中占比位列前三的分别为教育服务类占30%(20.9万个)、社会服务类占14.6%(10.2万个)、农业及农村发展服务类占8.6%(6.1万个),更多的社会组织参与到了农业及农村发展服务中,占比不足5%的主要为科技与研究类、卫生服务类、职业及从业组织类、生态环境类、法律类、宗教类等,占比前三及占比不足5%的领域均有调整。第五,在法律服务、生态环境等领域,社会组织的总量少、占比低,显示出在这些领域,社会组织的参与度还比较低。

(二) 参与治理的方式

社会组织参与社会治理的方式呈现以下特点:第一,社会组织参与社会治理的方式呈现多样化的特点,已经在实践中运用的方式主要有提供服务,交流、宣传、研修、培训、训练,调查研究,收集资料,提供信息,提出政策建议或提案,培育基层组织,提供资金和物质等援助,举办实体等;第二,社会组织参与社会治理时往往采用多种治理方式而非局限于某一种方式[③];第三,社会组织参与社会治理体现出较为明显的非营利性特征,采取的方式以提供服务等为主,较少采用举办实体等方式。

(三) 参与治理的实际效果

社会组织具有政府所不具备的特色和优势,在社会治理中发挥了独特的治理功能,同时也面临诸种制约因素。针对其参与社会治理的实际效果,可以从积极效果与消极效果两方面予以评价。

(1) 积极效果。一是在政府及市场未及的领域发挥了独特的治理功能。市场经济条件下,政府和市场的"失灵"需要社会组织的弥补。[④] 在政府及市场"不宜"或"不能"的领域,社会组织以其灵活性、非强制性等优势

---

① 民政部及地方民政部门有关各类型社会组织的统计数据显示,不管是社会团体还是民办非企业单位,数量较多、占比较高的多为社会服务类、教育服务类、工商类、农业及农村发展服务类的社会组织。在这些领域,社会组织的参与度比较高。

② 参见葛道顺:《中国社会组织发展:从社会主体到国家意识——公民社会组织发展及其对意识形态构建的影响》,载《江苏社会科学》2011年第3期,第20—21页。

③ 以广东省法学会为例,通过组织学习、调查、研究,参与立法、立法评估,提出对策和建议,表彰优秀法学人才和优秀法学成果,开展宣传、咨询、培训和法律服务等多种形式履行作为法律服务类社会团体的治理职能。

④ 参见文军:《中国社会组织发展的角色困境及其出路》,载《江苏行政学院学报》2012年第1期,第58页。

发挥了独特的治理功能,提供了社会所需的公共产品和公共服务。[1]　二是通过与政府合作或独立承担职能范畴内的公共治理职能等方式,提供了更为多元的公共产品和公共服务,满足了快速增长的对公共产品和公共服务特别是优质公共产品和公共服务的需求。三是为弱势群体提供了新的权利保障及权利救济途径,化解了社会矛盾,促进了社会的稳定与和谐。[2]　四是推进了政府职能转变,促进形成了更为合理的治理格局。一方面,社会组织对公共治理职能的承担分担了政府的压力,使政府能够集中力量办理"应该管、管得了、管得好"的公共事务,政府的职能范畴更为明晰,治理效果更为符合对其的期待;另一方面,社会组织的治理模式及治理方式提供了一定的参考,促使政府采用更为科学和理性的方式履行职责,政府的治理能力与治理水平不断提升,社会治理的整体效果更为理想。

(2)消极效果。一是社会组织在社会治理中发挥的作用低于对其的期待。社会组织的产生与发展在政府与公众之间形成了新的连接点,承载了政府与公众对其的双重期待。然而,政府与社会组织之间、社会组织与公众之间的信任关系、良性互动等均尚待形成,如何获得政府及公众的信任,提升社会治理的实际效果,仍是社会组织参与社会治理需要解决的难点问题。二是社会组织自身存在的问题影响了其公共职能的发挥。社会组织在组织规模、行为规范、能动性、行动力等方面还存在诸多问题,制约了其角色功能的发挥。三是社会组织参与社会治理的实际效果还待提升,还存在服务的领域、区域不均衡,城乡差异明显等诸多难题,制约了社会组织对社会治理的参与,需要在参与治理的过程中逐步加以克服,以提升治理的实际效果。

二、社会组织参与社会治理面临的问题及其原因分析

社会组织参与社会治理面临社会组织的公信力不足、受限制度较高、治理效果有限等问题。究其原因,既有意识层面的理念问题,也有现实层面的立法、制度问题。

---

[1]　如在表达公众的利益诉求方面,社会组织有其独特的价值。参见周学荣:《社会组织参与社会治理的理论思考与提升治理能力的路径研究》,载《湖北大学学报(哲学社会科学版)》2018年第6期,第111页。

[2]　如一些社会服务类的社会团体或民办非企业单位、法律类的社会团体或民办非企业单位,以及慈善性质的基金会等以社会救助、慈善救济等方式及时提供对弱势群体的救助或救济,使其受损的权利及时得到恢复或弥补,起到了消弭社会怨气,维护正常社会秩序的作用。

(一) 社会组织参与社会治理面临的主要问题

社会组织参与社会治理面临社会组织公信力不足之难题,对社会组织的双重准入限制与成立后的双重多级监管影响着社会组织主体资格的取得及其治理行为的开展,构成社会组织参与社会治理的制约因素。

1. 公信力不足

公信力不足、信任度不高是社会组织参与社会治理面临的突出问题。作为政府与公众之间的连接点,社会组织遭遇的公信力问题源自政府、公众及自身三个方面。一是公众对其的信任度不高。在政府与社会组织之间,公众几乎是天然地选择趋向政府而非社会组织。尽管随着法治的发展,权利意识觉醒,公众对政府的权力及其行为日渐警惕,但是在政府与社会组织之间,公众的选择往往指向政府而非社会组织,如何消解公众的疑虑,获取公众的信任,仍是社会组织参与社会治理需要解决的重点难题。二是政府对社会组织趋向管制而非信任和放权。全能型管理思维的惯性仍然体现于政府对其与社会组织关系的处理之中,社会组织的违规及违法行为一定程度上加剧了政府对其的监管倾向。我国社会组织有两种组织形态——受政府支配的社会组织及独立的社会组织,对于前者,政府以直接支配的方式予以掌控;对于后者,政府通过事前审批等方式严格控制其准入。[①] 加之在参与社会治理的过程中,社会组织与政府之间逐渐形成了竞争关系,政府对其的态度较为复杂,难以给予足够的信任和放权。三是社会组织自身存在的问题影响了其公信力及对其的信任度。如部分社会组织缺乏必要的自律机制,部分社会组织以公益为名实则为避税,部分非营利性的社会组织实际上以营利为目的等。这些因自身原因导致的信任危机较外部因素引发的危机更加难以弥合,实践中"郭美美事件"引发的对红十字会的信任危机(2011 年)、"卢美美事件"引发的对中国青基会的信任危机(2011 年)、"尚德诈捐门事件"引发的对中华慈善总会的信任危机(2011 年)、"河南宋庆龄基金会地产事件"引发的对宋庆龄基金会的信任危机(2012 年)等案例虽已过去数年,但所产生的负面影响至今仍然难以消除,公信力问题已经成为严重影响社会组织发展的障碍性因素。

2. 受限制度较高

依据《社会团体登记管理条例》《基金会管理条例》《民办非企业单位登记管理暂行条例》等的规定,对社会组织的管理采取了成立前的审查登记

[①] 参见石佑启、陈咏梅著:《法治视野下行政权力合理配置研究》,人民出版社 2016 年版,第 99 页。

与成立后的监督管理相结合的管理模式。成立社会组织应当经相关业务主管单位审查同意并向登记管理机关申请登记①,这是社会组织取得合法身份的必须前提,社会组织能否成立取决于是否能够获得业务主管单位的审查同意并经登记管理机关准予登记。成立后的双重、多级监督管理机制,一是要求登记管理机关与业务主管单位承担对已经成立的社会组织进行监督管理的法定职责②;二是对社会组织依照其活动的范围和级别,实行分级登记、分级管理的监管机制③。双重的准入机制,以及双重多级的监督管理机制体现出对社会组织较为严格的管制,影响着社会组织合法性主体资格的取得与治理行为的开展。

3. 治理效能有限

社会组织在参与治理的领域上仍然集中于社会服务、教育服务等特定的传统领域,对法律服务、生态环境服务等经济社会发展亟需的新兴领域的参与度还比较低;作用的区域主要集中于东部地区,西部地区特别是民族区域自治地区等区域的社会组织还比较少,在这些地区对公共治理的参与度还比较低;城乡之间的差异也比较大,社会组织的作用范围主要集中于城市,对农村地区社会治理的参与度还比较小;社会组织的数量与所需的公共服务及公共产品相比还不够,组织规模也还参差不齐,在人员、资金、行动力等方面还面临人才吸引力较低、资金来源不足、行动力不够、治理行为规范性不高等问题,这些都影响了社会组织对公共事务的治理。总体而言,社会所需的公共产品与公共服务仍然主要由政府提供,社会组织的治理效能还待提升。

(二) 原因分析

意识与实践层面的双重影响制约了社会组织对社会治理的参与。社会组织参与社会治理既受长期以来形成的重政府、轻社会组织观念的影响,也受立法规范、制度建构滞后的影响,意识与实践层面的难题还需克服。

1. 观念的局限

行为总是为意识所指引,业已形成的观念总是以一定的方式折射在个

---

① 如《社会团体登记管理条例》第 9 条第 1 款规定:"申请成立社会团体,应当经其业务主管单位审查同意,由发起人向登记管理机关申请登记。"

② 如《社会团体登记管理条例》第 24 条与第 25 条第 1 款分别规定了登记管理机关与业务主管单位应当履行的监督管理职责。

③ 如《社会团体登记管理条例》第 7 条规定:"全国性的社会团体,由国务院的登记管理机关负责登记管理;地方性的社会团体,由所在地人民政府的登记管理机关负责登记管理;跨行政区域的社会团体,由所跨行政区域的共同上一级人民政府的登记管理机关负责登记管理。"

人的行为选择及国家的制度建构之中,不可避免地影响着社会组织对社会治理的参与。在我国历史上,"儒文化"的传统、"家天下"的集权史、"父母官"的诉求;中华人民共和国成立后,计划经济时期所形成的全能型政府无所不包的管理模式,深刻诠释了政府主导公共行政在我国有着坚实的意识基础。[①] 人们习惯性地选择寻求政府的支持,要求政府的帮助,当然地认为政府负有"排忧解难"的职责,对政府的依赖几成惯性;政府亦视自己对社会事务的包揽为当然,对社会事务的管理集"掌舵"与"划桨"于一身,权力之手深入社会生活的各个领域。相较西方的非政府组织,我国社会组织对社会治理的参与面临根深蒂固的观念壁垒。市场化的改革不仅带来了制度的深刻变革,也导致了观念的重大转折。人们开始认识到政府的作用是有限的,政府无法满足公众所有的利益诉求,开始寻求政府以外的组织的帮助。政府也逐步意识到自身权能的有限性与全能型管理之间的矛盾,开始向社会让权、放权,社会组织获得了生存和发展的空间,随着改革的深入推进不断发展壮大,承载了越来越多的公共治理职能。然而,观念的转变不可能一朝完成,制度的改革也不可能一蹴而就,其惯性的影响及控制力的延伸仍然需要时间与努力去克服。社会组织自身观念的局限也影响了其发展及其对社会治理的参与,或过度依赖政府,或缺乏发展的规划,或缺少自律,或缺失遵守规则的自觉等,均构成了社会组织参与社会治理意识层面的制约因素。

2. 立法规范的不足

立法规范不足之难题导致社会组织难以依循既有的立法规范获得参与社会治理的足够支持。[②] 考察对社会组织的立法规范,一是缺少组织立法的统一规范。我国《宪法》以根本法的形式明确规定了我国公民有结社的自由[③],《宪法》的纲领性规定需要具体立法的细化和落实。从已有的组织法律体系来看,《国务院组织法》《地方各级人民代表大会和地方各级人民政府组织法》等均未涉及对社会组织的规定,《社会组织法》等专门性的组织法律亦尚付阙如,快速发展的社会组织尚无国家层面的组织立法对其进行规定和规范,法律地位、权力配置、权力运行、监督管理机制、权利救济机制等关涉社会组织发展的基本事项尚缺乏统一的上位法依据。二是单

---

① 参见石佑启、陈咏梅著:《行政体制改革及其法治化研究:以科学发展观为指引》,广东教育出版社 2013 年版,第 80—81 页。

② 社会组织主体资格的取得、治理行为的规范、权利救济与责任追究的实现等,均面临立法规范不足之实际难题。

③ 参见《宪法》第 35 条:"中华人民共和国公民有言论、出版、集会、结社、游行、示威的自由。"

行立法的有限性。《社会力量办学条例》(1997年)、《民办非企业单位登记管理暂行条例》(1998年)、《社会团体登记管理条例》(1998年发布,2016年修订)、《公益事业捐赠法》(1999年)、《民办教育促进法》(2002年通过,2013年、2016年修正)、《基金会管理条例》(2004年)、《政府投资基金暂行管理办法》(2015年)、《社会组织抽查暂行办法》(2017年)、《社会组织信用信息管理办法》(2018年)等的颁行显示了对社会组织的立法规范正在加强,尤其是党的十八大以来,立法节奏明显加快,体现了对社会组织参与社会治理的法治化趋向。从已有的单行性立法来看,《社会团体登记管理条例》《基金会管理条例》《民办非企业单位登记管理暂行条例》等对社会组织的登记管理等进行了规定,《政府投资基金暂行管理办法》对各级政府通过预算安排、以单独出资或与社会资本共同出资设立的基金的管理进行了规定,《社会组织信用信息管理办法》对社会组织的信息管理进行了规定,立法内容主要涉及对某一类社会组织或某一方面事项的规范,且面临立法内容待完善等亟需解决的问题。在已有的立法规定之外,其他需要规范的事项尚缺乏可依之立法规定。受制于基础性、统一性组织立法的缺失,单行性立法的有限性,对社会组织参与社会治理的规范还存在不少法律上的空白地带。三是程序性立法的缺失。不仅实体性的立法规范不足,有关社会组织权力运行的程序性立法规范也较为缺乏,社会组织的权力运行缺乏必要的程序规范,难以保证其权力运行的有序性。

3. 制度建构的滞后

解析社会组织对社会治理的参与,关涉行政权力在社会组织与政府及相关主体之间的配置、运行及监督。要实现对行政权力的合理配置、规范运行及有效监督,保证社会组织参与社会治理的实际效果,离不开程序性与实体性制度的支持与保障。"制度发展的基本目标是建立社会规则,这些规则将会产生有力的预期,并且将通过预期来限制对方的互动行为。"①然而,制度建构滞后于参与的需要,正是社会组织参与社会治理需要解决的又一难题。政府与社会组织之间,还缺乏有效的权力界分、合作、交流、竞争、监督等实体性的制度建构。程序性的制度建构亦十分有限,既缺乏必要的程序性制度对社会组织的治理行为予以规范,也缺乏足够的程序性制度支持社会组织参与对社会公共事务的治理。政府与社会组织在社会治理中的权力边界模糊、合作治理机制缺乏、程序规则缺失,对社会组织趋向监管而非引导扶持等实际难题客观存在,社会组织参与社会治理的

---

① 〔美〕杰克·奈特著:《制度与社会冲突》,周伟林译,上海人民出版社2009年版,第51页。

实体性制度与程序性制度均有待建构,尚难以依循既有的制度实现对社会治理的有效参与。

第四节　社会组织参与社会治理法治化的路径选择

社会组织的发展要求、社会组织参与社会治理过程中凸显的问题,以及引发这些问题的原因,彰显了社会组织参与社会治理路径选择的重要性。应当将社会组织参与社会治理纳入法治的轨道,以法治化为路径选择,遵循法治的理念及正当程序的要求,形成规范的社会组织法律规范体系,架构完善的社会组织参与社会治理制度体系,满足创新社会治理的要求。

一、法治的理念

古希腊哲学家亚里士多德提出,"法律是最优良的统治者""法治应当优于一人之治"①;西方资产阶级启蒙思想家赋予了法治"自由""平等""权力法定""分权制衡"等新的内涵②;现代意义上的"法治"对权利保障予以了更多的关注。在我国,"公民以法律为依持,以保障自身权利和自由不为权力无端侵夺"为法治首要的价值追求已为共识。③ 现代国家对"法治"不约而同地共同选择彰显了"法律"作为行为规则的意义和价值,"唯有法律才是客观的方面"④,"人民由于要受法律的支配,所以他们就应当是法律的制定者。制定社会规则的权利只能属于那些构成社会的人"⑤。在法治的理念之下,"只有人民才能通过组成立法机关指定由谁来行使立法权"⑥,以作为人民意志体现的法律为社会组织参与社会治理之行为规范,方能避免治理行为的无序和失范;以保障和增进人民的权利为社会组织参与社会治理之目标追求,才能实现"只要有一些人结合在一起并认为是一个整体,那么他们就只有一个意志,这个意志是指向他们的共同生存和公

---

① ［古希腊］亚里士多德著:《政治学》,吴寿彭译,商务印书馆 2012 年版,第 171—174 页。
② 如戴雪提出了著名的法治三原则;洛克主张以正式公布的法律进行统治;孟德斯鸠强调自由是法律的重要精神;卢梭将是否实行法治作为共和政体的唯一标志等。
③ 石佑启、杨治坤、黄新波著:《论行政体制改革与行政法治》,北京大学出版社 2009 年版,第 82 页。
④ ［德］黑格尔著:《法哲学原理》,范扬、张企泰译,商务印书馆 2019 年版,第 343 页。
⑤ ［法］让·雅克·卢梭著:《社会契约论》,徐强译,九州出版社 2006 年版,第 95 页。
⑥ ［英］洛克著:《政府论》(下篇),叶启芳、瞿菊农译,商务印书馆 2015 年版,第 89 页。

共福利"的治理目标①。"善治必须从法治起步"②,社会组织参与社会治理,应当在"法治"的理念之下展开。

二、正当程序的要求

"存在一种正确的或者公平的程序,这种程序若被人们恰当地遵守,其结果也会是正确的或公平的"③,阐释了程序之于正义的独立价值。正当程序(Due Process)原则以英国古老的"自然正义"(Natural Justice)为源起,要求"正义不仅要得到实现,而且要以人们看得见的方式实现"(Justice should not only be done, but should manifestly and undoubtedly be seen to be done)。正当程序初始为一项诉讼程序原则,历经发展已经成为各国行政法中的一项基本原则,要求行政机关在行使权力时得保持最低限度的公正。我国《行政诉讼法》明确规定对违反法定程序的行政行为,人民法院可以依法作出撤销判决,《行政处罚法》《行政复议法》《行政许可法》《治安管理处罚法》等亦规定了行政机关在行使行政权时对正当程序原则的遵循。④ 行政机关行使行政权应当遵循正当程序原则,以正当程序保证权力的规范行使。作为行政权力向社会转化的重要形式,社会组织参与社会治理亦应遵循正当程序的要求。"程序正义是社会治理创新的保障"⑤,对正当程序的遵守不仅是社会组织对社会公共事务治理效能的程序保证,同时也是解决社会组织治理行为欠规范等问题的迫切要求。民政部发布的年度统计数据显示,每年度都有社会组织因行为失范被施以行政处罚⑥,严格对程序的遵守有助于规范社会组织的治理行为,减少和降低违法违规行

---

① 〔法〕让·雅克·卢梭著:《社会契约论》,徐强译,九州出版社 2006 年版,第 257 页。
② 江必新著:《程序法治的制度逻辑与理性构建》,中国法制出版社 2014 年版,第 12 页。
③ 〔美〕约翰·罗尔斯著:《正义论》,何怀宏、何包钢、廖申白译,中国社会科学出版社 2020 年版,第 86 页。
④ 如《行政强制法》第 8 条第 1 款规定:"公民、法人或者其他组织对行政机关实施行政强制,享有陈述权、申辩权;有权依法申请行政复议或者提起行政诉讼;因行政机关违法实施行政强制受到损害的,有权依法要求赔偿。"
⑤ 姜明安著:《法治思维与新行政法》,北京大学出版社 2013 年版,第 300 页。
⑥ 以 2013 年至 2019 年的年度统计数据为例,2013 年全年共查处社会组织违法违规案件 3117 起,行政处罚 3071 起;2014 年全年共查处社会组织违法违规案件 4246 起,行政处罚 4200 起;2015 年全年共查处社会组织违法违规案件 2951 起,行政处罚 2928 起;2016 年全年共查处社会组织违法违规案件 2363 起,行政处罚 2347 起;2017 年全年共查处社会组织违法违规案件 4293 起,行政处罚 4270 起;2018 年全年共查处社会组织违法违规案件 9295 起,行政处罚 8665 起;2019 年全年共查处社会组织违法违规案件 7142 起,行政处罚 6695 起。每年度均有社会组织因违法违规被查处。数据来源:中华人民共和国民政部网站,http://www.mca.gov.cn,2011—2017 年《社会服务发展统计公报》,2018 年、2019 年《民政事业发展统计公报》。

为对社会治理造成的损害。

三、规范的社会组织法律体系

法治的基础是法制,如果没有完善的法律体系,法治的推进将面临无源之水、无本之木之难题。在传统的行政组织理论下,行政组织等同于国家行政组织,是国家行政机关与行政机构的合成,行政组织法以国家行政组织为调整对象,社会组织作为创新社会治理的重要主体并未纳入现行行政组织法的调整范畴之中。社会组织是多元化社会治理的重要主体构成,在社会治理中的地位日趋重要,有限的单行性立法缺乏一部统一的《社会组织法》的统领,难以满足对社会组织及其行为的规范要求。加之对社会组织趋向管制的传统立法理念,有必要从转变立法理念着手,完善现行的行政组织法律体系,实现对社会组织参与社会治理的规范与调整。首先,立法理念的转变。从传统的管制理念向扶持、发展社会组织的理念转变,以立法的形式放宽对社会组织的严格管制,增强社会组织的独立性,提升社会组织的履责能力,实现与政府职能的衔接与协调,推进社会治理创新。其次,构建科学的社会组织法律体系。一是制定统一的《社会组织法》,对社会组织的法律地位、权力来源、组织结构、职权职责、人员构成等作出规定,并明确社会组织与国家行政组织之间的关系,提供社会组织立法的上位法依据;二是完善现行的单行法律法规,以科学的立法理念优化社会组织相关立法的具体内容,解决立法冲突及可操作性不强等问题,实现立法内容的科学性与合理性;三是推进社会组织参与社会治理所需的实体法与程序法的立法进程,以规范的立法保证社会组织有序参与社会治理;四是提升已有立法的立法层级,已有的立法除少数为"法律"位阶的立法外,多数为行政法规或行政规章,立法的层级不高,时机成熟时应当适当予以提升。

四、完善的社会治理制度体系

社会组织参与社会治理之制度建构,应当立足我国社会组织参与社会治理的实践,从创新、建构与完善等多个维度着手。一是创新社会组织参与社会治理的制度设计,如监管制度之创新。当下对社会组织的双重准入机制及双重、多级监管机制的实际管理效能并不理想①,应以扶持、发展社

---

① 如实践中,为规避双重准入机制,部分社会组织并不进行登记,游离在监管之外;在双重的监管机制之下,多头管理与责任推诿的现象并存等。

会组织并实现对其的有效管理为理念,创新对社会组织的监管制度。二是建构促进社会组织参与社会治理的制度规范,如对社会组织的绩效评估制度与问责制度等。一方面,建立科学的绩效评估制度,形成可操作性强的评估指标体系,客观评估社会组织参与社会治理的实际效能,推进社会组织的健康发展,提升社会治理的实际效能;另一方面,建立有效的问责制度,促进社会组织参与社会治理时自觉遵循法治的理念与要求,承担对治理行为的法律后果。三是完善既有的制度规范,如对社会组织参与社会治理起积极的推动作用但还存在不足的信息公开制度及公众参与制度等,通过修正既有的制度缺陷,提升制度的效力,以规范的制度为支撑,推进社会组织参与社会治理。

第二章　社会组织参与社会治理
之主体资格与监管趋向

　　社会组织已为多元化治理模式重要的组织载体,其发展于推进国家治理体系和治理能力现代化有重要意义。然而,由于立法规范不足等限制,社会组织参与社会治理的主体资格、监管体制等尚面临诸多难点问题待解决,制约了社会组织的发展及其对社会治理的参与。为推进国家治理体系和治理能力的现代化,应当明确对社会组织主体资格之取得要求,对其的监管应当从重准入限制转向重行为监管,以促进社会组织的发展及其对社会治理的有效参与,提升国家治理体系和治理能力的现代化水平。

第一节　社会组织参与社会治理之主体资格

　　社会治理创新的根本目的在于克服既有的体制缺陷,满足公众不断增长的对公共产品与公共服务的需求。要克服传统行政管理体制最为突出的弊端——政府作为唯一合法主体对公共事务进行的垄断性管理,需要引入新的治理主体,促成社会治理由政府垄断转向多元治理。创新社会治理、推进国家治理体系和治理能力现代化,要求赋予社会组织合法的治理主体资格,理顺其与政府在社会治理中的关系,使其各尽其能、各展所长,为社会提供更为优质的公共产品与公共服务。

一、主体资格之必要性及其合法性困境

　　应然与实然之间的矛盾诠释了社会组织取得合法主体资格的必要性与遭遇合法性困境的缘由。形成于计划经济时期一元化利益结构下的政府垄断性管理已经严重滞后于经济社会的发展要求,利益诉求的多元化要求多元化的治理模式,社会组织作为新的治理主体参与社会治理已为应然。遗憾的是,应然与实然之间并非总是一致,尽管社会组织已经广泛参

与到社会治理之中，并在相当领域内推进了公共治理职能的更好实现，但因立法规范不足等局限，其合法性主体资格的取得并不当然，创新社会治理遭遇组织载体不足之现实难题。

（一）取得合法性主体资格的必要性

快速发展的社会主义市场经济瓦解了传统"国家—社会"一体化的社会结构，政府不仅已经难以凭借一元化的管理模式满足社会对多元化利益的需求，亦不得不面对一元化管理模式下日渐蔓延的权力腐败引发的社会矛盾和冲突。打破政府权力垄断的管理格局，引入新的治理主体，提供政府"不应""不能""不及"的公共产品与公共服务，分担政府的压力，缓解政府面对的矛盾和冲突，成为发展背景下的突出要求。社会组织逐渐进入社会治理领域，开始承担社会治理职能，也面临对其的合法性要求。在法的逻辑之下，合法的行为首先要求出自合法的主体，如果失去这一基本的前提，行为的合法性便无从谈起，是否具有合法的主体资格成为对社会组织参与社会治理的首要要求。

具体到社会组织合法性主体资格取得实践，实然的情形与应然的要求存在差距，实践中存在大量未取得合法性主体资格但参与到社会治理中的组织，主要有无身份与有身份但身份不符两种情形。在有身份但身份不符的情形下，又有取得营利性法人身份与挂靠两种身份状态。这些组织虽然未在民政部门登记但又具有非营利性质，它们或经登记取得营利性法人资格，或挂靠在某一单位名下，独立开展非营利性或公益性活动，某些还具备相当的影响力，在社会公共事务治理中起着积极的作用，但因合法性身份的缺失而始终面临可能被取缔或被行政处罚等种种不利后果，影响社会治理的规范性、稳定性与持续性。[①] 在无身份的情形下，这些组织未进行任何合法登记，在法律上属未经登记的非法组织，但却以非营利性组织的名义进行活动，常常伴有违法或违规行为。这些组织的失范行为严重影响了社会组织的公信力，成为影响社会组织健康发展的不利因素。

党的十八届三中全会要求"加快实施政社分开，推进社会组织明确权责、依法自治、发挥作用"[②]，党的十九大进一步要求"加强社会治理制度建设""实现政府治理和社会调节、居民自治良性互动"[③]。社会组织依法取

[①]　无论是未经合法登记仅仅挂靠，还是登记为营利性法人，均不具备开展非营利性或公益性活动所要求的合法性。

[②]　《中共中央关于全面深化改革若干重大问题的决定》，载《人民日报》2013 年 11 月 16 日。

[③]　习近平：《决胜全面建成小康社会夺取新时代中国特色社会主义伟大胜利——在中国共产党第十九次全国代表大会上的报告》，人民出版社 2017 年版，第 62—63 页。

得合法性主体资格为其参与社会治理的合法性前提,应当从规范社会组织主体资格的合法性入手,对社会组织及其行为进行有效调整。

(二) 合法性的困境

梳理既有之立法,尚未有立法从规范的角度对社会组织进行界定[①],何为社会组织,其法律地位如何,缺乏必要的立法规定。针对社会组织的三种主要形态——社会团体、民办非企业单位、基金会,现有立法以单行法律法规的方式对其成立及合法性资格的取得进行了规定。有学者从规范文本研究的角度提出现行社会组织管理体制隐含诸多约束性机制[②],社会组织合法性资格的取得受到现行规范的限制[③],并提出如果制度约束问题得不到解决,社会组织的发展将受到抑制[④]。分析已有的立法规范及管理机制,并考察社会组织合法性资格取得的实践,社会组织要取得合法性的主体资格面临如下待解决的问题:

一是法律层面的局限。主要有以下两个方面的局限:第一,对社会组织的立法规范不足。我国已有的政府组织立法以国家行政机关为调整对象,缺乏对社会组织的规定,不能依据既有的政府组织立法对社会组织进行调整。因组织法的缺失,社会组织面临对其合法性及其地位、作用等存疑,这一问题一直困扰着社会组织的发展及其对社会治理的参与,亟需得到解决。因统一组织立法的缺失,对社会组织的规范主要依据的是相关单行法律法规。这些单行法律法规适用于调整范围内的特定对象,并不能涵盖所有合法性登记的需要,立法规范不足之局限客观存在。第二,既有立法对社会组织实行严格的准入限制。相关单行法律法规所确立的严格的准入要求、双重的准入登记及双重多级的监管机制在实践中已经颇受诟病[⑤],双重的准入限制与过高的准入条件制约了社会组织合法性资格的取

---

① 即使是民政部于 2018 年发布的《社会组织登记管理条例(草案征求意见稿)》,也并未对社会组织进行界定,仅以列举的方式规定了"本条例所称社会组织,包括社会团体、基金会、社会服务机构"。参见《社会组织登记管理条例(草案征求意见稿)》第 2 条第 1 款。

② 参见顾昕、王旭:《从国家主义到社团主义——中国市场转型过程中国家与专业团体关系的演变》,载《社会学研究》2005 年第 2 期。

③ 参见王名、贾西津:《中国 NGO 的发展分析》,载《管理世界》2002 年第 8 期;沈原著:《市场、阶级与社会:转型社会学的关键议题》,社会科学文献出版社 2007 年版,第 301—304 页;严振书:《现阶段中国社会组织发展面临的机遇、挑战及促进思路》,载《北京社会科学》2010 年第 1 期等。

④ 参见王名、刘国翰著:《中国社团改革:从政府选择到社会选择》,社会科学文献出版社 2001 年版,第 158 页。

⑤ 参见苏力、葛云松、张守文、高丙中著:《规制与发展:第三部门的法律环境》,浙江人民出版社 1999 年版,第 7 页。

得。以基金会的设立为例,《基金会管理条例》规定,首先,有严格的资金要求。该条例第 8 条规定:"全国性公募基金会的原始基金不低于 800 万元人民币,地方性公募基金会的原始基金不低于 400 万元人民币,非公募基金会的原始基金不低于 200 万元人民币。"而且,对原始资金的要求是"原始基金必须为到账货币资金"。《公司法》已经取消了对营利性的有限责任公司与股份有限公司最低注册资本要求[①],《基金会管理条例》对非营利性的社会组织规定明确且过高的资金要求显然滞后于经济社会的发展要求。其次,有双重的准入限制。《基金会管理条例》第 6 条和第 7 条规定,成立基金会应当经业务主管单位和登记管理机关同意。[②] 再次,对业务主管单位的规定较为模糊,何为"有关部门"与"授权的组织"并不明确,如果"有关部门"或"授权的组织"推诿其责,将因缺乏"业务主管单位的同意"而无法完成合法性的登记。[③] 严格的准入限制加之双重多级的监管要求影响了社会组织合法性主体资格的取得,部分组织或因难以达到法定的登记条件,或为规避严格的准入要求和多重的监管机制,选择不进行合法登记,从而既不利于社会组织的组织发展,也不利于对其的有效监管。

二是实践层面的局限。依据现行立法,社会组织取得合法身份需经双重准入的登记程序,取得登记之后需接受业务主管单位与登记管理机关的双重监管。以社会团体为例,其准入首先应当经过业务主管单位审查同意,获得业务主管单位的批准文件之后再向登记管理机关申请登记,是否准予登记由登记管理机关决定。现有立法同时明确规定社会团体筹备期间仅能开展筹备活动,不能进行筹备活动以外的行为。[④] 成立之后,需要接受作为登记管理机关的国务院民政部门与县级以上地方各级人民政府民政部门,以及作为业务主管单位的国务院有关部门与县级以上地方各级

---

① 参见《公司法》第 23 条:"设立有限责任公司,应当具备下列条件:(一)股东符合法定人数;(二)有符合公司章程规定的全体股东认缴的出资额;(三)股东共同制定公司章程;(四)有公司名称,建立符合有限责任公司要求的组织机构;(五)有公司住所。"第 76 条:"设立股份有限公司,应当具备下列条件:(一)发起人符合法定人数;(二)有符合公司章程规定的全体发起人认购的股本总额或者募集的实收股本总额;(三)股份发行、筹办事项符合法律规定;(四)发起人制订公司章程,采用募集方式设立的经创立大会通过;(五)有公司名称,建立符合股份有限公司要求的组织机构;(六)有公司住所。"

② 如《基金会管理条例》第 7 条规定:"国务院有关部门或者国务院授权的组织,是国务院民政部门登记的基金会、境外基金会代表机构的业务主管单位。省、自治区、直辖市人民政府有关部门或者省、自治区、直辖市人民政府授权的组织,是省、自治区、直辖市人民政府民政部门登记的基金会的业务主管单位。"

③ 依据《社会团体登记管理条例》《民办非企业单位登记管理暂行条例》,社会团体与民办非企业单位的登记面临同样的难题。

④ 参见《社会团体登记管理条例》第 9 条第 2 款:"筹备期间不得开展筹备以外的活动。"

人民政府有关部门、国务院或者县级以上地方各级人民政府授权组织的双重监管。对民办非企业单位与基金会有相同的准入和监管要求。实践中，基于多种因素的考量，相关单位并非总是愿意充当社会组织的业务主管单位，社会组织可能因难以找到相应的业务主管单位而止步于取得业务主管单位同意这一环节，无法取得合法身份。加之现行立法仅对准入登记程序作了原则性规定，执法过程中的僵化、失范、违规、违法等行为都会成为社会组织取得合法性主体资格的障碍性因素，相关组织往往需要耗费相当的时间、精力甚至财力方能取得合法身份。尽管目前已对部分类型的社会组织采取了由民政部门直接登记的简化程序，但并非针对所有的社会组织。① 再加上成立后的双重监管机制，部分社会组织或者不能，或者不愿，或者放弃取得合法的主体身份，游离于立法规范的要求之外，从而遭遇合法性的困境。

二、域外经验及其启示

立足我国社会治理创新的实践，考察域外非政府组织合法身份的获取途径，探寻我国社会组织取得合法性主体资格的有效路径，以推进社会组织参与社会治理。概括而言，域外非政府组织合法身份的取得主要有自由设立制、登记报备制和许可批准制三种方式。所谓自由设立制，又称放任制，是指非政府组织可自由成立，无须履行任何登记手续；所谓登记报备制，是指非政府组织的设立无须取得主管机关的批准，只要向主管机关登记注册报备存查即可；所谓许可批准制，是指非政府组织的设立必须经由主管机关的审查批准后方能登记成立。域外较为发达的国家及地区，如英国、美国、加拿大、澳大利亚等，一般采取自由设立制与登记报备制并行的制度（这一制度又称为半许可制），即在这些国家，对非政府组织的成立一般并不加以限制，但是非政府组织如果要取得税收优惠待遇和接受大众捐赠等，则需要进行登记并接受监管，以防造成对公共利益的损害。② 就发展的趋势而言，即使是采取许可批准制的国家，如日本等，也逐步趋向放松管制而转向自由设立制与登记报备制。此处以半许可制的代表性国家英国与美国，以及从严格限制到放宽管制的代表性国家日本为例予以阐释，探寻可供借鉴与参考的经验。

---

① 目前已有部分地区如广东省惠州市等在本地方实行对社会组织的直接登记，但并非所有地方都实行了对社会组织的直接登记制度。

② 如澳大利亚的慈善信托（Charitable Trust）和非法人社团（Unincorporated Association），其设立并不需要登记，但如果要获得免税和大众捐赠资格，则必须登记。

（一）英国的慈善立法及改革措施

在英国，需要登记注册的为符合条件的慈善组织，对慈善组织进行规范的立法主要为英国《慈善法》，该法颁行至今已经具有 400 余年的历史，其间历经修改逐步走向完善。梳理该法的发展历程：1601 年，英国制定了世界上最早的一部慈善法《慈善用途法》（又称为《伊丽莎白一世法》），依据其序言及麦克纳坦爵士（Lord Macnaghten）就"帕姆萨尔上诉案"所作的"帕姆萨尔裁决"（Pemsel Judgment，1891 年），形成了对慈善组织的判断标准；1853 年，《慈善法》正式颁布，依据该法，专门负责慈善组织监管的慈善委员会（The Charity Commission）于 1860 年正式成立；进入 20 世纪，迅速发展的慈善组织以及其他非营利组织已经成为独立的第三部门，对英国的慈善立法提出了新要求，《慈善信托法》（1954 年）、《娱乐慈善法》（1958 年）等立法先后出台；1960 年颁布的《慈善法》整合了此前的慈善立法；1992 年颁布的《慈善法》加强了对公益性慈善事业的管理；1993 年，在《慈善受托人社团法》（1872 年）、《慈善法》（1960 年），以及《慈善法》（1992 年）第一章的基础上，出台了 1993 年的《慈善法》；2006 年对 1993 年的《慈善法》进行了修订，完成了对慈善立法的改革。

依据《慈善法》，英国的慈善组织可以划分为慈善信托、互助会社、有担保的有限公司、工商业公司所设立的组织四类。成立慈善组织应当进行注册登记，注册登记应当满足如下基本条件：一是在工作内容上，应当与其他慈善组织不重复；二是应当有载明组织目标与管理方法的章程；三是应当按照《托管人管理法》的规定组成托管理事会。[1] 对慈善组织的管理由慈善委员会负责[2]，慈善委员会承担的职能主要包括：对符合条件的慈善组织进行登记并监督其活动；提供对需要帮助的在慈善委员会登记或者没有登记的慈善组织的帮助；对有违法行为嫌疑的组织进行调查，但其权力仅限于对违法行为的监管，且监管权力只限于保障慈善组织运作的合法性，不能干涉理事会决策的合适性。

英国非政府组织的快速发展还得益于一系列的扶持政策与改革措施。自 20 世纪 70 年末 80 年代初开始，在"新公共管理"的理念下，"下一步行动方案"（The Next Step）等使非政府组织获得了长足发展，非政府组织积极参与社会治理，缓解了"政府失灵"导致的治理压力；20 世纪 90 年代对

---

[1] 参见蔡磊著：《非营利组织基本法律制度研究》，厦门大学出版社 2005 年版，第 116—118 页。

[2] 慈善委员会独立于政府，其理事会虽由部长任命，但是最终向议会而非部长负责，部长仅享有知情权。

"第三条道路"的奉行使得英国政府更加重视非政府组织在社会治理中的功能①,"转变"(Change Up)、"建设者"(Builders)计划等非政府组织扶持项目,政府与志愿及社区组织关系协定(The Compact on Relations between Government and the Voluntary and Community Sector)等有效的改革措施与制度设计,促进了政府与非政府组织之间全方位合作伙伴关系的形成;至21世纪,非政府组织与政府之间的合作关系更为深入。

(二)美国宽松的准入及有效的监管

美国亦是典型的半许可制的代表性国家。对非政府组织的基本理念为其活动方式及活动内容等皆属私权范畴,无须经过国家的认可,故而采取放任的态度对其成立不予干涉。② 但是,对于需要获得免税资格的特殊非政府组织,则需遵守登记规则进行登记③,通过相关的组织测试和运行测试之后,方能取得免税资格。完善的法律规范是支持美国非政府组织快速发展的法律保障,尽管在美国并没有一部完整的专门性法典对非政府组织进行调整,但是规范非政府组织的法律体系十分庞杂,既包括联邦及各州的法规,也包括各种判例及条例等。如《联邦税法典》对非政府组织进行规制的法条就多达千条,《佐治亚州非营利组织法》规定"公民可以在自由地结社同时不受任何干预,但是在社团成立之后若被发现有违法之处,即要受到惩罚"。④ 通过对非政府组织依其性质的分类管理⑤,美国较好地实现了对非政府组织的监管。对于登记注册的非政府组织,由国税局负责审查其经营活动是否为慈善目的,如果发现其有营利性的违背慈善目的的活动,国税局可以撤销该组织的免税资格,州务卿可撤销其登记。美国非政府组织发展的另一个突出特征体现为非政府组织的发展与该国经济的发展是同步的,伴随美国逐渐成为经济上的强国,非政府组织也获得了快速

---

① [英]托尼·布莱尔著:《新英国》,曹振寰译,世界知识出版社1998年版,第22页。

② 美国宪法对结社权有明确的规定。结社亦为美国人的传统,托克维尔在其名作《论美国的民主》中,生动描绘了美国人对结社的喜爱:"美国人无论年龄多大,不论处于什么地位,不论志趣是什么,无不时时在组织社团……在美国,你会看到人们一定组织社团……美国人干一点小事也要成立一个社团。"参见[法]托克维尔著:《论美国的民主》(下卷),董果良译,商务印书馆2014年版,第692—693页。

③ 这是因为在美国登记注册是非政府组织获得税收减免优惠的必经程序,非政府组织只有进行了注册登记,才能获得免税的资格。

④ 王建芹著:《非政府组织的理论阐释:兼论我国非政府组织法律的冲突与选择》,中国方正出版社2005年版,第15页。

⑤ 在美国,依据《联邦税法典》的501C3条款,美国国税局将把慈善组织分为公共慈善组织和私营基金会两大类,对公共慈善组织给予所得税免除以及以捐赠抵扣应缴税所得额的照顾。

的发展。[①]

（三）日本从严格限制到放宽管制的转变

日本非政府组织合法性身份的取得经历了从严格限制到放宽管制的过程[②]，其转折源于非政府组织在阪神地震中积极有效的应急表现，并因其展现的巨大社会治理功能推动了《特定非营利活动促进法》的出台[③]。该法为日本第一部有关非政府组织的专门立法，在此之前，非政府组织主要由日本《民法》等法律规范进行调整，并由《民法》确立了对非政府组织许可批准制的准入机制。[④]

依据日本《民法》，私法人有公益法人与营利法人之分。公益法人又分为社团法人与财团法人，其设立需经主管官厅的许可批准[⑤]，对其的监管亦归属主管官厅[⑥]。设立公益法人除需依据《民法》提交设立许可申请书外，还需依据各主管官厅制定的《监督规则》提交设立意旨书，章程（社团）或捐助章程（财团），财产种类及总额清册，该年度及次年度的事业计划与收支预算书，设立人及董事、监事（预定）的姓名、住所、简历，董事及监事的就任承诺书等书面文件。

严格的许可批准制限制了日本非政府组织的发展。阪神地震（1995年）之后，政府对非政府组织的态度逐渐转变。为促进非政府组织的发展，日本于1998年出台《特定非营利活动促进法》，降低了对非政府组织合法性认证的要求；通过对公益法人的特别立法，改革严格限制非政府组织发

[①] 如20世纪为美国经济的快速发展期，此期间，非政府组织亦发展迅速，数量由1950年的5万多个，发展到20世纪末的100多万个。参见王名、李勇、黄浩明编著：《美国非营利组织》，社会科学文献出版社2012年版，第10页。

[②] 日本曾对非政府组织实行严格的准入限制，美国学者莱斯特·M.萨拉蒙对此曾作如此描述："日本的非政府组织虽然具有规模巨大的机构并在多个领域内为公众提供服务，但是它们一直处于政府官僚组织的阴影之下，并较少得到基层组织的支持。"参见［美］莱斯特·M.萨拉蒙等著：《全球公民社会：非营利部门视界》，贾西津、魏玉等译，社会科学文献出版社2002年版，第218页。

[③] 参见胡澎：《日本非营利组织参与社会治理的路径与实践》，载《日本学刊》2015年第3期，第148页。

[④] 日本《民法》第34条规定，设立公益法人需要满足以下三个条件：一是实施公益事业；二是不以营利为目的；三是取得政府主管机关的许可。

[⑤] 在日本，负责审批公益法人的主管机构称为主管官厅。依据公益法人在其章程或捐助章程中明示的设立目的及事业范围，该公益法人的主管官厅为主管该设立目的及事业范围有关事务的总理府及各中央部委。

[⑥] 为提高监管效率，依据《有关许可认可等临时措施法》，如果公益法人的设立目的及事业范围仅限于某一地方或都（道、府、县）内，中央部委可将对公益法人的设立许可权（及监督管理权）委托给该部委的地方机构，或都（道、府、县）知事（或教育委员会）。

展的许可批准制①,实施宽严相济的准入机制,扶持、发展有利于社会公共事业发展的非政府组织,对危害社会的非法组织则予以禁入或取缔;区分非政府组织的类型,对公益性组织实行非课税制度,并以立法的形式予以确认及固定,形成了《公益法人法》《公益法人设立及监督标准》《相关法完善法》等较为完善的法律制度体系。

(四) 域外经验之启示

考察英、美等国非政府组织取得合法身份的立法规范及制度要求,以及从严格限制到放宽管制的日本经验可以获知,快速发展的经济、宽松的准入、完备的法律、有效的监管构成了非政府组织发展的推动力,提供了社会治理新的合法治理主体,推进了社会治理的更好实现。尽管各国有关非政府组织的法律框架及行为规则并不相同,但是在非政府组织合法身份的取得上则趋于一致,即取得登记并非非政府组织取得合法身份的前提,而是其获得税收优惠等特殊地位的条件;放宽对非政府组织的准入管制,保证监管的有效性,是推进非政府组织健康、高速发展的有效路径。借鉴域外较为成熟的准入经验,以党和国家对发展社会组织、创新社会治理的要求为导向,建构适合我国国情的社会组织准入机制,有助于推进社会组织依法取得合法性主体资格,成为合法治理主体参与社会治理,为其参与社会治理提供合法性的前提。

三、创新社会组织准入机制的实践探索与对策建议

严格的准入机制也许有助于规范对社会组织的管理,但对社会组织的发展却可能是一种抑制。业已展开的改革探索提供了创新社会组织准入机制的有益经验与实践支持,实行更为宽松的准入机制,推进社会组织更加顺利地获得合法性主体资格更为可能。

(一) 实践探索

优化社会组织合法性主体资格取得方式的实践探索已经展开。从地方到中央,再从中央到地方,降低准入要求、实行直接登记等改革举措已经取得了较为明显的成效,提供了创新社会组织准入机制的实践支持。

1. 从双重准入登记到直接登记的实践探索

改革社会组织准入机制的实践探索首先在各地方展开。2008年,深圳市启动了被视为"破冰之举"的社会组织准入机制改革,对工商经济类、

---

① 如《医疗法》第44条、《私立学校法》第30条、《社会福利事业法》第29条等规定,在日本,公益法人的设立已无须通过严格的许可批准而趋向登记报备制。

公益慈善类与社会福利类社会组织实行"无主管登记"。① 2010 年 2 月,北京市在中关村国家自主创新示范区试点直接登记,工商经济类、社会服务类、公益慈善类、社会福利类社会组织无须再挂靠业务主管单位,由民政部门直接登记,并将审批时间缩短至 10 日;基于较为理想的实施效果②,前述四类社会组织的直接登记,于 2011 年在全市范围内放开。2010 年 6 月,成都市启动直接登记的改革措施,对社会福利类和工商经济类社会组织实行直接登记。2011 年 8 月,东莞市启动登记与备案并存的"双轨制"准入机制改革,对暂不具备登记条件的社会组织可先以备案的方式取得合法身份,条件成熟时再进行登记,并对公益慈善类、社会服务类、群众生活类、工商经济类社会组织实行直接登记。③ 2011 年 11 月,广州市发布《关于进一步深化社会组织登记改革助推社会组织发展的通知》,规定自 2012 年 1月 1 日起除依据国家法律法规需前置行政审批外,行业协会、异地商会、公益服务类、社会服务类、经济类、科技类、文化类、体育类等八类社会组织可直接向登记管理机关申请登记,并将审批时限从 60 日缩减为 20 日。2012 年8 月,惠州市发布《进一步培育发展和规范管理社会组织的方案》,规定自 2012 年 10 月 1 日起,除法律法规规定需要前置审批外,市内所有社会组织可以直接向登记管理机关申请登记。

在地方探索的基础上,2013 年 3 月 19 日,民政部对行业协会商会类、公益慈善类、科技类、城乡社区服务类社会组织实行直接登记,该四类组织不再经由业务主管单位审查和管理。④ 2013 年 11 月 8 日,国务院发布《关于取消和下放一批行政审批项目的决定》,民政部对全国性社会团体分支机构、代表机构的设立、变更、注销登记行政审批项目被取消。2014 年 2月 26 日,民政部发布《关于贯彻落实国务院取消全国性社会团体分支机构、代表机构登记行政审批项目的决定有关问题的通知》,规定:"全国性社会团体根据本团体章程规定的宗旨和业务范围,可以自行决定分支机构、代表机构的设立、变更和终止。"

---

① 即无须取得业务主管单位的同意,直接向登记管理机关申请登记。参见李舒瑜:《深圳社会管理改革取得双赢》,载《深圳特区报》2010 年 2 月 13 日。

② 试点直接登记的当年,北京市依法登记的社会组织从 6154 个发展到 7776 个,增长率为 26%。

③ 东莞市自 2011 年 8 月启动改革起,半年内公益慈善类组织已由 29 家增至 83 家。参见陈晨:《四类社会组织已放开登记》,载《东莞日报》2012 年 5 月 9 日。

④ 截至 2014 年 9 月,全国共有 27 个省、自治区和直辖市开展或试行了社会组织直接登记工作,有 18 个省、自治区和直辖市先后出台了推进社会组织登记制度改革的相关政策文件。参见《民政部:已有 27 省区市开展或试行社会组织直接登记》,中国网,http://www.china.com.cn。

2. 降低准入条件的实践探索

社会组织合法性主体资格之取得面临的另一障碍——过高准入条件的改革探索也在展开。在地方,对社会组织会员、会员单位的数量要求过高的问题,部分地方进行了先行探索,通过出台规范性文件等方式,降低了对会员、会员单位数量的要求①;有关注册资金的问题,部分地方实行了对社会团体和民办非企业单位免注册资金的改革措施②,相关改革举措较好地推动了社会组织的发展。在中央,"为深入贯彻党的十八大和十八届二中、三中、四中、五中全会精神,进一步加强社会组织建设"③,中共中央办公厅、国务院办公厅印发《关于改革社会组织管理制度促进社会组织健康有序发展的意见》,规定了"处理好'放'和'管'的关系,既要简政放权,优化服务,积极培育扶持,又要加强事中事后监管,促进社会组织健康有序发展"的基本原则,并明确要求"采取降低准入门槛的办法",支持和鼓励社会组织的发展。

探寻社会组织准入登记的改革历程,经历了从地方到全国,再由全国到地方的互动过程。从放开登记的社会组织类型来看,范围呈逐步扩大的趋势。如民政部放开登记的四类社会组织不仅涵括了大多数地方放开登记的社会组织的类型范畴,还新增了对科技类社会组织的放开登记;又如部分地方对所有社会组织实行直接登记。④ 从取得合法身份的方式来看,部分地方启动了登记与备案并行的改革措施,取得了较好的社会效应,既推进了社会组织的合法化,又推动了社会组织的快速发展。从登记条件及程序等实践探索来看,呈现放宽登记条件、简化登记程序、缩短审批时限等明显趋势。⑤

① 如 2011 年 11 月 11 日发布、2012 年 1 月 1 日起生效的广州市《关于进一步深化社会组织登记改革助推社会组织发展的通知》规定:"允许同一行业根据实际需要成立多个行业协会。允许适当吸纳非本地籍会员加入本地行业协会。允许港澳台人士投资兴办并在我市工商注册的企业加入我市行业协会,其代表可担任除法定代表人以外的负责人职务。允许跨行业、跨地域组建行业协会。对我市扶持的优势产业、新兴产业、外向型产业,以及经济组织较少的行业,成立行业协会的会员数量不够 50 个的,可根据实际适当放宽至 30 个以上。"

② 如广州市于 2012 年 5 月出台了《关于实施"广州市社会组织直接登记"社会创新观察项目的工作方案》,依据该方案,社会团体、民办非企业单位(不含基金会)成立登记免注册资金。该方案实施后,至 2013 年 12 月,广州市的社会组织数量增幅约为 14%。参见《广州再出三招降低社会组织准入门槛》,中国社会组织公共服务平台,http://www.chinanpo.gov.cn。

③ 参见《关于改革社会组织管理制度促进社会组织健康有序发展的意见》的规定。

④ 如广东省惠州市关于直接登记的改革探索等。

⑤ 如广州市《关于进一步深化社会组织登记改革助推社会组织发展的通知》规定:"取消登记管理机关对民办非企业单位名称的预先核准环节。民办非企业单位举办者可直接向登记管理机关申请成立登记。民办非企业单位在申请成立登记时拟定的名称及其他有关材料不符合规定的,由登记管理机关给予指导,一次性告知改正。"

（二）对策建议

立足已经进行的改革实践，适当借鉴域外经验，在促进社会组织发展、创新社会治理的理念下，从立法完善与实践规范的双重角度降低社会组织取得合法性主体资格的难度，切实解决社会组织合法性主体资格难取得所涉及的双重准入登记、较高的成立条件等问题，以及登记实践环节存在的问题。

1. 完善社会组织参与社会治理合法性主体资格取得之立法规定

立法规定的完善需要以立法理念的转变为前提。是选择有利于对社会组织的管理，还是选择有利于社会组织的发展，影响对社会组织取得合法性主体资格的立法规定。利于管理选择下的严格准入限制抑制了社会组织的发展，影响创新社会治理的进程。推进国家治理体系与治理能力的现代化要求以促进、扶持社会组织健康、有序发展为理念，修正相关的立法规定，降低社会组织取得合法性资格的难度，简化登记程序，缩短登记时间，以可操作的立法规定推进社会组织的发展，促进社会组织更好地参与到社会治理之中。

（1）修正对双重准入登记的规定

从地方到中央，再从中央到地方的改革实践已经证明，放宽对社会组织的准入限制，以直接登记的方式取得合法性主体资格促进了社会组织的发展，将社会组织纳入有效的监管范畴也有利于对其行为的规范。以已有的改革实践为支持，修改现行立法对双重准入登记的规定，确立直接登记的基本原则，规定社会组织直接向登记管理机关申请登记，由登记管理机关在法定期限内作出登记与否的决定。对于确需业务主管单位审批的社会组织，采用列举的方式进行规定，并明确其业务主管单位，以避免社会组织因找不到业务主管部门或业务主管部门进行推诿而无法进行合法性登记。

（2）降低社会组织的成立条件

以已经进行的改革实践为支持，降低对社会组织的准入要求，切实解决现行立法对社会组织准入要求过高的问题。有关对会员及会员单位数量要求较高的问题，已有的实践探索可用作修改社会组织相关立法的依据。关于对社会组织注册资本立法要求较高的问题，可以借鉴对《公司法》的修改。2013 年全国人大常务委员会修订《公司法》，取消了最低注册资本的限制，降低了门槛，简化了手续，对社会组织的立法修改可予以适当借鉴，已有的改革实践能够提供必要的实践支持。当然，最理想的是推进《社会组织法》的出台，由《社会组织法》对社会组织的准入进行统一规定，在此之下,由相关单行法律法规予以进一步明确。在《社会组织法》未出台的现实情境下,先行修正现行立法的相关规定亦不失为积极有效的举措。

(3)明确登记程序

社会组织合法性主体资格的取得需要借助程序的支持,程序的规范性与可操作性为社会组织取得合法性主体资格的必要保证。一是取消不必要的程序要求,简化登记程序,避免繁琐的程序要求对合法性登记的损害。以广州市的改革实践为例,依据 2012 年出台的《关于实施"广州市社会组织直接登记"社会创新观察项目的工作方案》,广州市取消了社会团体申请筹备的审批环节与民办非企业单位名称的预先核准环节,社会团体发起人可以凭借登记管理机关同意拟成立社会团体名称的批复开展筹备工作,筹备工作完成后即可向登记管理机关申请成立登记;民办非企业单位的举办者可以直接向登记管理机关申请成立登记,登记程序的简化促进了社会组织的发展。数据显示,通过系统的放宽与简化措施,广州市社会组织的数量呈增长态势。二是缩短登记时间,将登记时间缩减为收到有效申请文件之日起的 20 日内。现行立法规定的登记时间为登记管理机关收到有效申请文件之日起 60 日内,已有的实践探索已经证明不需要长达 60 日的时间期限,已经进行的实践探索可以通过立法的形式予以确认。三是采用便民的申请方式。科技的快速发展为网上申请等便民方式的采用提供了技术支持,可以通过网上申请、网上公示、网上查询等便民方式简化办理程序。四是以严格的责任追究为保障。通过严格的责任规定保证符合法定条件的社会组织遵循法定的登记程序即可依法获得登记,避免登记过程中的"吃、拿、卡、要"等违法违规行为,为社会组织取得合法身份提供顺畅的程序保障。

2. 规范社会组织合法性主体资格取得之实践环节

立法完善提供了取得合法性主体资格的法律前提,立法的规定需要落实于社会组织登记实践,方能保证社会组织合法性主体资格的最终取得,顺畅的申诉控告途径、足够的权利救济机制与严格的责任追究成为必要。一是申诉控告途径。相关组织依据立法规范或规范性文件,申请取得合法性主体资格,登记管理机关以及必要时的业务主管单位得依法在规定的时间内依据法定的程序要求作出同意与否的决定。如果登记管理机关或业务主管单位及其工作人员有违法或违规行为,申请人能够通过预设的申诉控告程序使该违法违规行为得到纠正或制止,以保证登记实践环节的合法性与规范性。二是权利救济机制。如果相关组织的合法权益在登记过程中受到侵害,应当为其提供有效的权利救济机制,保证其受损的权利得到恢复或者弥补,有效的权利救济构成对违法违规行为的反向抑制。三是严格的责任追究。如果责任追究不落到实处,那么难以对登记过程中登记管理机关或业务主管单位及其工作人员的违法违规行为产生足够的抑制作用。以责任追究立法规定为依据,将责任追究落到实处,以规范的实践环节保证社会组织合法性主体资格的取得。

第二节　社会组织参与社会治理之监管趋向

建立在管理与被管理关系下的传统监管体制以政府的双重多级监管为主导,重政府监管而轻社会组织的自律,重准入限制而轻行为规范,监管效能不尽理想。应当厘清政府与社会组织之间的关系,重塑对社会组织的监管理念,将监管重心从准入限制转向行为规范,以立法规范与制度建构相结合的方式完善政府对社会组织的监管,并充分发挥社会组织的自律功能及社会监督的功能,形成自律与他律相结合的多元监管体制,优化对社会组织参与社会治理的监管。在尊重社会组织的自治性、非政府性等基本属性的同时,实现对社会组织参与社会治理的有效监管,促进社会治理的更好实现。

一、社会组织与政府的关系定位对监管之影响

"国家—社会"一体化的传统理念深刻影响了对社会组织的监管取向,在管理与被管理的关系定位下形成的监管体制在监管理念上强调政府对社会组织的掌控,在制度设计上趋向便于政府的管理,在方式选择上着重准入限制。滞后的监管体制制约了对社会组织的监管效能,规范社会组织参与社会治理需要更为有效的监管体制,厘清政府与社会组织的关系成为完善社会组织参与社会治理监管体制的逻辑前提。在利益需求多元的多元化社会结构模式下,政府已经不再是社会治理的唯一合法主体,与新的治理主体进行合作既是多元化利益需求下的发展要求,也是政府实现其职能的要求。社会组织作为新的治理主体参与到社会治理之中,其既非政府的延伸组织,也并不依附于政府,为多元化治理模式下独立于政府的治理主体,对社会组织的监管应当在重构政府与社会组织理性关系的基础上展开。

（一）西方关于非政府组织与政府关系的几种理论及其影响
在西方,非政府组织与政府在长期的博弈中逐渐形成了合作与伙伴关

系,这一关系的形成有赖于在发展中不断成熟的政府与非政府组织的关系理论。考察西方政府与非政府组织关系的相关理论,比较我国社会组织与政府的关系,以为对社会组织的监管提供必要的理论支持。

1. 发展中的几种理论

(1) 二元论(Dualism)与整合论(Holism)

在比较英国、荷兰、意大利、挪威四个欧洲国家非政府组织与政府之间关系的基础上,Ralph M. Kramer 等学者提出,基于不同的历史传统、意识形态与结构发展,非政府组织与政府之间将形成不同的关系模式,可概括为二元论与整合论等理论形态。在二元论下,非政府组织与政府之间为竞争关系;在整合论下,非政府组织与政府之间为合作关系。竞争或合作,成为二元论与整合论的分野。对于大多数国家而言,非政府组织与政府关系发展的趋向为合作而非竞争。[①]

(2) 冲突典范((Dominant Paradigm)与合作典范(Cooperate Paradigm)

美国学者 Lester M. Salamon 及 Ralph M. Kramer 与以色列学者 Benjamin Gidron 提出,非政府组织与政府之间的关系存在两种状态,即冲突典范与合作典范。以服务的融资与授权(Financing and Authorizing of Services)和实际配送(Actual Delivery)为指标,非政府组织与政府关系可以形成如下四种基本模式:政府支配模式(Government-Dominant Model)、第三部门支配模式(Third-Sector-Dominant Model)、双重模式(Dual Model),以及合作模式(Collaborative Model)。[②] 在政府支配模式与第三部门支配模式下,非政府组织与政府之间的关系为竞争关系;在双重模式与合作模式下,非政府组织与政府之间的关系为合作关系。政府支配模式、第三部门支配模式、双重模式、合作模式四种关系模式理论在西方深受关注,被广泛运用于非政府组织与政府关系的研究之中。

(3) 合作(Cooperation)、冲突(Confrontational)、互补(Complementary)与吸收(Co-optation)

美国学者 Adil Najam 指出,在非政府组织与政府之间存在必要的张力(Necessary Tension),基于"目标"(Aim)、"策略"(Strategy)等差异,非政府组织与政府之间形成了如下四种关系模式:合作型关系(Cooperation

---

① See Ralph M. Kramer, Hakon Lorentzen, Willem B. Melief, Sergio Pasquinelli. *Privatization in Four European Countries: Comparative Studies in Government-Third Sector Relationships*, Routledge, 2019.

② 参见詹少青、胡介埙:《西方政府——非营利组织关系理论综述》,载《外国经济与管理》2005年第9期,第26—27页。

Relationship)、冲突型关系(Confrontational Relationship)、互补型关系(Complementary Relationship)和吸收型关系(Co-optation Relationship)。[1]

2. 对政府与非政府组织之间关系及监管的影响

西方学者对非政府组织与政府关系的研究显示,不同国家非政府组织与政府之间的关系模式不尽相同,即使是同一个国家,在不同的发展阶段,非政府组织与政府之间的关系模式也存在发展变化。就整体趋势而言,共存与合作是构建非政府组织与政府良性关系的基石。发展中的政府与非政府组织的关系理论反映并影响着西方政府与非政府组织之间的关系趋向,西方发达国家的非政府组织与政府之间逐渐形成了互动、互补和相互依存的合作伙伴关系。[2] 这种相互依存、互为补充的合作关系促进了西方国家非政府组织与政府在社会治理中的优势互补,也影响着对非政府组织的监管。在西方国家,非政府组织的成立一般不受限制,只有在非政府组织要取得税收优惠待遇或接受大众捐赠等时才需要进行登记。在成立之后,如果有违法行为,则会受到相应的惩罚,呈现宽松的准入与重行为约束的监管特征。

(二) 我国社会组织与政府关系之分析

我国社会组织特定的生成过程决定了其与政府关系的特殊性。党的十一届三中全会后,市场化的改革推进了社会与政府的分离,政府难以继续依靠形成于计划经济时期的垄断式管理模式独立完成对日渐繁杂的公共事务的管理,需要社会组织承接部分公共社会职能,社会组织得以孕育和发展。政府基于管理的需要,应决定设立何种社会组织并提供人员编制、运作经费及办公场所等,支持社会组织以政府部门附属机构的身份协助政府进行社会管理。此类受政府支配的社会组织,不仅独立性较差,自身也愿意靠近政府以获取权力资源,其组织架构、管理模式、运行方式、运作流程等往往与政府趋同,管理人员多由政府任命或由政府官员兼任[3],难以剥离对政府的附属地位。市场化改革过程生成的另一组织形态的社

---

[1] Adil Najam. The Four-C's of Third Sector-Government Relations: Cooperation, Confrontation, Complementarity, Co-optation, *Nonprofit Management and Leadership*, Vol. 10, No. 4, 2000, pp. 375 – 396.

[2] 参见宋敏、吴晓云:《和谐社会语境下我国非政府组织的发展路径》,载《广西社会科学》2009年第10期,第142页。

[3] 调查显示,此类社会组织一半以上的管理人员来自业务主管单位的任命和派遣,或由社会组织负责人提名经业务主管单位审批。参见邓国胜著:《非营利组织评估》,社会科学文献出版社2001年版,第48页。

会组织——独立的社会组织,它们自主成立,依据组织章程形成组织结构,产生组织管理人员,在章程载明的活动范畴内依法独立开展组织活动。对这一类的社会组织,政府的态度较为复杂,既需要这些社会组织承担一部分社会职能,又难以对其完全放心和放手。政府与社会组织之间的关系决定了对社会组织采取较为严格的管控,反映在立法中即为严格的双重准入限制与双重多级监管的管理模式。受政府支配的社会组织与独立的社会组织均需依据现行立法的规定设立及运行,有学者指出我国社会组织与政府的关系"具有强烈的国家法团主义色彩"[1]。

(三) 管理与被管理关系下的传统监管体制及其缺陷

传统的监管体制建立在政府与社会组织管理与被管理的关系定位下,强调政府在监管中的主导地位而忽视社会组织的基本属性及其在监管中的作用,着重对社会组织的准入限制而缺乏对社会组织的行为规范,已经难以满足对社会组织参与社会治理的监管要求。

1. 传统之监管体制

对社会组织的监管涵括政府的监管、社会组织的自律以及社会监督,从形式上来看已经具备多元化监管的特征。但是,一方面,政府的双重多级监管效能不足;另一方面,社会组织的自律与社会监督未能弥补政府主导的监管体制下政府监管的不足,如何优化对社会组织参与社会治理的监管已经成为推进社会组织参与社会治理必须解决的问题。

(1) 双重多级的政府监管

对社会组织的监管始于单行法律法规规定的双重多级监管体制。[2] 从监管机构的结构形式上来看,实行业务主管单位及登记管理机关的双重负责制,并按照社会组织的活动范围实行中央与地方的分级管理;从监管的内容和方式上来看,不同级别的业务主管单位及登记管理机关对监管职权范围内的社会组织以年度检查、查处违法违规行为等方式进行监管;从监管的路径来看,主要依赖对社会组织的准入限制,对社会组织治理行为的监管有限;从监管的实际效果来看,过度监管与监管不足并行,主要体现为严格的准入限制抑制了社会组织的发展[3],行为监管的有限性要求

---

① 顾昕、王旭:《从国家主义到法团主义——中国市场转型过程中国家与专业团体关系的演变》,载《社会学研究》2005 年第 2 期,第 165—166 页。

② 如《社会团体登记管理条例》《民办非企业单位登记管理暂行条例》《基金会管理条例》分别规定了对社会团体、民办非企业单位、基金会的双重多级监管体制。

③ 有学者提出,政府对管理上失控的过度担忧导致了对社会组织过严的准入限制,这是一种典型的计划经济体制下的监管模式。参见张清、武艳著:《社会组织的软法治理研究》,法律出版社 2015 年版,第 45 页。

对社会组织的违法违规行为进行更为有效的遏制。

（2）社会组织的自律与社会监督

对社会组织的自律与社会监督从立法与实践的层面均有要求，但在以政府双重多级监管为主导的监管体制下，社会组织的自律功能与社会监督应然的监管功能未能得到有效的发挥。

一是社会组织的自律。从立法的角度而言，相关单行性立法对社会组织的自律进行了规定，要求社会组织保证资产来源合法、经费使用合理、财务制度合规等。[①] 从实践的角度而言，要求社会组织健全其内部管理、加强诚信建设、进行信息公开、作出服务承诺等。近年来还强调社会组织的党组织建设，如党的十九大明确要求"把企业、农村、机关、学校、科研院所、街道社区、社会组织等基层党组织建设成为宣传党的主张、贯彻党的决定、领导基层治理、团结动员群众、推动改革发展的坚强战斗堡垒"[②]等。

二是社会监督。从立法的角度而言，现行立法对社会组织应当接受的社会监督进行了规定，如要求社会组织以适当方式向社会公开接受、使用捐赠、资助的有关情况等。[③] 从实践的角度而言，代表性的制度为始于2007 年的社会组织评估制度。对全国性社会组织的评估首先在全国性基金会中启动，之后扩展至全国性行业协会商会、学术类社团、职业类社团、联合类社团、基金会和民办非企业单位等；地方性社会组织的评估亦已全面展开，评估结果共分为 5 个等级，由有关政府部门、研究机构、社会组织、会计师事务所、律师事务所等单位推荐，由民政部门聘任的委员按照分类评估的方式进行评估，最后由民政部门公告评估结果。

2. 传统监管体制之缺陷

传统监管体制面临监管效能不足之现实难题。处于主导地位的政府监管着重对社会组织的准入限制而行为监管不足，为"双保险"设计的登记管理机关与业务主管单位的双重监管权能不清、权责不一，常常演化为"双不管"[④]；处于从属地位的社会组织的自律及社会监督未能形成与政府监

---

① 如《社会团体登记管理条例》第 26 条和第 27 条分别对社会团体在资产来源、经费、接受捐赠与资助、财务管理制度等方面的自律要求进行了规定。

② 习近平：《决胜全面建成小康社会夺取新时代中国特色社会主义伟大胜利——在中国共产党第十九次全国代表大会上的报告》，人民出版社 2017 年版，第 83 页。

③ 如《民办非企业单位登记管理暂行条例》第 21 条第 3 款规定："民办非企业单位接受捐赠、资助，必须符合章程规定的宗旨和业务范围，必须根据与捐赠人、资助人约定的期限、方式和合法用途使用。民办非企业单位应当向业务主管单位报告接受、使用捐赠、资助的有关情况，并应当将有关情况以适当方式向社会公布。"

④ 参见俞可平：《中国公民社会概念、分类和制度环境》，载《中国社会科学》2006 年第 1 期，第119 页。

管的衔接与协调。究其原因,管理与被管理的关系定位决定了形式上多元的传统监管体制必须克服其内在缺陷,唯此方能实现对社会组织参与社会治理的有效监管。

（1）监管理念的偏差：管理与被管理关系定位之反映

有学者指出,既有对社会组织的监管是出于满足政府的管理需要和规避相关风险的需要设置,虽然方便了政府的管理,降低了社会组织可能带来的风险,但对于社会组织来说,却大大限制了其发展。[①] 便于政府管理理念的形成,在于将社会组织作为政府行政管理行为的对象,视社会组织为行政管理关系中的客体,需要对其进行管控。在这样的关系定位下,便于政府的管理成为当然的选择,社会组织的需求、社会组织的自律功能等让位于政府的管理方便。然而,在社会治理中,社会组织与政府的关系是多重的。社会组织之于政府,既是社会治理中共同的治理主体,政府得尊重社会组织的独立性并为其参与社会治理提供必要的支持;也是特定的行政管理关系中的管理对象,如政府有权依法在其职权范围内对社会组织的违法违规行为进行查处等。政府与社会组织关系的多重性决定了政府并不当然处于绝对的主导者或管理者的地位,政府既应依法行使职权、履行职责,也应尊重社会组织作为独立治理主体的地位与作用。只有合理界定政府与社会组织的关系,重塑对社会组织的监管理念,"监管什么"以及"如何监管"才可能是科学和理性的,监管的效能才是可期的。

（2）监管立法的不足

监管理念影响着监管的立法取向,并反映于立法的具体规定之中。以社会组织为被管理对象、在便于政府管理理念下形成的既有立法强调政府的监管,对社会组织的自律与社会监督关注不足,着重对社会组织的准入限制而对社会组织的行为规范不足,立法规定较为原则、抽象,具有修改的必要性。

第一,立法取向上的问题。基于着重政府监管的立法理念,一则,既有立法主要围绕政府的监管进行规定,通过专门性条款对社会组织的登记管理机关、业务主管单位及其监管进行了规定,明确了由登记管理机关与业务主管单位对社会组织进行双重准入登记与双重多级监管。对社会组织的自律与社会监督则规定不足,表现为：就社会组织的自律而言,已有的立法规定主要属倡导性规定,既无标准,也缺乏必要的制度支持,社会组织

---

① 参见周红云：《中国社会组织管理体制改革：基于治理与善治的视角》,载《马克思主义与现实》2010 年第 5 期,第 115—117 页。

的自律主要依靠其自觉性,自律的缺失已经构成对社会组织公信力的不利影响;就社会监督而言,已有的立法虽然已经作了一些规定,且为强制性的规定,但因统一立法的缺失,各单行法律法规对社会监督的规定不一,而且缺乏责任追究条款予以保障,难以保证监督效果。政府职能的有限性决定了仅仅依靠政府的监管难以实现监管的目的,对社会组织参与社会治理的监管必须充分发挥社会组织的自律与社会监督的功能,更何况政府的监管也存在待完善的地方,克服监管中的路径依赖需要从理念上加以转变。二则,在便于政府管理的理念下,现行立法呈现着重对社会组织的准入限制而行为监管不足的明显特征。立法内容主要体现为对社会组织的准入要求,行为监管的规定抽象、简单,严格的准入限制抑制了社会组织的发展,行为监管的不足影响了监管的实际效能,相悖于发展社会组织、推进社会组织参与社会治理的创新要求,需要以立法取向的改变推动立法内容的修改。

第二,立法规定上的不足。立法取向上存在的问题影响了立法规定的科学性,政府的监管、社会组织的自律与社会监督均面临立法规定上的不足。一是政府监管立法规定的不足。一则,对行为监管的规定不足,这是现行监管立法存在的突出问题。区别于西方宽松的准入、严格的行为约束之规定,我国的立法规定着重对社会组织的准入要求,对行为监管的方式、路径、要求、责任等规定不足,行为监管缺乏必要的可供依据的立法规范。二则,对监管机关监管职责的规定原则、抽象,且存在登记管理机关与业务主管单位职责规定重合的现象。如《基金会管理条例》规定,基金会的登记管理机关承担"对基金会、境外基金会代表机构依照条例及其章程开展活动的情况进行日常监督管理"的监管职责[1],但"日常监督管理"活动包括哪些方面,可以动用什么样的监督管理措施,条例没有进行明确[2];又如《基金会管理条例》第 34 条对登记管理机关监管职责的规定,以及第 35 条对业务主管单位监管职责的规定,几乎重合。三则,对监管机关责任追究规定不足,监管机关过度监管或监管缺位时缺乏必要的责任追究,责任追究立法规定的不足导致了"有权无责"的后果,不利于规范监管机关的监管

---

[1]　参见《基金会管理条例》第 34 条:"基金会登记管理机关履行下列监督管理职责:(一)对基金会、境外基金会代表机构实施年度检查;(二)对基金会、境外基金会代表机构依照本条例及其章程开展活动的情况进行日常监督管理;(三)对基金会、境外基金会代表机构违反本条例的行为依法进行处罚。"

[2]　参见白景坤:《我国社会组织管理体制改革的目标及路径探析》,载《理论探讨》2010 年第 2 期,第 137 页。

行为。四则,现行立法未对社会组织的权利救济进行规定,政府在监管的过程中如果造成对社会组织合法权利的损害,受损权利的法律救济缺乏可依之立法依据,权利救济立法规定的缺失影响社会组织的健康发展及对社会治理的参与。二是对社会组织的自律与社会监督规定不足。对社会组织的自律与社会监督散见于对政府监管相关条款的规定之中,作为对政府监管的补充或政府监管的延伸要求,社会组织的自律与社会监督在监管中的功能未能得到足够的体现。

(3)监管实践中的问题

监管理念的偏差、监管立法的不足影响着对社会组织参与社会治理的监管实践。政府监管的效能还待提升,社会组织的自律及社会监督面临方式单一、效能不足之实际难题,均有待完善。

第一,政府监管面临的问题。在具体的监管实践中,政府的监管面临如下的问题:一是为强化监管设计的"双重多级监管"异化为"双不管"。现行立法规定了由登记管理机关与业务主管单位共同进行监管的双重监管体制,有学者指出,双重监管体制设立的初衷是实行双重审核和双重负责的"双保险"机制,但实践证明,监管职责的交叉重复易于导致相互推卸责任,出现监管漏洞,导致"双重监管"异化为"双不管"①,偏离了预期目标②。而且,现有立法对业务主管单位规定了高于登记管理机关的监管职责,但又不允许其因此收取任何费用③,业务主管单位一则缺乏监管的动力,二则一旦收取了社会组织缴纳的管理费就往往采取放任自流的态度。而登记管理机关则容易因为认为已经有业务主管单位在登记之前把关而疏忽登记环节的监管,导致本为加强监管的双重监管机制最终流于形式。④ 二是现行立法赋予了业务主管单位及登记管理机关监管权力,但却缺乏相应的责任要求。实践中,作为监管权能部门的业务主管单位与登记管理机关或者监管越位,深度介入社会组织的机构及人员安排、收入来源、组织章程、运营方式等领域,对社会组织进行强有力的干预;或者监管缺位,不履行或不全面履行或选择性履行其监管职责,导致监管的漏洞或空

---

① 参见俞可平:《中国公民社会概念、分类和制度环境》,载《中国社会科学》2006 年第 1 期,第 119 页。

② 参见任彬彬:《结构张力与理性行动:地方政府社会组织登记管理制度改革的困境解析》,载《理论月刊》2020 年第 7 期,第 39 页。

③ 如《社会团体登记管理条例》第 25 条第 2 款规定:"业务主管单位履行前款规定的职责,不得向社会团体收取费用。"

④ 参见俞可平:《中国公民社会概念、分类和制度环境》,载《中国社会科学》2006 年第 1 期,第 119 页。

白。三是权利救济立法规范的缺失导致社会组织在监管中受损的权利难以获得足够的法律救济，既不利于社会组织的发展，也不利于监管目标的实现。有效的权利救济机制既有助于弥补社会组织遭遇的侵害，也有助于对监管机关监管行为的规范，还有助于培育对监管的信心、支持与配合，实践中权利救济面临的难题应当得到解决。

第二，社会组织的自律与社会监督面临的问题。形式上已经多元化的政府监管、社会组织的自律与社会监督相结合的监管体制，面临社会组织的自律与社会监督应然的监管效能远未能得到发挥的实际难题。一是就社会组织的自律而言，一方面自律的方式与手段还较为有限，另一方面自律的自觉性还不高，又缺乏立法规范的必要约束，主要依赖的仍是政府的监管。二是就社会监督而言，也面临监督的方式与手段较为有限的难题。实践中已经开展的对社会组织的评估制度虽然起到了一定的监管作用，但现行的评估制度仍为政府主导，更多的是作为对社会组织年度检查的一种补充制度，独立的第三方评估、公众参与等政府以外的监督主体主导的监督举措还待形成。

二、与政府理性关系的建构于监管之价值

对西方非政府组织的监管与我国社会组织监管的比较研究提供了一个有益的启示，社会组织与政府的关系定位影响对社会组织参与社会治理的监管。要建构社会组织与政府之间的理性关系，对社会组织及其属性的认识成为必要的前提。应当厘清社会组织之属性，厘定社会组织与政府之间的关系，构建社会组织参与社会治理的监管体制应当以政府与社会组织之间的理性关系为前提。

（一）社会组织之属性及其要求

有关社会组织的属性，美国学者 Lester M. Salamon 指出非政府组织是具有如下属性的组织：组织性（即有一定的组织结构）、民间性（即独立于政府之外）、非营利性（即不以营利为目的）、自治性（即自主决策与自主活动）、志愿性（即自愿组成与志愿捐赠）等[①]；日本学者重富真一认为非政府组织应当具有"非政府性、非营利性、自发性、持续性、利他性和慈善性等特征"[②]；我国学者王名认为，不以营利为目的，具有正式的组织结构的政

---

① 参见［美］莱斯特・M.萨拉蒙著：《全球公民社会：非营利部门视界》，贾西津、魏玉等译，社会科学文献出版社 2002 年版，第 12 页。

② ［日］重富真一著：『アジアの国家とNGO』，明石书店 2001 版，第 17 页。

府以外的自治组织为社会组织①;学者秦晖提出,社会组织是以志愿求公益的组织,这样的概念界定使它既与以强制求公益的政府部门及以志愿求私益的市场部门区别开来,又揭示了三者的关联②。此外,学者王绍光指出,在西欧和北欧,活跃在国际舞台上的为非营利组织;在东欧,慈善和非营利组织的总称即为非营利组织;在第三世界国家,是指专门以促进发展为目的的民间组织。③ 中西方学者的研究揭示了社会组织应当具备如下的基本属性,即非政府性、自治性、组织性及非营利性等。

社会组织的非政府性要求其独立于政府,这是建构其与政府理性关系的首要要求。社会组织并不隶属于政府,也不是政府的附属机构,但对其依法实施监管以保证社会组织行为的合法性与规范性为政府的法定职责。社会组织的自治性要求对社会组织的监管不得以损害其自治为限度。政社关系中,如果政府过分强势将使得社会组织无法成为具有独立品格的自治性组织④,有效性与有限性构成了对政府监管的双重要求;同时,社会组织的自律应当成为对其监管的重要构成,而非仅仅只是政府监管的补充。社会组织的组织性要求对社会组织依法形成的组织形式、人员配置、权力架构予以尊重和认可,对其的监管应当着重于其治理行为而非其组织架构,政府的监管作为权力性的监管,尤其应当明确其监管的界限。社会组织的非营利性是社会组织区别于营利性组织如有限责任公司、股份有限公司等的关键所在,对社会组织监管的核心应当是避免其以公益为名实则营利造成对公共利益的损害,反映出对社会组织的监管仍然应当着重行为监管。因政府的监管受职能有限性的局限,社会组织的自律作为内部监管方式需要外部监督的补充,故而不能忽略社会监督的监管功能,政府的监管、社会组织的自律、社会监督的功能均应得到充分的发挥。

(二) 理性关系的建构:转变监管理念与优化监管之可能性

管理与被管理关系下形成的政府主导的监管模式发挥了在分解社会治理功能的同时监督管理社会组织的功能,但却已经滞后于规范社会组织参与社会治理的要求。合理界定社会组织与政府的关系,明确社会组织与

---

① 参见王名:《中国非政府组织发展的制度分析》,载《中国非营利评论》2007 年第 1 期,第 92 页。

② 参见秦晖著:《政府与企业以外的现代化:中西公益事业史比较研究》,浙江人民出版社 1999 年版,第 6 页。

③ 参见王绍光著:《多元与统一:第三部门国际比较研究》,浙江人民出版社 1999 年版,第 37 页。

④ 参见竺乾威:《政府职能的三次转变:以权力为中心的改革回归》,载《江苏行政学院学报》2017 年第 6 期,第 96 页。

政府的关系定位才能转变传统的监管理念,使对社会组织的监管回归其应然的目标定位。只有在这样的前提下,才能真正克服传统监管体制的弊端,形成新型的监管体制,实现对社会组织参与社会治理的监管。

首先,社会组织所具有的非政府性、自治性、组织性等基本属性决定了其独立于政府,并非政府的附属组织。社会组织有其独立的组织形式与职能范畴,与政府之间并非当然的管理与被管理关系,不能将其作为当然的被管理对象置于政府的掌控之下,以管理与被管理为关系定位对社会组织进行监管。政府作为行政权力的行使主体,有权依法在其职权范围内对社会组织进行监管,但政府的监管有"监管什么"的限制与"如何监管"的要求。"监管什么"与"如何监管"应当以满足对社会组织的监管目标为要求。

其次,社会组织为独立于政府之外的新的治理主体,与政府同为多元化治理模式下治理主体的构成,对社会组织参与社会治理的监管之目的在于以有效的监管规范社会组织的治理行为,促进社会治理的更好实现。应当修正传统监管体制下便于政府管理的监管取向,并通过立法规范的修改与监管实践的完善,将监管重心从准入限制转向行为监管,以适应社会组织发展需要且满足社会组织参与社会治理要求的监管方式与监管手段展开对社会组织的监管。

再次,社会组织参与社会治理的实践证明,政府的职能是有限的,在对社会组织参与社会治理的监管中,政府的监管有其不可替代的功能,但却无法满足对监管的全部需要,应当重视社会组织的自律与社会监督在监管中的功能,改变传统监管体制下着重政府的监管而轻社会组织自律与社会监督的路径依赖,保证政府的监管、社会组织的自律与社会监督在各自的监管范畴内发挥其应有的作用,形成监管的合力。

理性关系定位下的监管,在监管理念上,有助于对传统之便于政府管理的监管理念予以实质性的修正,形成新的监管理念;在监管内容上,有助于将对社会组织参与社会治理的监管着重于对社会组织治理行为的规范,而非以严苛的准入要求将相关组织排除了社会组织的范畴之外,在"监管什么"上实现理性;在监管形式上,有助于克服传统监管的路径依赖,将政府的监管、社会组织的自律与社会监督均纳入立法规范的规定之中,以立法的形式予以规定和规范,在"如何监管"上实现理性。

三、新型关系理论下之监管原则

新型关系理论下的监管以实现应然的监管目标为要求,得遵循法治原则、自治与适度干预相结合原则、他律与自律相结合原则等基本原则,将对社会组织的有效监管与法治结合起来,在尊重社会组织基本属性的同时,实现对其治理行为的规范,实现更好的治理。

（一）法治原则

"权力趋于腐败,绝对的权力导致绝对的腐败。"[1]社会组织基于其需要履行的社会公共职能拥有一定的社会公权力,如果不对其进行必要的监管,其并不会比享有国家行政权的政府更容易远离腐败。[2] 社会组织在履行公共职能的过程中频发的滥权、越权、缺乏自律、以公益为名实则谋取私利等乱象显示出对其监管的不足,因此要求将社会组织参与社会治理纳入法治轨道,在法治的框架下实现对社会组织参与社会治理的有效监管。

法治的基本要义为"法律至上"与"良法之治",结合对社会组织参与社会治理的监管实践,首先,要完善监管法律体系,修改现行立法中相悖于监管要求的立法规定,形成科学、规范、可操作的监管法律体系,以立法的形式明确"监管什么"与"如何监管",以契合监管要求与监管目的的立法规定提供监管之立法依据,保证对社会组织的监管有法可依。其次,规范的监管立法要落实于对社会组织的监管实践,严格执法为法治当然之要求,要从根本上克服监管实践中存在的违法违规行为,既要避免过度监管,也要防止监管缺位,实实在在地将对社会组织的监管落到实处,切实纠正监管实践中存在的问题。再次,完善对社会组织的监管还需要以严格的责任追究与有效的权利救济为保障,对于在监管过程中发现的违法违规行为,要严格依法予以相应的责任追究,而对于在监管中受损的权利,要提供足够的法律救济。

（二）自治与适度干预相结合原则

社会组织参与社会治理实为国家权力向社会权力的回归,意味着公共治理方式的深刻变革,公共治理将由传统的统治模式（Government）向治理模式（Governance）转变,政府不再独揽公共事务,社会组织成为新的治理主体。传统忽视社会组织基本属性、以社会组织为管理对象的监管体制应当向以理性关系为基础的新型监管转变,在尊重社会组织的基本属性、推进社会组织参与社会治理与规范社会组织治理行为之间取得平衡,以保证社会组织既能以区别于政府的特色和优势参与社会治理,弥补政府职能之不足,满足社会对公共治理的要求,又能以规范的治理行为实现更好的

---

① ［英］阿克顿著:《自由与权力》,侯建译,商务印书馆 2001 年版,第 342 页。

② 参见李长春:《论中国慈善组织的监管》,载《暨南学报（哲学社会科学版）》2013 年第 6 期,第 60 页。

治理之诉求。

首先,作为独立于政府之外的组织,自治性为社会组织的重要属性,尊重并保证社会组织的自治性不仅契合了社会组织的发展要求和发展趋势,也构成了对政府权力的反向压力,有助于推进政府权力的自省与自觉,实现权利与权力的平衡。对社会组织的监管不得以损害社会组织的自治性为代价,应当以不损害社会组织的自治性为必要的限度。当然,社会组织必须在宪法和法律规定的范畴内行使其自治权,不得超越宪法与法律的边界。

其次,对社会组织自治性的尊重并不意味着社会组织的行为不受干预,相反,依法监管社会组织及其治理行为不仅是规范社会组织参与社会治理的要求,也是对其自治性的促成。实践中,社会组织的违法违规行为减损了其公信力,抑制了社会组织对社会治理的参与,验证了监管的必要性和重要性。传统监管体制的弊端在于,以便于政府管理之理念设计和运行对社会组织的监管,忽视社会组织的基本属性及其在社会治理中的功能,导致监管效能不佳。这并不等于对社会组织无须监管,或者应当降低对社会组织的监管要求,而是应当在尊重社会组织自治属性的同时,通过必要的干预促成其治理行为的规范性;在自治与适度干预相结合原则下,通过对社会组织参与社会治理的有效监管,保证其治理行为的合法性与适当性。

(三) 他律与自律相结合原则

"一切有权力的人都容易滥用权力,这是万古不易的一条经验。有权力的人们使用权力一直到遇有界限的地方才休止。"[①]对权力(Power)的约束,有自律与他律两种范式。所谓他律,是指权力主体以外的组织或个人对权力的控制、约束和监督;所谓自律,是指权力主体的自我约束。他律源自权力主体的外部,自律着重权力主体自身的自我约束,仅有自律或仅有他律,均不能完全实现对权力的有效约束,要求两种范式的结合。

社会组织在参与社会治理过程中基于公共治理所获得的社会公权力区别于私益目的的私权,与政府所享有的国家公权力一样,可能造成对权利的损害,需要加以有效监管。"从事务的性质来说,要防止滥用权力,就必须以权力约束权力"[②],政府享有的国家公权力构成对社会组织在社会治理中所享有的社会公权力的抑制,政府的监管为社会组织参与社会治理

---

① [法]孟德斯鸠著:《论法的精神》(上册),张雁深译,商务印书馆 2019 年版,第 184 页。
② [法]孟德斯鸠著:《论法的精神》(上册),张雁深译,商务印书馆 2019 年版,第 184 页。

必要的监管构成。同时,权力型的政府监管受职权范畴、组织规模、履责方式等的制约,有其局限性,以广泛性、自觉性等为突出特征的社会监督作为典型的权利型监督,有助于弥补政府监管有限性的不足,形成监管的合力,共同构成了对社会组织参与社会治理的外部监管。

社会组织作为志愿性的自治组织,由组织成员自愿加入,以组织章程规范自己的行为,这种内部的制约机制对社会组织有着自发性的约束作用。相较他律机制的被动性,自律机制具有自觉遵守、自我监督等显著特点,其内生性的监管效力有助于社会组织自觉规范其治理行为,当为监管的必要构成。

被动性的外部监管(他律)与自觉性的内部监管(自律)相结合,以两种监管模式的优势克服各自的不足,是规范社会组织参与社会治理的最佳选择。社会组织的自律作为内生性的自我约束方式,有其特有的监管优势,也具有其难以克服的固有缺陷,不能将之作为唯一的监管方式,需要与外部监管相结合,对社会组织参与社会治理的监管应当在自律与他律相结合原则下展开。

四、优化监管之实现路径

优化对社会组织参与社会治理的监管,需要从理念重塑、立法完善、实践落实等多重角度予以推进,通过有效的监管克服传统监管体制的弊端,解决社会组织参与社会治理实践中既存的监管问题,推进社会组织的发展及其治理行为的合法性与适当性,促进社会组织更好地参与到对社会公共事务的治理之中,满足对更为优质的公共治理的要求。

(一) 理念之重塑

理念是行为的先导,唯有重塑对社会组织参与社会治理的监管理念,才能在新的理念指导下完善监管立法,而非对立法存在的问题进行有限的修补。第一,要明确对社会组织参与社会治理进行监管的目的,修正以往以社会组织为被管理对象的管制理念,以社会组织为合作共治的治理伙伴,在尊重社会组织之于社会治理之功能与作用的前提下,依法对社会组织参与社会治理进行监管;第二,要明确对社会组织参与社会治理进行监管的要求,修正以往便于政府管理的监管导向,以不损害社会组织作为独立于政府的新型治理主体之特色和优势为要求,依法对社会组织参与社会治理进行监管;第三,要明确对社会组织参与社会治理进行监管的路径,修正以往对政府监管的路径依赖,将政府的监管、社会组织的自律与社会监督结合起来,以多元化的监管模式实现对社会组织参与社会治理的监管;

第四,要明确对社会组织参与社会治理进行监管的重心,修正以往强调准入限制的局限,将监管重心转向行为规范;第五,要明确对社会组织参与社会治理进行监管与社会治理创新程度的关联性,修正以往忽视治理效果的主观性,将是否有利于提升社会治理的实际效果作为应否对监管进行调整的判断标准,保证以监管促进社会组织参与社会治理,而非对社会组织参与社会治理加以制约。

政府职能的有限性与传统全能型管理之间的矛盾要求政府应当在其权力边界内最大限度地发挥其功能,将"不应""不能""不及"等领域交还社会,社会组织因此参与到社会治理之中,也带来了对社会组织参与社会治理进行监管的要求。在对社会组织参与社会治理进行监管的过程中,这一矛盾同样应当予以克服。建立在管理与被管理关系下的政府主导的传统监管体制以便于政府管理为导向,过度依赖政府对社会组织的准入限制,已经难以实现对社会组织参与社会治理的有效监管,应当及时转变监管理念,明确对社会组织参与社会治理进行监管的目的、要求、路径、重心,保证监管的实际效果。重塑监管理念,在完善政府监管的同时,充分发挥社会组织自身的自律功能,并以有效的机制建构及制度设计实现社会监督的功能,以政府的监管、社会组织的自律与社会监督相结合的兼有自律与他律范式的多元化监管模式规范社会组织在参与社会治理过程中的治理行为。

(二) 立法之完善

监管理念之重塑为立法取向的修正与立法内容的完善提供了可能。在立法取向上,需要从着重于对社会组织的管制且便于政府的管理向有助于社会组织参与社会治理转变。这将带来立法规定上的重大变化,也有助于推动立法模式由分散性立法模式向统一性立法模式的转变。

第一,完善对准入的立法规定。现行立法规定的以登记管理机关与业务主管单位双重准入限制为特征的准入机制应当完善,实践中对社会组织"放管服"的改革实践也验证了完善这一立法规定的可行性。以立法的形式规定直接向登记管理机关进行登记的准入原则,从而改变实践中诟病已久对社会组织的双重准入限制,避免严苛的双重准入要求将非营利性的组织形态阻隔于合法性之外,并为双重多级监管模式的完善提供立法支持。

第二,完善关于双重多级监管的立法规定,明确监管机关及其监管职责。源于双重准入限制,以"双保险"方式设计的双重多级监管模式因准入要求立法规定的变化,应当向主要由登记管理机关履行监管职责的监管模式转变,并带来了对明确登记管理机关监管职责的立法要求,从而克服双重多级监管模式下存在的立法中职责规定不明确且职责规定重合,以及实践中监管越位与监管缺位并行等弊端,提供监管机关履行监管职责之立法依据。

第三,完善对行为规范的立法规定。宽松的准入带来对行为规范的立法要求:一是要明确对行为规范的规定,解决"监管什么"与"如何监管"的立法依据问题;二是要规定监管机关如果不履行监管职责或履行不当应当承当的法律责任,避免"有权无责"对监管带来的损害;三是要对监管机关造成社会组织权利受损时的权利救济进行规定,在恢复、弥补社会组织所受损害的同时,促使监管机关依法履行其监管职责,避免监管的越位与缺位。

第四,完善对社会组织的自律与社会监督的规定。传统监管对政府监管的依赖所导致的立法主要围绕政府监管,忽视对社会组织的自律与社会监督的缺陷需要在立法上予以实质性的改变,应当对社会组织的自律与社会监督在立法上作与对政府监管同样的要求,对监管的内容、方式、法律责任、权利救济等进行规定,以弥补社会组织的自律与社会监督在立法规定上的不足。

第五,推动立法模式的转化。分散性立法模式下无法对何为社会组织及如何对其进行监管进行统一性规定,已经滞后于对社会组织参与社会治理的监管要求。检视分散性立法模式之优劣,推动对社会组织的立法由分散性立法模式向统一性立法模式转变,以统一性立法的形式对社会组织进行界定并规定对其的监管要求,解决实践中存在已久的对社会组织及其监管的争议。

(三)模式之优化

政府的监管、社会组织的自律与社会监督相结合的多元化监管模式兼具自律与他律的优势,兼顾了尊重社会组织的自治性与规范其治理行为的要求,应当对既存的问题予以修正,优化多元化的监管模式,满足对监管的要求。

1. 完善政府监管

政府的监管是多元化监管模式的重要构成,对社会组织参与社会治理的监管不能缺少政府监管这一外部监管模式。优化对社会组织参与社会治理的监管要从优化政府的监管开始,明确政府应当"监管什么"与"如何监管",回应对政府监管的要求。

首先,政府应当"监管什么"。这一问题涉及两个方面:其一,"能"和"不能"两个范畴,回应的是政府监管的边界问题;其二,监管的重心是什么,回应的是政府监管权能的着力点放在哪里的问题。关于政府监管的"能"和"不能",基本的原则如下:一是对于通过社会组织的自律能够实现的监管,政府不宜介入;二是对于属于社会组织自治范畴的事务,如机构设置、人员配备、运行方式等,政府不应介入,由社会组织通过组织章程等自律机制实现对规范的要求。政府的监管应当限于职责范围内的合法性审查、违法违规行为查处、责任追究以及受损权利的救济等范畴,在应然的监管范畴内履行好监管职责,不应突破自己的权能范畴干涉社会组织的发展,或损害社会组织的自治属性,或影响社会组织参与社会治理,同时也避免将自身置于"不应管、管不了、管不好"的境地。关于政府监管重心的问题,已有的监管实践提供了有益的启示。政府的监管应当以规范社会组织参与社会治理,推进社会治理创新为导向,应当将监管的重点从着重准入限制向放宽准入管制、着重行为规范转化,从以往的严苛于准入转向集中力量于规范社会组织的治理行为,通过行为规范、责任追究、权利救济的合力,实现监管社会组织参与社会治理的目标。

其次,政府应当"如何监管"。这一问题涉及对政府监管的要求与实现政府监管的路径两个方面。其一,对政府监管的要求。政府的监管作为以国家强制力为保障的他律范式,应当置于法治的约束之下,保证监管的实际效果。这就需要明确政府监管的职权职责并将对政府行使监管职权、履行监管职责的要求落实于监管实践,实现监管中的权责统一。如果政府未尽其监管职责,应依法落实相应的责任追究。其二,政府监管的实现路径。政府对社会组织参与社会治理的监管需要程序与制度的支持,规范的监管程序与完备的监管制度成为必要。一是监管的程序要求,包含一般性的程序要求与特定事项的特别程序规范,还要加强对社会组织参与社会治理的过程监管,必要时对社会组织的治理行为进行全程监管①;二是形成监管制度体系,如准入制度、违法违规行为查处制度、责任追究制度、权利救济制度等,以制度为支撑,展开对社会组织参与社会治理的监管。

2. 强化社会组织的自律

管理与被管理关系定位下的社会组织为被管理的相对方,自律功能的价值被弱化。在新型的关系定位下,社会组织独立的治理主体资格被确认,需要从法治保障、组织保障、制度保障等多重角度实现社会组织自律从政府监管的补充向独立的监管形式的转化。

---

① 如可要求社会组织在举办或参与重大社会活动之前向登记管理机关书面备案,登记管理机关如发现有违法违规或违背其章程的,社会组织应立即停止活动或纠偏后再开展活动;由登记管理机关派员参加社会组织依法举行的重大活动,对活动过程进行监管并留存证据,以保证活动过程的合法性和规范性;社会组织在举办或参与重大活动之后,应当向登记管理机关等就活动内容、社会影响、存在问题及未来规划等进行书面汇报。

首先,社会组织自律的法治保障。传统监管体制下重政府监管的路径依赖导致包括社会组织自律在内的其他监管模式处于依附的从属地位,社会组织的自律功能未能发挥其应有的价值。在立法上对社会组织自律的规定不足,在监管实践中社会组织的自律功能被忽视。要强化社会组织的自律功能,应当将其纳入法治的范畴,在立法上完善对社会组织自律的立法规定,在监管实践中落实社会组织的自律功能,从立法与执法的双重角度加强社会组织的自律。

其次,社会组织自律的组织保障。社会组织的自律需要通过承担自律职能的组织载体来完成,在社会组织内部,应当形成权力配置合理、权力运行规范、制约机制健全的内部治理结构,明确自律机构的职权职责,并对责任追究进行规定,提供自律的组织保障,促使社会组织自觉规范治理行为,防止自律流于形式,以减少社会组织的违法违规行为。

再次,社会组织自律的制度保障。社会组织的自律制度应当是一个体系性的制度构成,包含如下的制度要求:一是完善社会组织的内部治理制度,形成以信息披露制度、财务管理制度等为组成部分的内部治理制度体系,预防和防止社会组织治理行为的失范和无序;二是建构社会组织自律的奖励制度,给予自律机制健全、自律效果优良的社会组织以公开表彰、税收优惠等奖励措施,鼓励社会组织加强自律,形成导向效应;三是规定社会组织的责任追究制度,严肃处理查证属实的缺乏自律、公信力低下的社会组织,形成示范效应,与奖励制度相结合,以惩治与奖励相结合的举措鼓励自律,惩罚失信。

3. 加强社会监督

政府的监管与社会组织的自律具有一个共同的属性,即需要借助一定的组织载体实现监管职能,因而受组织人员的监管能力、组织规模的状况、制度的执行力度等的限制。要实现对社会组织参与社会治理的监管,还应当有以自觉性、广泛性等为特征的社会监督的支持。[①] 传统的监管体制下,社会监督的价值亦被弱化,需要以意识培育、制度建构等举措加强社会监督,发挥权利型监督的特色和优势。

首先,监管意识之培育。培育公众的监督意识,形成监督的自觉性,是加强社会监督、充分发挥社会监督效力的意识前提。通过监督意识的培育,转变过去忽视社会监督的不足,建构广泛的社会监督体系,扩大社会监

---

① 基于权利让渡理论,公民让渡部分权利的目的在于更好地实现自己的权利,故而权利型监督是最为自觉、最为积极且最为彻底的监督形式。

督的范畴,提升监督的效果,形成与政府监管及社会组织自律的衔接,变形式的多元化监管为实质的多元化监管体系。

其次,监管制度之建构。社会监督作为权利型的监管形式,以权利为基础,区别于以强制力为后盾的权力型监管,并不能对被监督的社会组织产生直接的强制力。因此,制度的支持尤其重要,不仅需要以制度的支持使得社会监督得以可能,还需要通过制度的支持使社会监督得以实现。信息公开制度、公众参与制度等保证了社会监督的可能性,第三方评估制度等提供了社会监督的实现路径,监督保护制度为社会监督提供了保障,通过系统性的制度体系的支持,社会监督的功能得以有效发挥。

再次,监管经验之推广。社会监督具有监管主体多元、监督范畴广泛、监督方式灵活、监督形式多样等优势,但也面临主体之间松散、监督事项繁杂等问题,不利于形成监督的合力,限制了社会监督的效力。有必要加强监督主体之间的沟通与合作,推广监督经验,提升社会监督的效力。例如,对于在实践中已经取得良好效果的对社会组织的评估,可以进行经验推广,在经验推广的基础上,进一步完善评估指标体系,推进评估从目前实质上的政府主导向独立于政府的第三方评估转化,进一步提升社会监督的作用力与影响力。

第三章　社会组织参与社会治理之程序设计

"程序的核心是关于理性的深谋远虑"[1]，与现代社会治理结构有着不可分割的内在联系。[2] 社会组织对公共事务的治理需要程序的支持，治理中的程序问题已经影响到社会组织对社会治理的参与。理性认识程序在社会组织参与社会治理中的价值，以程序价值理论为指导完善社会组织参与社会治理的程序设计，以预设之程序提供社会组织参与社会治理之程序支持，推进社会治理的更好实现。

第一节　社会组织参与社会治理中的程序问题及其原因分析

程序价值在于对各方利益给予平等的考虑，赋予各方当事人以同等的权利。作为创新社会治理的重要构成，社会组织在参与社会治理的过程中已经面临程序设计之不足导致的治理难题，其内在的原因在于对程序及其在社会组织参与社会治理中的价值认识不足。

一、社会组织参与社会治理中的程序问题

社会组织参与社会治理面临程序设计不足之现实难题，体现为程序立法的不足与实践中的程序问题两个方面。在立法上，统一的程序立法缺失，单行性的程序立法规范不足以提供所需之立法依据；在治理实践中，面临参与程序、救济程序不足等实际难题，制约了社会组织对社会治理的参与。

---

[1] Stephen E. Toulmin. *The Uses of Argument*, Cambridge University Press, 2003, p. 8.

[2] 参见程龙：《法哲学视野中的程序正义：以研究程序正义中的分析模式为主的考察》，社会科学文献出版社 2011 年版，第 225 页。

（一）程序立法规范的不足

在立法上,统一的行政程序立法尚未出台,行政行为的程序主要由相关单行法律法规予以规定和规范,如行政处罚、行政许可、行政强制、行政复议等的程序依据《行政处罚法》《行政许可法》《行政强制法》《行政复议法》等进行①,以立法的形式确认了程序的瑕疵为行政行为被撤销或被确认为违法的法定理由②,为实践中的程序要求提供了立法依据,促进了行政行为的合程序性。单行法律法规的程序规定解决了部分行政行为的程序问题,提供了调整范畴内行政行为的程序依据。在单行法律法规未及的领域,行政行为需要依循的行政程序面临立法不足的难题,加之现行单行法律法规有关程序的规定还存在待完善之处,行政程序从整体而言尚面临程序设计不足的缺陷。社会组织参与社会治理的程序问题面临更为深刻的立法困境,不仅涉及程序立法,而且关联实体立法的不足。

就程序规定而言,有关社会组织参与社会治理的程序,现行立法的规定几近空白,难以提供社会组织参与社会治理所需的程序支持。如何获得有效的程序支持参与到社会治理之中,以及以何种程序规范进行社会治理,是实践中社会组织已经遭遇的治理难题,其根源在于实体性立法与程序性立法的双重缺失。③ 因实体性立法规范的不足,社会组织的主体资格、法律地位等尚面临诸多争议,应否纳入行政法治的范畴尚未形成共识,而其基于对社会公权力的行使所产生的法律关系又不能纳入民事法律关系的范畴,其行为既不能依循民事程序进行,又难以当然地适用行政程序。实践中的两难困境制约了社会组织对社会治理的参与,影响社会治理创新的进一步深入,社会组织参与社会治理程序设计应在完善实体性立法的基

---

① 如《行政处罚法》第五章前三节分别对行政处罚的简易程序、一般程序及听证程序进行了规定;《行政许可法》第四章对行政许可的实施程序进行了规定等。

② 如《行政诉讼法》第70条规定:"行政行为有下列情形之一的,人民法院判决撤销或者部分撤销,并可以判决被告重新作出行政行为:(一)主要证据不足的;(二)适用法律、法规错误的;(三)违反法定程序的;(四)超越职权的;(五)滥用职权的;(六)明显不当的。"第74条规定:"行政行为有下列情形之一的,人民法院判决确认违法,但不撤销行政行为:(一)行政行为依法应当撤销,但撤销会给国家利益、社会公共利益造成重大损害的;(二)行政行为程序轻微违法,但对原告权利不产生实际影响的。"违反法定程序为撤销行政行为或确认行政行为违法的法定事由之一。

③ 在实体法领域,因组织立法的缺失,社会组织的法律地位、权力性质、法律责任等缺乏明确的立法依据,相关单行法律法规规定的严格准入条件影响了社会组织合法性身份的取得,权利性规定的不足等构成社会组织参与社会治理的消极因素,实践中的改革探索已在进行。

础上加强对程序的规定。①

（二）实践中的程序问题

实践中，社会组织已经广泛参与到社会治理之中，治理中的相关问题亦逐渐凸显。考察既有的治理实践，社会组织参与社会治理面临的程序问题可概括为如下三个方面：

一是如何参与程序设计的不足导致社会组织对社会治理的参与难。社会组织参与到社会治理之中，承担一定的公共治理职能以分解政府的压力，已经成为解决国家与社会之间矛盾的有效路径。② 社会组织需要通过必要的参与程序才能参与到对社会公共事务的治理中去，若缺乏参与程序的必要支持，社会组织对社会治理的参与将因无从启动而失去开展的可能。一则，双重的准入登记、严格的准入要求等影响着社会组织合法性身份的取得，合法性身份的缺失或导致该组织无法参与社会治理，或导致该组织的参与行为因合法性身份的缺失而从一开始便失去了"合法"的可能性，参与程序无从启动或难以"合法"启动。二则，具体的如何参与的程序或缺失或不足，导致社会组织或因缺乏获知参与治理信息的有效途径而无法参与，或因参与的时限、方式、步骤的缺乏或者不明确而无法参与或参与难。三则，对行为后果的考量是制约社会组织参与社会治理的又一重要因素，如果缺乏规范而足够的权利救济机制，社会组织在权利受损时无法获得有效的法律救济，那么社会组织则可能为规避不利后果而作出不参与社会治理的选择。无论社会组织是基于非主观的因素无法参与，还是基于主观的因素主动不参与社会治理，都将构成对社会治理创新的不利影响。这些都要求完善参与程序，使社会组织能够参与到社会治理之中，以解决社会组织面临的参与难问题。

二是具体参与程序设计的不足导致社会组织参与社会治理的规范难。统一的《行政程序法》尚付之阙如，单行法律法规关于程序的规定有限且存在不足，社会组织参与社会治理缺乏必要的程序规则，影响了对其治理行为的规范。一则，因程序规则的缺失，社会组织参与社会治理缺乏必要的程序规则可依，行为的规范性和合理性缺乏可供依循的标准，难以依据既有的程序设计规范治理行为，导致社会组织在具体参与过程中难以客观、

---

① 在实体上，社会组织难以纳入现行的行政组织立法的调整范畴，又缺乏专门的社会组织立法可依，基于管理目的的、因事而起的单行法律法规难以满足对社会组织的调整要求，实体规范的不足必然影响程序的设定，完善社会组织的程序性立法需实体性立法的支持。

② 西方政府与非政府组织之间合作与伙伴关系的形成提供了一定的参考借鉴，我国社会组织参与社会治理的实践探索给了了必要支持。

准确判断其参与治理的行为程序是否规范,以避免和减少违法违规行为,从而影响社会组织对社会治理的规范参与。二则,程序设计规则的缺失提供了程序瑕疵的可乘之机,部分社会组织缺乏必要自律,利用程序性规范不足的漏洞,徘徊于合法与非法之间的灰色地带,甚至违规、违法,降低了社会组织的公信力,影响社会治理的实际效果。三则,社会组织种类多样,参与社会治理的范畴较为广泛,涉及的公共事务较为庞杂,要求相应的程序设计以满足对社会治理的要求,社会组织参与社会治理的程序要求应当为统一性与灵活性相统一,目前的程序设计在原则性与灵活性两方面均待完善。

三是救济程序的不足导致社会组织参与社会治理的救济难。实体性立法与程序性立法不足的缺陷影响了社会组织参与社会治理救济程序的设立,《社会团体登记管理条例》《民办非企业单位登记管理暂行条例》等单行法律法规主要规定了社会组织应当承担的民事及刑事法律责任[①],缺乏对救济途径的规定。社会组织能够据以提起救济请求的法律依据散见于《行政复议法》《行政诉讼法》等的相关规定之中,并无完整的法律规定对此予以完备规定,社会组织参与社会治理权利救济的程序性支持还较为缺乏。就通过行政复议或行政诉讼程序获得法律救济而言,社会组织作为行政相对人,权益受损时可依据《行政复议法》及《行政诉讼法》,申请行政复议或提起行政诉讼以获得救济,但在社会组织参与社会治理的过程中行使社会公权力造成相对人损害或社会组织自身的权益受损时,如何处理面临程序性困境。一则,社会组织相关组织法的缺失导致其性质及法律地位处于模糊状态,能否适用行政复议或行政诉讼程序在实践中往往依赖复议机关或人民法院对现行法律规定的理解和判断,可能导致相同或类似的案件在不同的地方出现不同的裁决结果,因社会组织侵害行为所致的受损权利可能获得救济,也可能因被裁决不属于行政复议或行政诉讼的受案范围而失去通过行政复议或行政诉讼程序获得法律救济的机会。二则,受损的权利亦无法通过以平等主体之间受损权利为救济对象的民事救济途径获得救济,导致受损的权利难以依循已有的救济程序获得法律上的救济,从而影响社会组织对社会治理的参与。

二、对程序价值认识之不足：程序问题的内在原因

社会组织参与社会治理程序设计不足的根本原因在于,对程序价值认

---

① 如《社会团体登记管理条例》第六章规定了对社会团体的"罚则"。

识的不足。在社会组织参与社会治理的初始阶段,对公共治理的强烈诉求掩盖了程序上的不足;当其发展到现时的阶段,工具价值选择下应对型的程序设计已经不能满足公众对公共事务的治理要求。客观认识社会组织参与社会治理中的程序价值,在理念培育的前提下完善社会组织参与社会治理相关之程序立法,解决实践中的程序问题,已为推进社会组织参与社会治理所迫切要求。

(一)传统价值选择对程序设计的内在影响

传统上,我国受大陆法系的影响较为深刻,更为重视实体上的正义,对程序价值认识不足,这一价值选择影响着对程序的立法规定与制度设计。尽管随着法治建设的逐渐深入,程序的法治价值日渐凸显,体现在行政法领域,对法定程序的遵循已经被确立为我国行政法的基本原则之一,要求行政机关在为行政行为时得保证程序的正当性。但是,传统价值选择下程序设计存在的立法规范与制度建构不足的难题仍然制约着社会组织对社会治理的参与,社会组织参与社会治理仍然面临较为迫切的程序问题。立法规范与制度建构的完善需要以理念的转变为意识前提,如果不能形成对程序价值的充分认识,或者仅仅重视程序对实体正义的工具价值而忽视其独立于实体的自身价值,或者对程序的独立价值认识不足,必然影响程序立法的目标定位与内容选择,进而影响对参与程序的设计。要解决程序设计存在的问题,必须克服传统价值选择的影响,形成对社会组织参与社会治理中程序价值的充分认识。

(二)对程序价值的再认识:社会组织参与社会治理的要求

公共事务的日趋繁杂、利益诉求的日渐多元与政府职能有限性的矛盾要求社会组织作为新的治理主体参与社会治理,以满足公众对公共治理的要求。在这一过程中,实体的诉求为第一位的要求,社会组织大量涌现并日益承担越来越多的公共治理职能,满足了公众对公共治理的要求,缓解了政府的治理压力,保证了政府得以集中力量去完成其应当而且能够完成的职能。在公共治理量的诉求被逐步满足的同时,公众越来越要求优质的公共服务,对质的诉求不断上升,质的诉求在公共治理中的比重日渐加大。公众不仅要求治理结果的合法性与正当性,还要求治理过程的合法性与正当性,程序的价值日渐凸显。追求治理的结果而忽略治理的过程已经滞后于对社会治理的要求,程序价值及其实现成为社会组织参与社会治理中的关键性问题之一。程序价值应当被重新认识,以实现对治理过程及治理结果合法性与正当性的双重诉求。

第二节 社会组织参与社会治理中程序价值之再认识

社会组织参与社会治理面临的程序难题要求修正工具价值选择下程序设计的不足，形成对社会组织参与社会治理程序价值的再认识，在理念重塑的前提下完善程序设计，解决社会组织参与社会治理中存在的程序问题。

一、程序价值的多元性及其意义

程序价值的理念以正当程序思想为背景形成和展开[①]，在发展过程中形成了程序工具主义理论(Procedure Instrumentalism)与程序本位主义理论(Procedure Departmentalism)两种基本模式。[②] 程序工具主义理论以程序为实现实体正义的手段，根据追求的实体公正价值之不同，程序工具主义理论还可分为绝对工具主义理论和相对工具主义理论。[③] 程序本位主义理论则提出程序的价值在于其本身的正义性，而不是结果的有效性。[④] 程序工具主义理论与程序本位主义理论均存在一定的理论缺陷，并可能因其缺陷而导致程序正义或实体正义在事实上难以实现。如程序工具主义理论以结果的优劣为衡量程序价值的标准，容易导致为追求实体正义而选择对程序正义的忽略甚至破坏，权利因程序正义的缺失而被侵害；程序本位主义理论将公正的结果视为正当程序的逻辑结果，但正当的程序并不必然带来公正的结果。然而，两种理论从不同的视角揭示了程序的工具价值及其独立价值，呈现了正当程序与公正结果之间的内在联系。有学者提出，程序是实现结果正义的最好方法[⑤]；有学者指出，正当程序实质上是对个人自由的重要保障[⑥]；有学者认为，"一项法律程序是否具有正当性和合理性，不仅仅看它能否有助于产生正确的结果，还应当看它能否保护

---

① 参见[日]谷口安平著：《程序的正义与诉讼》，王亚新、刘荣军译，中国政法大学出版社2002年版，第4页。
② 两种理论的区别在于，程序工具主义理论强调程序的工具性价值，以程序法为实现实体法的工具；程序本位主义理论则强调正当程序之于公正结果的决定性意义。
③ 参见陈瑞华：《论协商性的程序正义》，载《比较法研究》2021年第1期，第3页。
④ 参见周佑勇：《行政法的正当程序原则》，载《中国社会科学》2004年第4期，第119页。
⑤ 参见李建华：《公共政策程序正义及其价值》，载《中国社会科学》2009年第1期，第64页。
⑥ 参见周佑勇：《行政法的正当程序原则》，载《中国社会科学》2004年第4期，第120页。

一些独立的内在价值"①;还有学者提出,应当兼顾程序公正和实体公正价值②等。既有的研究提示了程序价值的多元性,提供了进行程序设计时应对程序价值的多元性予以充分考量的启迪。

二、域外经验之借鉴

程序之价值首先为英美法系国家所重视,进而为大陆法系国家所采纳,通过一系列的判例与立法规定,最初适用于法院诉讼过程中的正当程序原则发展成为各国行政法所普遍遵循的一项基本原则,要求行政权力在运行时得保持最低限度的公正。在英国,"古帕诉万兹乌斯区工程管理局案"(Cooper v. Wandsworth Boardof Works)明确了行政行为在作出之前必须听取行政相对人意见的程序要求;"Hopkins v. Smethwick Local Board 案"确立了对他人作出不利行政行为之前要事先告知的程序要求;"理奇诉鲍德温案"(Ridge v. Baldwin)宣示了如果未听取行政相对人的意见,则该行政行为在程序要求上即为非法③,正当程序原则由此逐渐成为一个广泛适用的行政法原则。在美国,正当程序原则自 19 世纪末便开始向行政法领域渗透,行政性正当程序原则的正式确立源于《联邦行政程序法》对"作出决定者必须举行听证"的明确规定,并通过一系列法律法规的制定形成了涵括《信息自由法》《阳光下的政府法》《隐私权法》等在内的较为完善的法律规范体系。④ 受英美法系国家的影响,程序价值为大陆法系国家所逐步重视⑤,各国通过行政程序法典及行政程序性法律规范的制定确立了行政法领域的正当程序原则,以弥补严格规则模式之不足。

正当程序原则的演进过程提供了有益的启示,对程序独立价值的忽视容易导致将程序与结果割裂。尽管正当的程序并不当然地带来公正的结果,但是忽视程序之内在价值,缺乏体现程序内在价值的程序支持,公正的结果难以真正实现。程序既有之于实体的工具价值,也有独立于实体的自身内在价值,要求程序的设定应当符合其内在价值标准。

三、社会组织参与社会治理对程序之要求

程序价值理论揭示了程序包含内在价值与外在价值,其内在价值为其

---

① 孙笑侠:《两种价值序列下的程序基本矛盾》,载《法学研究》2002 年第 6 期,第 41 页。
② 陈瑞华:《论协商性的程序正义》,载《比较法研究》2021 年第 1 期,第 1 页。
③ 参见周佑勇:《行政法的正当程序原则》,载《中国社会科学》2004 年第 4 期,第 115—116 页。
④ 参见石佑启、陈咏梅著:《法治视野下行政权力合理配置研究》,人民出版社 2016 年版,第 56 页。
⑤ 区别于英美法系国家对正当程序的强调,大陆法系国家传统上更为关注实体正义。

自身的价值,即程序所具备的独立价值;其外在价值为其体现的价值,即程序之于实体的价值。程序价值理论在东西方各国行政法中的引入,宣示了程序价值之于行政法治的意义。通过对程序要求的立法规定以及人民法院对程序问题的裁决,我国对程序价值进行了阐释。[1] 在行政法治的实践中,程序既是要求也是保障,对正当程序的遵循是行政法治的基本要求,规范的程序设计则是行政法治得以实现的必要保证。程序为人为且带目的性的设定,是依照一定次序安排所进行的步骤,法律程序为国家法律所设定的程序。程序由一定的程序要素构成[2],主体、行为以及行为之时限、步骤、次序及后果等构成了程序的基础性要素,通过程序要素的作用,程序的价值得以实现。

程序之于社会组织参与社会治理的支持,主要体现在社会组织对社会治理的参与上,以及对社会组织治理行为的规范上,涵括程序之内在价值与外在价值两个方面。一方面,通过有效的程序设计,保证社会组织能够参与到社会治理之中,实现由政府以外的治理主体共同承担公共治理职能的目标;另一方面,通过程序设计,保证社会组织治理行为的规范性,满足规范公共治理的要求。相关的程序要素包含了社会组织对参与信息的获取,何种社会组织能够参与社会治理,该社会组织以何种方式参与社会治理,治理应当遵循的时限、步骤、次序,以及对治理行为法律后果的承担等。通过对前述要素的明确,社会组织才能在程序的支持下参与社会治理,并通过程序内在价值的发挥实现其外在价值,即以程序支持社会组织对社会治理的参与,以社会组织规范的治理行为实现更好的治理的诉求。当然,社会组织参与社会治理还需要参与机制与参与制度的支持,通过程序、机制、制度的共同作用,社会组织参与社会治理方能得以实现。

---

[1] 立法方面,如《行政处罚法》第 3 条第 2 款规定:"没有法定依据或者不遵守法定程序的,行政处罚无效。"《行政许可法》第 4 条规定:"设定和实施行政许可,应当依照法定的权限、范围、条件和程序。"诠释了行政行为应当遵循法定的程序要求,不遵守法定程序将导致行政行为无效。人民法院的裁决方面,如北京市海淀区人民法院对"田永诉北京科技大学拒绝颁发毕业证、学位证案"(1999 年)的裁决、北京市第一中级人民法院对"于艳茹诉北京大学撤销博士学位决定案"(2017 年)的裁决等,诠释了对程序的遵循为人民法院据以裁决的事实依据。

[2] 美国学者迈克尔·D. 贝勒斯(Michael D. Bayles)提出了程序要素的概念并将其总结为管辖、立案范围、证据、证明规则等 11 项。参见[美]迈克尔·D. 贝勒斯著:《法律的原则:一个规范的分析》,张文显等译,中国大百科全书出版社 1996 年版,第 44—86 页。我国学者陈瑞华提出程序性裁判包括程序性申请和程序性辩护、程序性申请的裁判者、程序性答辩、程序性听证、证明责任和证明标准、证据规则、程序性裁决、程序性裁决的再救济等 8 项构成要素。参见陈瑞华:《程序性制裁制度的法理学分析》,载《中国法学》2005 年第 6 期。学者徐亚文将法律程序的基本要素归纳为以下 5 项:程序主体、主体行为、行为的时许、程序法律关系内容及程序后果。参见徐亚文著:《程序正义论》,山东人民出版社 2004 年版,第 239 页。

第三节　程序价值在社会组织参与社会治理中的实现

对程序价值的再认识提供了完善程序设计的意识前提。克服社会组织参与社会治理中程序设计之不足,首先需要形成对社会组织参与社会治理中程序价值的充分认识,在理念重塑的前提下完善程序立法,解决实践中的程序问题,提供社会组织参与社会治理所需之程序支持。基于社会组织实体性与程序性立法之现状,对程序立法的完善应当从实体性立法与程序性立法的双重角度展开,以统一性规定与具体性规则相结合的方式解决实践中的程序问题,以严格的程序要求促进社会组织治理行为的规范性。

一、理念的形成

传统程序价值理念影响下的程序设计已经滞后于社会组织参与社会治理的要求。程序兼具之于实体的工具价值,以及独立于实体的自身价值,应当在符合程序价值标准的基础上,完善对社会组织参与社会治理的程序立法与程序设计。

(一) 从传统的程序价值理念到充分的程序价值理念

工具价值选择下的程序设计之缺陷要求反思对程序价值的认识。强调程序之于实体的工具价值,忽视程序所具有的独立于实体的内在价值下的程序设计,往往不能体现程序内在的价值标准,而呈现实用性、应对性、指向性等特征,缺乏必要的客观性、科学性与前瞻性,相悖于公共行政的发展要求。如果不能形成对程序价值的充分认识,"功利""实用"目标下滞后的程序设计难以满足社会组织参与社会治理对程序之要求,社会组织参与社会治理程序支持不足的难题难以从根本上得到解决。"头痛医头、脚痛医脚"式的应对已经被证明效能有限,完善社会组织参与社会治理的程序设计需要从理念的重塑出发,厘清对程序价值的认识,明确程序设计的根本目标,在此前提下形成立法规范与制度设计。

完善社会组织参与社会治理之程序设计,应当对程序之内在价值与外在价值的功能予以充分考量,遵循程序内在的价值标准,克服传统实用之便宜取向下程序设计之应对性、指向性等缺陷,形成一种"兼有体系理性和实践理性的组织体系"[①],实现客观性与有效性的统一。有关社会组织参

---

① 　季卫东著:《通往法治的道路:社会的多元化与权威体系》,法律出版社 2014 年版,第 30 页。

与社会治理的程序立法与制度设计,应当既能够为实现社会组织参与社会治理提供支持,又能够实现程序自身内在的价值,不能因某一实体目标的诉求而减损对程序的要求,从而消弭程序应有之价值。

(二) 程序设计应有之理念

程序设计以立法为依据,以制度为支持,程序设计的价值理念应当贯穿程序立法与制度设计的全部过程。从程序立法的角度而言,程序性立法的目的并非仅仅是实现实体法的要求。但是,如果缺乏实体性立法的必要支持,程序性立法的效能也会减损。一方面,目前以单行性立法为主体,缺乏统一《社会组织法》的社会组织实体法律体系尚不健全,社会组织的法律地位、权力性质、组织范畴等并不明确,未能提供程序设计所需的实体法依据,影响了对社会组织参与社会治理的程序设计。要完善程序性立法,需要同时对相关的实体性立法进行完善。另一方面,对程序内在价值的忽视导致对程序的立法主要以单行性立法为主,仅针对特定行政行为的程序进行立法,缺乏统一的行政程序法典,程序的内在价值未能得到足够的重视,单行性立法以外的程序要求缺乏必要的立法依据,单行性立法中程序规定存在的问题也缺乏统一的行政程序法典的弥补,程序在社会组织参与社会治理中的内在价值与外在价值均有待立法的进一步回应。

从制度设计的角度而言,社会组织参与社会治理的程序设计不仅应体现程序的外在价值,以必要的程序设计为社会组织参与社会治理提供程序支持,也要体现程序的内在价值,保证社会组织参与社会治理中的程序设计符合程序价值的内在标准,为规范社会组织治理行为提供程序支持,提升社会组织治理行为的规范性。因此,社会组织参与社会治理中的程序设计,不仅应当有社会组织参与社会治理据以依赖的参与程序、治理程序等设计,也应当有体现社会组织参与社会治理之价值目标的权利救济程序、责任追究程序等程序设计。"实用"或"功利"取向下的程序设计并不完整,权利救济程序及责任追究程序的缺失或不足不能完全体现程序所具有的公正、理性等内在价值,应当修正既有程序设计之不足,体现程序应有的价值。

二、立法上的回应

分析程序立法存在的问题,结合社会组织参与社会治理需实现的目标,社会组织参与社会治理程序设计立法规范之完善,需从实体法与程序法的双重角度进行,应当以《社会组织法》明确社会组织的法律地位与权力性质,以《行政程序法》对包含社会组织等社会公权力主体在内的公权力行为应当遵循的基本程序及其法律责任进行统一规定,以相关单行法律法规对不同社会组织在参与不同治理领域实施不同治理行为时应当遵循的程序要求及其法律责任进行具体规定,以符合程序价值标准的程序立法为社会组织参与社会治理程序设计提供立法依据。

(一) 实体性立法的完善

应对性、临时性的单一性程序立法难以从根本上解决社会组织参与社会治理的程序难题,还可能造成立法重复、立法冲突及立法资源浪费等问题。从立法上明确社会组织的法律地位、权力性质,合理界定社会组织的范畴,以立法的形式对社会组织参与社会治理时社会公权力主体的身份予以确认,提供社会组织参与社会治理适用行政程序法则的组织法依据,才能从根本上解决社会组织参与社会治理的程序难题。

因此,需要推进《社会组织法》的出台,对社会组织的法律地位、权力性质、组织范畴等进行明确,通过解决实体难题,推进程序难题的解决。同时,针对《社会团体登记管理条例》《基金会管理条例》《民办非企业单位登记管理暂行条例》等既有单行性立法存在的问题,以实践中已有的探索为支撑,通过实体性立法放宽对社会组织的准入管制,合理设定各类型社会组织的准入要求,推进相关组织依法取得参与社会治理的合法性主体资格,将其参与社会治理的活动纳入行政法治的范畴,置于行政法律规范的规范之下,再辅之以程序性立法的完善,彻底解决社会组织参与社会治理面临的程序难题。

(二) 程序性立法的完善

程序性立法应当涵括统一程序性立法与具体程序性立法两方面的内容,以统一的程序立法对行使国家行政权的行政机关与行使社会公权力的社会组织的治理行为应当遵循的程序及其法律责任进行统一性规定,再由单行法律法规对不同权力主体的履责程序在不违背统一性规定的前提下进行具体性规定,实现程序性立法统一性与灵活性的结合,规范社会组织参与社会治理。

1. 推进统一行政程序法的出台

单行性程序立法适用范围、针对对象等的有限性与需要调整社会关系的广泛性和复杂性之间的矛盾,要求提供统一性、制度性的程序规范。应当以统一性的程序立法作为行政行为程序的基础性规范要求,确定行政程序合法性的基础性标准,然后再由单行法律法规对特定领域的行政程序进行具体性的规定。[1] 因统一的《行政程序法》尚未出台,行政程序的统一

---

[1] 具体性程序规范以不违背统一性程序规范为要求。

性、通行性规范标准尚无，需要推进国家层面《行政程序法》的出台，解决单行性程序立法难以满足对行政程序规范要求的难题，为行政程序提供通行的程序规范依据。

社会组织在参与社会治理的过程中行使的是社会公权力，得遵循对行政程序的通行性要求。制定《行政程序法》时应当对此予以充分考虑，既要考虑程序之于社会组织参与社会治理的工具价值，以程序为支撑推进社会组织对社会治理的参与，又要对程序的独立价值，即有助于社会组织规范参与社会治理，予以充分考虑。在此前提下进行科学、合理的程序设计，为社会组织参与社会治理提供通行性的程序规范，通过有效的程序设计使社会组织得以参与到社会治理之中，并以规范的程序支持其完成对社会公共事务的治理。

2. 制定具体的程序规范

公共行政事务的复杂多样性决定了治理程序的多样性。不同社会组织参与到不同领域的社会治理之中，需要不同的程序支持，这就决定了在统一的通行性程序规范之下，还需要有具体的程序规范来满足不同社会组织对不同治理领域的参与要求，单行性的程序规范是必要的。制定单行的程序法律法规涉及具体治理领域的程序要求，更要充分考虑程序价值的多元性。既要避免忽视程序的独立价值，仅仅关注程序的工具价值不利于社会组织参与社会治理的规范性，仅有参与而缺乏行为的规范性并非社会治理创新的目标所在；又要避免忽视程序之于实体的价值，仅仅关注程序的独立价值而忽视程序的工具价值容易导致社会组织难以参与到社会治理之中，社会治理创新更是无从实现。以程序既具有工具价值又具有独立价值为充分考量，提供具体的、可操作性强的程序规范，满足不同社会组织对不同领域社会公共事务的治理要求，这样创新社会治理的目标方能真正实现。

三、实践中程序问题的解决

以程序之内在价值与外在价值为必要考量，以程序立法的完善为前提，以体现程序价值的程序设计推进社会组织参与社会治理，以程序为要求规范社会组织的治理行为，切实解决社会组织参与社会治理实践中的程序问题。

（一）参与难、规范难、救济难等程序难题之解决

立法的完善为重程序外在工具价值、轻程序内在价值的程序设计所导致的参与难、规范难、救济难等治理难题的解决提供了支持。以有效的程

序设计解决社会组织参与社会治理的参与难问题,以严格的程序设计解决社会组织治理行为规范难的问题,以足够的程序设计解决社会组织参与社会治理中受损权利救济难的问题。以兼具内在价值与外在价值的程序设计为支撑,推进社会组织参与社会治理,提升社会组织治理行为的规范性,真正实现创新社会治理的目标。

首先,以有效的程序设计解决实践中的参与难问题。立法的完善为实践中参与难问题的解决提供了可能的前提,通过实体性立法与程序性立法的支撑,以程序内在价值与外在价值为双重考量的程序设计得以可能。完善政府信息公开制度、公众参与制度等参与所需的制度支持,保证社会组织可依循信息公开制度获得参与信息,以公众参与制度提供的时限、方式、途径、步骤等参与到社会治理之中。同时,通过救济程序的设计,使社会组织对治理过程中权利受损时的法律救济有合理的预期,从而作出参与与否的决定,解决社会组织参与社会治理中因主观与客观的双重原因导致的参与难问题。

其次,以严格的程序设计解决治理行为规范难的问题。在统一性程序规范与具体性程序规范相结合的程序规范体系下,完成对不同社会组织参与不同领域社会治理时的程序设计,解决社会组织参与社会治理面临的方式、步骤、次序与时限等程序问题,提供对治理行为规范与否的判断,使社会组织能够依据已有的程序要求对其治理行为的规范性进行合理判断,对治理行为的后果有充分的认识,增强社会组织的自律性,消除其违法违规的侥幸心理,促使社会组织自觉遵守治理中的程序设计,以程序为要求规范自身的治理行为,提升治理的实际效果,从而解决实践中因程序设计不足所导致的社会组织参与社会治理的规范难问题。

再次,以足够的程序设计解决受损权利救济难的问题。提供社会所需的足够的、优质的公共产品与公共服务,满足人民对美好生活的需要,是推进社会组织参与社会治理及创新社会治理的目标所在。如果社会组织参与社会治理过程中受损的权利得不到必要的法律救济,就背离了创新社会治理的初衷和要求。对程序内在价值与外在价值均予以充分考量的程序设计,能够提供对受损权利法律救济的程序支持,解决权利救济程序不足导致的对社会组织参与社会治理的抑制。在社会治理的过程中,社会组织既可以是行政管理行为的相对人,也可以是行使社会公权力的主体,还可以是独立的自治主体。不同的身份之下,权利救济的程序要求并不相同。基于对程序内在价值与外在价值的充分考量,针对社会组织在治理中的不同身份,科学设计其作为行政管理行为的相对人、社会公权力主体、独立的自治主体时的救济程序,将程序价值落实于权利救济程序设计的实践,保证社会组织在自己的合法权利受损或对相对人合法权利造成损害时,能够依循权利救济程序及时获得法律上的救济,实现对受损权利的法律救济,解决社会组织参与社会治理中面临的受损权利救济难问题,推进社会组织参与社会治理。

(二)以严格的责任追究保证程序设计目的的实现

程序价值的实现还有赖责任追究程序的设计。所谓"徒法不足以自行",如果缺乏对责任追究的规定,相关责任主体即使不依法履行法定职责,也不会导致法律上的否定性后果,那么对法定职责的履行将主要依靠责任主体的自觉。不履行法定职责者无须承担对其不利的法律后果,不仅不利于约束不守法的责任主体,也不利于保护自觉履行法定职责的守法者,自觉履行法定职责者的合法权益可能因此遭受侵害,责任追究实乃必要。① 要实现对责任主体的责任追究,责任追究的程序设计不可缺少。责任追究程序设计应当作两方面的考量:一是对不履行法定职责的责任主体之责任追究。依据该责任主体应当承担的责任类型,如行政法律责任、刑事法律责任、民事法律责任,以及依据《国家监察法》应当承担的法律责任等,分别进行相应的程序设计。已有的程序设计能够据以实现责任追究的,依据既有的责任追究程序予以责任追究;需要完善的,完善相关的程序设计实现责任追究;尚未进行程序设计的,以相关的程序立法为依据进行程序设计予以责任追究。二是对不履行法定程序要求的责任主体之责任追究。对不履行法定程序要求的责任主体同样应当施以责任追究,否则难以保证该程序设计得到良好遵循。在明确责任主体因不依法按照预定的程序设计行为而应承担法律责任的前提下,以规范的程序设计保证责任追究真正落到实处,实现责任追究程序之价值。

---

① 守法者的合法权益得不到保护,违法者的违法行为不受制裁,还容易形成"守法不划算""违法也不要紧"等错误导向,从而恶化法治状况。应当明确责任追究程序设计的价值,以严格的责任追究程序设计实现对违法行为的责任追究。

第四章 社会组织参与社会治理 之机制建构与制度安排

　　社会组织参与社会治理推动了法治秩序的建构，推进了新型多元权力制约机制的形成，创新了社会治理。与此同时，因事建制的参与机制及工具主义色彩的参与制度仍然制约着社会组织对社会治理的参与，推进社会治理创新要求更为科学、有效的机制建构与制度安排。以更好的治理满足多元化利益诉求是社会组织参与社会治理的出发点与着力点，应当以法治原则为要求，以权利的保障与增进为社会组织参与社会治理之价值标准，克服社会组织参与社会治理既有参与机制与参与制度之不足，以科学、有效的参与机制及参与制度推进社会组织参与社会治理，实现创新社会治理之目标。

第一节　社会组织参与社会治理的机制建构

　　社会组织参与社会治理所依靠的参与机制呈现因事建制的特点，缺乏必要的前瞻性、系统性与整体性，参与机制之不足与推进社会组织参与社会治理之间的矛盾凸显。在全面推进依法治国、加快建设法治政府的背景下，社会组织参与社会治理机制之建构应以法治为要求，在法治的框架下予以构建，以符合机制之科学性要求，且适应社会组织参与社会治理要求的参与机制推进社会组织参与社会治理向广度和深度发展。

一、社会组织参与社会治理机制建构现状之分析

　　客观审视既有机制之建构，在科学性、功能性上均存在不足，社会组织参与社会治理所需之扶持机制、信任机制、合作机制等，或缺失，或不足，未能形成完备、科学的机制体系。参与机制之不足已经构成社会组织参与社会治理的制约因素，应当对社会组织参与社会治理中机制的功能及其存在

的问题加以客观的分析，以为完善提供必要的理论支持。

（一）参与机制：社会组织参与社会治理之必要支持

源起于希腊文的"机制"（Mechanism）一词，其所蕴含之"结构""途径""历程""机理""工作原理"等多重含义[1]，以及被适用于不同领域所产生的如"管理机制""社会机制""市场机制"等诸类型的概念模式，深刻揭示了机制在自然科学与社会科学中的价值。"机制这一概念无论在哪个领域中使用，都体现为某种主体自动地趋向于一定目标的趋势和过程"[2]，目标的实现需要借助机制的支持，机制于目标之实现具有不可或缺性，如果缺乏机制之必要支持，目标并不会自行实现。

社会组织参与社会治理的基本目标在于为多元化利益诉求提供所需要的公共治理，以弥补政府职能之不足。这一目标的实现，首先，要求作为新型治理主体的社会组织能够满足社会治理之需要，组织载体之足够性成为必须的要求。这是因为，如果缺乏必要的组织载体承载多元化利益诉求下的社会治理职能，政府职能之不足得不到有效的弥补，必然影响社会治理目标的实现。推进社会组织的发展以满足社会治理之要求，成为社会组织参与社会治理必须解决的问题。其次，还要求社会组织的治理行为能够满足社会治理之需要，治理行为的有效性成为必须之要求。治理行为的有效性不仅要求社会组织依法规范其治理行为，保证治理行为的合法性，还需要得到兼具行政管理主体与治理主体身份的政府，以及治理行为指向的对象的支持与配合。如果得不到必要的支持与配合，治理行为的有效性将受到影响。如何实现社会组织治理行为的有效性，满足对更好治理的要求，为社会组织参与社会治理需要解决的又一问题。组织载体的足够性与治理行为的有效性，需要置于社会组织参与社会治理所处的外部环境与社会背景下予以客观考量。

立足我国社会组织参与社会治理的实践，组织载体之足够性与治理行为之有效性需要下列机制的支持：

---

① "机制"一词源起西方，其在哲学中的含义为"机械论"，在机械学中的含义为"装置""结构""作用"，在文化艺术领域中的含义为"手法""技巧""途径"，在化学、自然现象中的含义为"作用过程""历程"，在生物学、药学中的含义为"机能""机理"等。在我国，权威工具书《辞海》对其的定义为："原指机器的构造和动作原理，生物学和医学通过类比借用此词。"《汉语大词典》对其的定义为："原指机器的构造和工作原理，生物学和医学通过类比借用此词，指生物机体结构组成部分的相互联系以及其间发生的各种变化的物理、化学性质和相互联系。现已广泛应用于自然现象和社会现象，指其内部组织和运行变化的规律。"参见严励：《刑事政策研究应关注刑事政策机制》，载《学术交流》2011 年第 1 期，第 77 页。

② 李景鹏：《论制度与机制》，载《天津社会科学》2010 年第 3 期，第 49 页。

一是扶持机制的支持。我国社会组织在改革开放之后得以快速发展，在承担社会治理职能方面起到了巨大的作用。但是，与多元化的利益诉求相比，与需要承担的公共治理职能相比，与社会治理创新要实现的目标相比，已有的社会组织无论是在组织数量上还是在组织规模上均未能满足公共治理的要求，创新社会治理面临组织载体不足之现实难题。组织数量与组织规模的有限性亦制约了社会组织的履责能力，治理的效能不尽理想。为推进社会组织的发展，扶持机制是必要的。然而，从已有的立法规定与实践操作来看，社会组织在合法性主体资格的取得上还面临较为严苛的准入要求，其发展虽然呈增长的总体趋势，但还面临总量不足、分布不均衡等问题。此外，还有相当一部分组织游离于合法性之外，影响社会组织的健康、有序发展。如何建构有效的扶持机制，促进社会组织的发展，从组织的合法性、组织数量、组织规模、组织分布等方面满足对治理组织载体的需求，已经成为社会组织参与社会治理应当着力解决的又一难题。

二是信任机制的支持。伴随着经济社会的快速发展，社会组织作为新的治理主体参与到对社会公共事务的治理之中，政府和公众对其的信任以及组织内部的互信是社会组织顺利履责的基础。推进多元主体共同参与社会治理，关键在于不断增强信任。[①] 在我国，由政府承担对公共事务的治理职能具有坚实的历史与现实基础，社会组织对社会公共事务治理职能的承担面临源自政府与公众的双重质疑。如果不能取得政府与公众对其的信任，在信任缺失的情况下，社会组织对公共治理职能的承担将举步维艰，因此要求建构政府与社会组织之间、社会组织与公众之间的信任机制。同时，在社会组织参与社会治理的过程中，还需要社会组织之间的协作，以及组织成员对社会组织的信任与支持，以保证治理行为的顺利开展，社会组织之间、社会组织与其组织成员之间的信任机制亦不可或缺。因此，社会组织参与社会治理中的信任机制，应当涵括政府与社会组织之间、社会组织与公众之间、社会组织之间、社会组织与其组织成员之间信任关系的架构。

三是合作机制的支持。政府职能的有限性与多元化利益需求之间的矛盾，要求社会组织作为新的治理主体参与到社会治理之中。正是通过政府与社会组织对公共事务的合作治理，社会所需的公共产品与公共服务得以更好地提供，多元化的利益诉求得到不断满足，政府与社会组织对公共事务的治理对于创新社会治理而言均具有不可或缺性。这就要求社会组

---

① 参见刘琼莲：《中国社会治理共同体建设的关键：信任与韧性》，载《学习与实践》2020 年第 11 期，第 29 页。

织对公共治理职能的承担与政府对公共治理职能的承担之间形成衔接与协调,只有政府与社会组织各司其职、分工合作,方能克服传统行政管理体制下政府职能越位与缺位并存的管理缺陷,避免社会治理目标诉求落空的危险,更好地实现对公共事务的治理。因此,合作机制是必要的。

(二)社会组织参与社会治理机制建构之不足

观念之局限、立法规范之不足等因素制约了参与机制之建构,社会组织参与社会治理所需的扶持机制、信任机制、合作机制等,或还待建构,或仍待完善,影响了社会组织对社会治理的参与,科学、有效的参与机制为社会组织参与社会治理所迫切要求。

1. 对社会组织的扶持机制还待完善

经济社会发展要求下,我国对社会组织的基本导向已经转向发展和扶持,相关的扶持机制亦在陆续建构,如对社会组织实行分类管理、重点培育以及给予部分社会组织一定的资金支持等。审视已有的扶持机制,体现出应对性、非系统化等特征,完善的扶持机制尚待建构。一是已有的扶持机制具有较为明显的指向性,主要指向特定领域的社会组织[①],专项性、工具性的特征明显,还缺乏对社会组织的整体规划,覆盖面较为有限,直接的后果就是社会组织分布的领域并不均衡,如社会治理创新所亟需的法律类、生态环境类等社会组织数量较少,远未达到社会治理创新的发展要求。[②] 二是已有的扶持机制体现出应对性的特点,往往为因事而立,实践中出现了什么问题,需要何种应对就予以相应解决,显示出因事建制的后发性,还缺乏前瞻性、长期性、系统性的规划,机制的科学性存在不足。三是扶持机制还缺乏必要的适用性,体现为机制的内容与预期的扶持目标并不相符,导致既定的扶持目标落空。四是配套机制不健全,对社会组织的扶持和培育是一个系统而复杂的工程,往往需要多种政策、机制的联动,仅仅依靠某一项政策支持并不能完全实现扶持与培育的目的,还需要相关政策、机制等的配套,而实践中经常面临配套机制跟不上的难题,机制的功能

---

① 如对慈善类、专业经济类、社会服务类等社会组织,已经形成了较为完整的扶持、培育机制体系。

② 如民政部发布的统计数据显示,2016 年全国共有社会团体 33.6 万个,其中生态环境类社会团体仅为 0.6 万个,法律类社会团体仅为 0.3 万个;共有民办非企业单位 36.1 万个,其中法律类民办非企业单位仅为 617 个。2017 年生态环境类与法律类社会团体的统计数据仍分别为 0.6 万个与 0.3 万个;法律类民办非企业单位的数量虽有上升,但也仅为 1197 个。2019 年均归入其他的范畴,数据未再单列。数据来源:中华人民共和国民政部网站,http://www.mca.gov.cn,2016 年《社会服务发展统计公报》、2017 年《社会服务发展统计公报》、2019 年《民政事业发展统计公报》。

常常得不到足够的发挥。五是资金支持有限,还缺乏制度性的培育、扶持社会组织的专项资金,部分社会组织的资金来源有限,难以维持自身的运作,也难以为组织的工作人员提供足够的福利保障和发展规划,对人才的吸引力有限,面临"资金困难—人才吸引力有限—发展受限"的恶性循环,一定程度上抑制了社会组织的发展。

2. 信任机制缺失

社会组织作为一种后生性的新型治理主体参与到社会治理之中,需要建构一种有效的信任机制以支持其实现对社会公共事务的治理。如果缺乏必要的信任机制的支持,在疑虑重重的情境之下,社会组织很难完成对社会公共事务的治理。政府作为监管主体的信任,公众作为治理目标主体的信任,以及社会组织之间及组织成员之间的互信等,均构成了信任机制的内容。遗憾的是,这三种信任要求均面临缺失。一是政府对社会组织治理能力与治理行为的信任度不高。就社会组织的治理能力而言,由于我国社会组织发展的特殊性,社会组织曾长期依附于政府,作为政府职能的延伸机构而存在,由政府直接管理和支配,缺乏必要的独立性,政府很难对其完全放手让其独立承担公共治理的职能。尽管在经济社会的发展过程中产生了独立性较强的、不依附于政府的社会组织,但一方面基于政府惯性的管理型思维,另一方面由于自律性不足、治理能力不高的社会组织客观存在,政府对社会组织治理能力的信任度偏低。就社会组织的治理行为而言,政府一方面希望社会组织承担部分公共治理职能以缓解自身的治理压力,另一方面又担心把握不好会失去对社会组织的管控,从而面临可能的风险,难以放手让社会组织自主开展治理行为[1],政府与社会组织之间的信任机制仍待建构。二是公众对社会组织信任度偏低,社会组织的公信力不足。[2] 政府对社会组织的严格监管、社会组织的独立性不足、公众的惯性思维等因素均影响了公众对其的信任度,加之部分社会组织行为的失范,重塑对其的信任是一个漫长而艰难的过程,公众与社会组织之间的信任机制亦有待建构。三是社会组织内部的信任机制亦有待建构。社会组织参与社会治理需要社会组织之间以及社会组织内部的同心协力,要求社会组织之间及组织成员之间的互信。然而,因协调、规范、合作机制等的缺乏,加之竞争及趋利性等因素的影响,社会组织之间以及组织成员之间的

---

[1] 实践中,政府采用向社会组织派驻管理人员或派员担任社会组织管理人员等方式保证社会组织与政府保持一致,并通过双重多级监管机制对社会组织进行监管。

[2] 从应然的角度而言,社会组织作为非政府、非营利性的公益性组织,其服务于社会公众,以保障和增进公共利益为价值目标,应当受到公众的信任和支持,但在当下的实践中,并非如此。

互信还待形成。

3. 合作机制待完善

与政府之间分工合作,在各自的职能范畴内各司其职、各担其责以满足日益增长的对公共产品和公共服务的需求,为社会组织参与社会治理之目标所在。基于享有的权能、掌握的资源以及目标追求等的不同,社会组织与政府之间的合作机制尚待完善。一是两者的地位不对等。政府作为社会组织的监管主体享有管理、监督社会组织的法定职权,在与社会组织的关系中处于优势地位,加之社会组织自身还待发展,政府与社会组织在公共治理职能的分工、合作等方面的关系还需要进一步理顺。二是两者对资源掌控的程度不对等。政府掌握了更为丰富的社会资源,社会组织对社会资源的掌握还较为有限。但是,政府难以依据所掌握的优势资源实现对所有公共治理职能的承担,而社会组织虽然能够更为直接、灵活地处理社会公共事务,但却缺乏足够的资源可供使用,如何整合、优化各自的资源及优势形成合力,提升社会治理的实际效果,仍待进一步磨合。三是两者在目标价值的追求上并不总是一致。政府与社会组织既同为公共治理职能的承担者,亦同时兼具"经济人"的理性,决定了政府与社会组织的目标追求并不总是一致,兼顾各自的价值目标成为合作的隐性要求。当下的多元化治理机制仍为政府主导,基于政府的行政管理以及在既往发展过程中形成的对政府的服从难以持久导向一种长期的、理性的合作,如何建构政府与社会组织之间理性的、长期的合作关系仍待探索。

二、社会组织参与社会治理机制建构应当遵循的基本原则

原则(Principle)意指观察问题、处理问题的准绳[1],提供了行为所依循的准则和原理。对法治原则、客观性原则、适应性原则等基本原则的遵循有助于再塑社会组织参与社会治理机制建构之理念,克服参与机制所面临的诸种问题,形成科学、有效的参与机制,实现创新社会治理的目标。

(一) 法治原则

对法治原则的遵循是对社会组织参与社会治理机制建构的首要要求。现行《宪法》明确规定我国"实行依法治国,建设社会主义法治国家"[2];党的十八大以来,习近平总书记围绕全面依法治国提出了一系列新理念、新

---

① 参见徐国栋著:《民法基本原则解释:成文法局限性之克服》,中国政法大学出版社 2001 年版,第 7 页。

② 参见《宪法》第 5 条第 1 款:"中华人民共和国实行依法治国,建设社会主义法治国家。"

思想、新战略。如在主持中共中央政治局第四次集体学习时，习近平总书记要求"加强宪法实施和监督，把国家各项事业和各项工作全面纳入依法治国、依宪治国的轨道，把实施宪法提高到新的水平"；党的十九大明确指出，"依法治国是党领导人民治理国家的基本方式"[①]；党的十九届三中全会再次强调要形成"职责明确、依法行政的政府治理体系"[②]，社会组织参与社会治理的机制建构应当在法治原则下展开。

所谓法治原则，系指社会组织参与社会治理的机制建构应当以法治为前提，遵循法治的要求，在法治的框架下予以建构。法治的基本要求在于以周知的、规范的规则提供治理的依据，公众得以对自己的行为有一个合理的预期，避免了人治的随意性及不可预测性，良性的秩序成为可能。社会组织参与社会治理机制之建构，以法治为要求有助于克服机制建构存在的非系统性、非制度性等缺陷，实现参与机制的规范性与前瞻性，提供对社会组织参与社会治理之有效支持，使社会组织能够依据规范的参与机制参与到社会治理之中，实现对社会公共事务的治理。反之，不依循法治原则的机制建构，建构得越多则越容易造成南辕北辙的不良后果，构成对社会组织参与社会治理的损害。应当严格以法治原则为前提，以党和国家对法治的要求和强调为导向，将社会组织参与社会治理的机制建构纳入法治的轨道，实现社会组织参与社会治理机制建构的法治化。

（二）客观性原则

社会组织参与社会治理的机制建构还应当在客观性原则的要求下展开。所谓客观性原则，是指社会组织参与社会治理的机制应当以满足社会组织参与社会治理的客观需要为要求，相关的机制建构应当进行整体性、全面性的规划，以避免社会组织因所需参与机制的缺失而难以参与到社会治理中，影响社会所需的公共产品与公共服务的供给。社会组织能够参与到社会治理之中，并有效完成治理行为，是公共治理目标得以实现的前提。如果社会组织难以参与到社会治理之中，或者难以有效完成治理行为，则公共治理目标就失去了实现的可能。参与机制的建构应当以社会组织能够据以参与社会治理并有效完成治理行为为要求，以避免因参与机制的不全面或不健全而阻碍了社会组织对社会治理的参与，公众对公共产品和公共服务的需求亦因治理的缺失而得不到有效的满足。

---

① 习近平：《决胜全面建成小康社会夺取新时代中国特色社会主义伟大胜利——在中国共产党第十九次全国代表大会上的报告》，人民出版社 2017 年版，第 46 页。

② 参见《中国共产党第十九届中央委员会第三次全体会议公报》，共产党员网，http://news. 12371.cn。

党的十九大指出，"我国社会主要矛盾已经转化为人民日益增长的美好生活需要和不平衡不充分的发展之间的矛盾……人民美好生活需要日益广泛……在民主、法治、公平、正义、安全、环境等方面的要求日益增长"。[①] 推进社会组织参与社会治理，以其独特优势提供社会所需的公共产品和公共服务为经济社会发展所要求，为党和国家所倡导，为社会所需要。社会组织参与社会治理的机制建构当遵循客观性原则，以社会组织参与社会治理所需要的机制建构为要求，保证机制建构的全面性和整体性。

（三）适应性原则

所谓适应性原则，是指社会组织参与社会治理的机制建构应当与社会治理的目标相适应，能够实现或有助于实现社会治理的目标。适应性原则是对社会组织参与社会治理机制建构的又一要求，意在保证社会组织参与社会治理目标的落实，要求参与机制的建构与社会组织参与社会治理的目标一致。社会组织参与社会治理机制建构的相关主体在建构参与机制时总是基于一定的考量，实现公共利益为相关机制建构基础性的考量因素。同时，基于"经济人"的有限理性及趋利性的本能，相关主体在进行机制建构时，亦可能基于利己因素或者风险规避等进行考量，而非依从公共利益及社会治理的需要，从而使参与机制的建构偏离了社会治理期望达成的目标，导致社会治理目标面临落空的可能。

党的十九大要求，"着力解决好发展不平衡不充分问题，大力提升发展质量和效益"。[②] 在这样的前提下，社会所需的优质公共产品与公共服务才具有可能。社会组织参与社会治理的机制建构应当在党的纲领性要求下进行，以基于正当目的的机制建构落实党和国家的要求，以适应性原则为要求，保证参与机制的建构与社会治理创新的目标一致，通过符合社会治理目标要求的机制建构来推进社会治理的更好实现。

三、社会组织参与社会治理机制建构之建议

完善社会组织参与社会治理的机制建构应当以理念的变革为意识前提，以法治原则、客观性原则、适应性原则等为指导，在推进国家治理体系和治理能力现代化的要求下，以更好满足人民日益增长的需要为目标追求，形成对社会组织及其功能的理性认识，在此基础上对社会组织参与社

[①] 习近平：《决胜全面建成小康社会夺取新时代中国特色社会主义伟大胜利——在中国共产党第十九次全国代表大会上的报告》，人民出版社 2017 年版，第 14 页。

[②] 习近平：《决胜全面建成小康社会夺取新时代中国特色社会主义伟大胜利——在中国共产党第十九次全国代表大会上的报告》，人民出版社 2017 年版，第 15 页。

会治理所需之扶持机制、信任机制、合作机制等进行完善。

（一）扶持机制之完善

我国社会组织生成与发展历程的特殊性决定了扶持机制为推进其参与社会治理的基础性机制支持，理念的变革是机制完善的意识前提。

1. 深化扶持社会组织发展的基本理念

党的十九大指出，"全面深化改革总目标是完善和发展中国特色社会主义制度、推进国家治理体系和治理能力现代化"①，推进国家治理体系和治理能力的现代化要求创新社会治理。社会组织作为社会治理创新重要组织载体的地位和作用应当得到充分的认识，以社会组织为管制对象的传统思维应当转变，扶持、培育、发展社会组织以推进社会治理创新的新型理念应当成为共识。一是彻底转变传统的管制思维，深化扶持的理念。深入推进的改革推动着"大政府、小社会"的传统结构向"小政府、大社会"的结构模式转变，要求充分认识社会组织在国家治理结构中的功能和作用。在新的治理要求下，社会组织已经不再仅仅只是附属于政府的职能延伸性机构，而是独立承担社会公共治理职能的不可或缺的新型治理主体。传统对其予以严格管制的管理模式抑制了社会组织的发展，已经影响到社会公共治理职能的实现。推进国家治理体系和治理能力现代化要求对社会组织的基本理念应当从管制转化为扶持，以保证社会组织获得确实的发展，避免严苛的管制可能导致的社会组织的萎缩。二是形成全面扶持而非选择性扶持的基本理念。经济社会快速发展的背景下，社会公共治理职能的范畴和内容日趋庞杂，新的职能要求不断涌现，要求相应的治理主体予以承接，各类型的社会组织应当得到均衡发展，以保证社会公共治理职能得到公平的实现。尽管在不同的发展阶段会根据社会的不同需要针对特定的社会组织予以重点扶持，但在扶持对象的整体取向上，应当是均衡而全面的，避免选择性扶持可能导致的社会组织发展不均衡、资源配置不公平等不良后果，满足公共治理的要求。三是确立保证扶持效果的基本理念。扶持机制应当有效，即确实对社会组织的发展和壮大产生了正面的、积极的效果，这就要求所建构的扶持机制科学、客观、适用性强，不是仅仅停留在表面上，而是要真正产生促进社会组织发展的实际效果。

2. 完善扶持机制的具体举措

以整体性的扶持规划、系统性的机制建构取代指向性、应对性的扶持，

---

① 习近平：《决胜全面建成小康社会夺取新时代中国特色社会主义伟大胜利——在中国共产党第十九次全国代表大会上的报告》，人民出版社 2017 年版，第 24 页。

增强扶持机制的适用性,完善扶持机制所需的配套机制,并以制度性的扶持促进解决社会组织所面临的资金问题。一是从整体规划的角度建构对社会组织的扶持机制。要求政府在对数量众多、类型多样、职能各异的社会组织充分了解的基础上,结合中央和地方未来发展的规划,从整体规划的角度确立重点扶持的社会组织,导向公共治理所需的新兴社会组织,取缔危害公共治理的非法组织,保证社会组织从整体上实现健康有序发展。二是从系统规划的角度建构对社会组织的扶持机制。以前瞻性、系统性、规划性的理性建构对社会组织的扶持机制,避免"头痛医头、脚痛医脚"应对式的机制建构,保证所建构的扶持机制能够较为稳定地有序运行,促进社会组织的发展。三是以机制的适用性与针对性为建构扶持机制的必要考量,在准确认知扶持目标的前提下进行扶持机制的建构,保证所建构的扶持机制的内容契合扶持的目标要求,既定的扶持目标能够通过扶持机制针对性的作用得以实现。四是注重配套机制的建构。在建构对社会组织的扶持机制时,对所需的配置机制进行反复的、充分的考虑,并将所需配套机制落到实处,避免因配套机制的缺乏而导致扶持机制难以落实,无法发挥对社会组织的扶持作用。五是关注社会组织对资金支持的需求。在整体、系统、科学规划的前提下,建立制度性的专项资金扶持,帮助社会组织的发展,使其具有承担社会公共治理职能所需的人员配备和组织规模。同时,推进具有行政属性的社会组织的去行政化,此类社会组织在机构、人员、资金等方面获得政府长期的支持,社会属性较弱[1],应当推进其回归社会属性,以社会组织的特色和优势承担公共治理职能。

(二) 信任机制之建构

"信任是建立在自我利益的理性考虑基础上的。"[2]社会组织要取得政府与社会公众对其的信任,并在社会组织之间与组织成员之间形成互信,其核心在于以有效内部机制规范自身建设,满足获得信任的条件;同时,通过有效的外部机制的建构,畅通信任的渠道,形成各方的互信。以此为考量,信任机制的建构应当包含内部机制与外部机制两个部分。

1. 外部机制之建构

(1) 理念转变之前提

---

[1]　如有学者提出,此类组织一经成立,即以结构嵌入、价值认同等与政府形成了紧密的组织关联。参见高红、尹兴:《政府与直属社团的强组织关系模式研究》,载《中国行政管理》2020年第10期,第115页。

[2]　[美]拉塞尔·哈丁著:《群体冲突的逻辑》,刘春荣、汤艳文译,上海人民出版社2013年版,第126页。

社会组织获得信任端赖政府与社会公众理念的转变,需要从政府与公众的双重角度展开。就政府而言,应当确立社会组织同为社会治理主体的基本理念,克服仅仅以社会组织为管理对象的传统管制理念,以社会组织为社会治理必要的合作伙伴,在推进国家治理体系和治理能力现代化的发展理念下重塑与社会组织的关系,明确依法行使管理权限的范畴,以及依照各自的权能进行治理的范畴;就社会公众而言,克服先入为主的对社会组织的偏见,形成对社会组织的客观认识,将失信的社会组织与一般社会组织区分开来,不因部分社会组织的失信而否定其他社会组织,从而使信任机制的运行具有理性的意识基础。

（2）建构信任机制之举措

信任机制之建构对于社会组织参与社会治理而言有迫切性,需要系统的机制支持。一是以制度化的沟通交流机制加强政府、社会组织、公众之间的沟通与交流,促进形成对社会组织及其行为的理性认识,消除对社会组织的偏见和不信任。二是以规范的信息共享机制共享依法可以公开的信息,推进政府和社会公众形成对社会组织及其治理行为的客观认知,促进社会组织相互之间的认知,提供信任的基础。三是以合理的权力配置机制明确社会组织的职能,明晰政府与社会组织的治理权限与治理范畴,使社会公众知晓各社会组织的职责范畴和职责内容,对于该范畴内的公共事务,政府不插手,其他社会组织不插手,公众以相应的社会组织为职能主体,向其主张应有的权利;对于该范畴以外的公共事务,社会组织不伸手,公众亦不以社会组织为要求对象,以此逐步推进各方的互信。四是以规范的责任追究机制明确社会组织的责任,对社会组织的违法违规行为依法施以责任追究,解除政府与社会公众的后顾之忧。通过一系列的机制建构,培育社会组织与政府、社会公众之间,社会组织与其组织成员之间,以及社会组织相互之间的互信,理顺各方在社会治理中的关系。

2. 内部机制之建构

社会组织要获得政府与公众的信任,并实现社会组织之间以及社会组织与其组织成员之间的互信,最终需要借助自身的组织建设及行为规范,高效的管理机制、有序的运行机制、严格的自律机制、科学的评估机制等成为必要。一是社会组织要形成高效的管理机制和有序的运行机制。[①] 以

---

① 尤其是对于受政府支配的社会组织而言,其管理与运行机制往往与政府保持一致,行政属性明显而社会属性不足,政府以其为附属机构,公众以其为政府机构的延伸,难以形成对其本身的信任。因此,受政府支配的社会组织应当进行必要的转型,形成具有社会组织属性的管理机制与运行机制。

管理机制实现对自身的管理,并增强组织成员之间的互信;以运行机制规范自身的运行,提供其参与社会治理的能力保证。二是社会组织要建立严格的自律机制。确立符合经济社会发展要求的自律标准,以有效的自我约束机制规范自身行为[①],预防和防止行为的失范,不断提升自身的公信力和影响力,增强获得信任的基础,以自律获取信任。三是社会组织要建构科学的评估机制,以指标性、数据化的评估结果获取政府及公众的信任,消除政府与公众的疑虑。四是社会组织要建立适合自身发展的发展机制,明确自身的发展规划,在人员结构、组织规模、职能领域、责任能力等方面要有明晰的发展规划。对外,使政府和公众对其的未来发展有一个清晰的认识与合理的预期,从而增强对其的信任;对内,使其组织成员亦能根据社会组织的发展规划确立自身的发展规划,增强对组织的信心和信任,推进组织成员与组织之间以及组织成员之间互信关系的形成。

(三) 合作机制之完善

社会组织的合法性主体资格直接影响合作关系的确立。实践中,社会组织在合法性主体资格取得上遭遇的难题,不利于其与政府之间合作关系的形成。顺畅社会组织与政府之间的合作关系,要求畅通社会组织取得合法性主体资格的路径。同时,合作机制存在的缺陷亦构成了政府与社会组织在社会治理中合作关系的障碍,应当予以完善,以有效的合作机制推进政府与社会组织之间的合作,形成合作共赢的伙伴关系。

1. 畅通社会组织合法性主体资格的取得路径:合作之前提

社会组织的合法性身份是其与政府之间开展合作的前提,若缺失合法性的主体资格,其与政府之间的合作将无从展开。社会组织在取得合法性主体资格上遇到的难题,制约的不仅仅只是社会组织自身的发展,也深度影响社会组织与政府在社会治理中的合作。严格的准入限制不仅限制了社会组织合法性主体资格的取得,亦导致政府需要分解的公共治理职能因缺乏组织载体的承接而遭遇障碍,转变政府职能、创新社会治理面临因组织载体不足而导致的转变不能、合作不能、创新不能之实际难题。推进政府职能转变,创新社会治理,满足公众不断增长的对公共产品和公共服务的需求,要求畅通社会组织合法性主体资格取得的路径,推进社会组织发展以获得社会治理所需的组织载体,保证政府分解的公共治理职能有足够的组织载体予以承接,确保政府与社会组织在公共治理中的分工与合作成

---

① 参见陈义平:《社会组织参与社会治理的主体性发展困境及其解构》,载《学术界》2017 年第 2 期,第 74 页。

为可能，形成分工合作、各司其职、各尽其责的多元化治理格局。

2. 完善合作机制之举措

立足社会组织参与社会治理的实践，完善合作机制可从以下几方面展开：一是以立法完善为前提，放宽对社会组织的准入限制，畅通社会组织取得合法性主体资格的路径，理顺政府与社会组织在社会治理中的关系，为政府与社会组织的合作扫清前置性的障碍，形成政府与社会组织之间的合理分工，实现政府与社会组织在社会治理中的职能衔接。二是建构功能健全的信息交流平台及信息共享机制，克服政府与社会组织在社会治理中资源配置、资源占有、资源利用等方面遇到的问题，整合政府与社会组织所拥有的社会资源，优化资源的配置与利用，使政府与社会组织在社会治理中的特色和优势都能够得到最大限度的发挥，多元化的利益诉求得到最大限度的满足。三是在合作过程中对政府与社会组织作为"经济人"的属性予以充分考量，客观考察政府与社会组织在社会治理中要实现的价值目标，尤其要关注社会组织作为独立治理主体的发展需求与价值目标，避免仅仅将其作为政府的附属机构或职能延伸机构而忽略其独立的价值目标追求，在发展与共存的基础上形成稳定、长期的合作关系。

第二节　社会组织参与社会治理的制度安排

党的十八大以来，党和国家高度重视社会组织在社会治理中的功能，从不同角度阐释了推进社会组织参与社会治理的新思路[①]，明确了对社会组织参与社会治理制度创新的要求。社会组织参与社会治理之制度安排，还存在应对性、工具性等缺陷，尚不足以提供社会组织参与社会治理所需的制度支持。其内在的原因在于，对制度之于社会组织参与社会治理的价值认识不足，工具化价值取向下的制度安排制约了制度之功能。创新社会组织参与社会治理之制度安排，应当在充分认识制度及其价值的基础上，

---

① 如党的十八大提出，"提高社会管理科学化水平，必须加强社会管理法律、体制机制、能力、人才队伍和信息化建设"。参见胡锦涛：《坚定不移沿着中国特色社会主义道路前进为全面建成小康社会而奋斗——在中国共产党第十八次全国代表大会上的报告》，人民出版社 2012 年版，第 38 页。党的十八届三中全会将"激发社会组织活力"作为创新社会治理的重要内容。参见《中共中央关于全面深化改革若干重大问题的决定》，载《人民日报》2013 年 11 月 16 日。党的十九大要求，"发挥社会组织作用，实现政府治理和社会调节、居民自治良性互动"。参见习近平：《决胜全面建成小康社会夺取新时代中国特色社会主义伟大胜利——在中国共产党第十九次全国代表大会上的报告》，人民出版社 2017 年版，第 63 页。

明确社会组织参与社会治理制度安排之价值取向,遵循科学性、效率性及法治原则,形成系统、规范的制度体系,实现制度安排之"去工具化",推进社会组织参与社会治理的纵深发展。

一、制度及其价值

制度有宏观与微观两种范畴,社会组织参与社会治理中的制度安排系属微观的具体制度的范畴,关联参与机制之有效运行。社会组织参与社会治理需要借助参与制度的支持,制度供给的不足将影响社会组织对社会治理的参与,应架构系统的参与制度体系并充分发挥其制度价值,以实现对社会公共事务的有效治理。

(一) 制度之解读

在西方,"制度"(Institution)源起于拉丁语。新制度经济学对其的定义为,"制度是一个社会的博弈规则,或者更规范地说,它们是一些人为设计的、型塑人们互动关系的约束"①,并指出制度短缺或供给不足将制约经济的发展;理性选择制度主义区分了"作为约束的制度"(Institutions-as-constraints)和"作为均衡的制度"(Institutions-as-equilibrium)②;社会学制度主义提出制度"包括为社会生活提供稳定性和意义的规制性、规范性和文化认知性要素,以及相关的活动与资源"③;历史制度主义将其定义为,"制度是一种关于漫长历史过程中重复发生的活动序列的稳定设计"④。

在我国,学者从哲学的范畴将其定义为,"制度,就是这样一些具有规范意味的——实体的或非实体的——历史性存在物,它作为人与人、人与社会之间的中介,调整着相互之间的关系,以一种强制性的方式影响着人与社会的发展"⑤;从社会学角度的定义为,"制度是通过权利与义务来规范主体行为和调整主体间关系的规则体系"⑥。依据权威工具书的解释,制度包含如下两层含义:一是要求成员共同遵守的、按一定程序办事的规

---

① ［美］道格拉斯·C.诺思著:《制度、制度变迁与经济绩效》,杭行译,格致出版社、上海三联出版社、上海人民出版社 2014 年版,第 5 页。

② Barry R. Weingast, Donald A. Wittman. *The Oxford Handbook of Political Economy*, Oxford University Press,2008,p. 1003.

③ ［美］W. 理查德·斯科特著:《制度与组织:思想观念与物质利益》,姚伟、王黎芳译,中国人民大学出版社 2010 年版,第 56 页。

④ ［美］沃尔特·W. 鲍威尔、［美］保罗·J. 迪马吉奥主编:《组织分析的新制度主义》,姚伟译,上海人民出版社 2008 年版,第 157 页。

⑤ 辛鸣著:《制度论:关于制度哲学的理论建构》,人民出版社 2005 年版,第 23 页。

⑥ 施惠玲著:《制度伦理研究论纲》,北京师范大学出版社 2003 年版,第 10 页。

程或行动准则;二是在一定的历史条件下形成的政治、经济、文化等各方面的体系。[①]

对制度的解析显示制度含宏观与微观两种范畴,宏观意义上的制度指的是政治制度、经济制度、文化制度等社会制度,微观意义上的制度指的是工作制度、管理制度、福利制度等具体性制度。因此,对制度之理解,首先,要明晰该制度是宏观意义上的社会制度,还是微观意义上的具体性制度;其次,制度并非孤立存在的,在一定的社会结构中,制度总是与相应的体制、机制相关联,三者之间相互作用、互为影响,对制度之理解还要求厘清其与体制、机制之间的关系。因制度有宏观与微观两种范畴,体制、机制、制度之间的关系体现为:宏观范畴的社会制度决定着一定社会体制的具体形式,而体制离不开与之相适应的机制的支持;机制与具体性的制度同属微观层面,紧密联系但并不等同,机制的有序运行需要关联的具体性制度的支持,而具体性的制度又需要借助机制的力量来避免制度之间的冲突与效力的损耗。[②]

就社会组织参与社会治理之制度安排而言,参与制度系属微观的具体制度的范畴,是为社会组织参与社会治理所设计的,在社会组织参与社会治理过程中应当遵循的、起规范作用的正式规则及程序准则。制度具有如下的特征:一是制度的多元性。社会组织参与社会治理涉及的公共事务种类繁多,范畴广泛,单一性的制度难以满足不同的规范要求,基于其作用及运行形态不同,这些制度呈现出多元化的特征。二是制度的系统性。多元化的参与制度之间并不是孤立的或割裂的,而是相互影响、相互联结、相互作用的有机体,构成了相互关联的制度体系。三是与相关体制、机制的关联性。体制、机制、制度并非孤立之存在,社会组织参与社会治理的体制安排需要与之相适应的机制建构,机制的运行又需要制度的支持,制度功能的实现则需要借助机制的统筹功能以避免和消解制度之间的冲突。社会组织参与社会治理要求制度的支持,制度供给的不足将影响社会组织对社会治理的参与。

(二)制度之价值

所谓价值,社会学对其的定义为,价值是能够通过社会化的机制为社会成员所接受,使之不仅是每个群体成员所同意的外在陈述,而且也是每

---

① 参见中国社会科学院语言研究所词典编辑室编:《现代汉语词典》,商务印书馆 2005 年版,第 1756 页。

② 参见陈咏梅著:《行政决策不作为责任追究法律问题研究》,广东教育出版社 2019 年版,第 109—110 页。

个成员个别承认的行为准则[①]；法哲学对其的定义为，法的价值具有双重属性，一方面体现了作为主体的人与作为客体的法之间的对应关系，另一方面体现出法所具有的，对主体有意义且可以满足主体需要的功能和属性[②]。根据对价值的解读，可对制度价值作如下的分析：制度价值包含制度所要实现的价值目标，以及评价和判断该制度是否正当的价值标准两项基础性的内容。就制度的价值目标而言，"正义是社会制度的首要价值"[③]；就制度价值的标准而言，即评判制度的内容是否有助于制度价值目标的实现，含公正的结果及效率两方面的内容。

据此，制度之于社会组织参与社会治理的价值主要体现为支持社会组织参与社会治理及实现社会治理价值目标两个方面。一是提供参与机制所需之制度支持，以多元性的参与制度实现社会组织对社会治理的参与，通过有效的社会治理推进社会的公平和正义，避免因制度的缺乏而引发社会矛盾和社会冲突[④]，维护社会的和谐与稳定。社会组织参与社会治理需要借助作为"嵌入政体或政治经济组织结构的正式或非正式的程序、规则、规范和惯例"[⑤]的制度的支持，以使对公共治理的需求通过合法的途径予以实现。二是实现社会治理的价值目标。社会组织参与社会治理的根本性价值目标在于对权利的保障与增进，通过满足公众对公共产品与公共服务及更好的公共产品与公共服务需求的方式予以实现。"制度意味着人们行为方式的定型化产物，其本质在于行为的高度可预测性。"[⑥]制度的价值目标总是要置于一定的历史时期及社会背景予以考察，党的十九大明确指

[①]　参见李迎生著：《社会工作》，中国人民大学出版社 2010 年版，第 65 页。

[②]　参见张文显著：《法哲学范畴研究》，中国政法大学出版社 2001 年版，第 192 页。

[③]　［美］约翰·罗尔斯著：《正义论》，何怀宏、何包钢、廖申白译，中国社会科学出版社 2020 年版，第 3 页。

[④]　以《法治蓝皮书：中国法治发展报告（2014）》公布的数据为例，2000 年 1 月 1 日至 2013 年 9 月 30 日，我国发生的百人以上的群体性事件共有 871 起，其中 100—1000 人参与的群体性事件 590 起，占比为 67.7%；2010 年、2011 年和 2012 年为群体性事件的高发期，发生的群体性事件分别为 163 起、172 起和 209 起。参见李林、田禾主编：《法治蓝皮书：中国法治发展报告（2014）》，社会科学文献出版社 2014 年版，第 3 页。这些群体性事件的发生显示，各类社会主体并不缺乏参与社会治理的意识，群体性事件发生的根本性原因在于缺少保护社会主体参与治理的制度设计，制度设计所面临的困境需要以制度创新去解决。参见钟哲：《地方政府社会治理创新可持续性提升的路径选择——以制度伦理为视角》，载《东北师大学报》（哲学社会科学版）2015 年第 2 期，第 11—13 页。

[⑤]　［美］彼得·豪尔、［美］罗斯玛丽·泰勒：《政治科学与三个新制度主义》，何俊智译，载《经济社会体制比较》2003 年第 5 期，第 21 页。

[⑥]　季卫东著：《法治秩序的建构》，商务印书馆 2014 年版，第 253 页。

出,要"永远把人民对美好生活的向往作为奋斗目标"[①],社会组织参与社会治理的制度安排应当在这一总的价值目标下进行。

二、社会组织参与社会治理制度安排之不足

考察社会组织参与社会治理已有之制度安排,呈现应对性的特征,体现出以制度为工具的工具主义色彩,影响了社会组织参与社会治理价值目标的实现,推进社会组织参与社会治理要求完善相关之制度安排。

一是制度的应对性。所谓应对性,是指在设计社会组织参与社会治理的相关制度时往往遵循的是"事本主义"原则[②],以实践中的具体需要为导向,制度设计呈现"一事一制"的应对性特点,一方面缺乏必要的规划性,另一方面总是指向特定的应用对象,制度之间缺乏关联性,碎片化的现象严重,难以形成相辅相成、互相促进的制度体系。社会组织参与社会治理是一个长期的、系统的、复杂的过程,要求系统化的制度安排,只有形成系统化的制度体系,借助相互衔接、互为联结的制度支持,社会组织才能够顺利地参与到社会治理之中,完成对社会公共事务的治理,社会治理的目标方能实现。"事本主义"原则下"一事一制"的制度安排,使得社会组织既难以依循碎片化的制度安排参与社会治理,以充分发挥其治理职能,也不能依据应对性的制度设计作出长远的治理规划,从而导致社会组织对社会治理的参与停留于浅层、即时的参与,影响社会治理的实际效果与纵深发展。

二是制度的工具性。所谓工具性,是指应对性、碎片化的制度安排趋向于满足实践的具体需求,呈现出工具主义的特征。有学者指出,社会组织不仅仅是公共服务的主体,也应当是治理体系的主体和社会意见表达的重要载体,但已有的制度设计仅限于对参与公共服务的支持,缺乏其他两方面的制度设计,从而使其面临公共性的困境。[③] 制度之于社会组织参与社会治理的价值不仅在于通过制度之支持,社会组织得以参与社会治理并发挥其对公共事务的治理职能,而且在于通过制度之支持,社会组织参与社会治理的价值目标能够实现,更好的治理能够成为可能。如果仅仅以制度的工具性为指向,相关的制度安排以满足社会组织对社会治理的"参与"

---

① 习近平:《决胜全面建成小康社会夺取新时代中国特色社会主义伟大胜利——在中国共产党第十九次全国代表大会上的报告》,人民出版社 2017 年版,第 2 页。
② 黄晓春:《当代中国社会组织的制度环境与发展》,载《中国社会科学》2015 年第 9 期,第 161 页。
③ 参见黄晓春:《当代中国社会组织的制度环境与发展》,载《中国社会科学》2015 年第 9 期,第 160 页。

为目标,而非立意于"更好的治理",则难以克服制度的应对性趋向。社会组织参与社会治理遭遇的制度难题已经证明,工具性的制度设计也许能够满足即时的制度需求,解决现时的问题,却无法克服工具取向下应对性及碎片化之缺陷,难以承载对参与制度之诉求。推进社会组织参与社会治理要求相关之制度安排不能在忽视制度价值目标和价值标准,仅以制度的工具性为取向的前提下予以设计。

三是制度安排偏离了应有的价值目标。社会组织参与社会治理的制度安排应当体现其价值目标,以多元化主体的社会治理推进公共治理的更好实现,从而使公众获得更为优质的公共产品与公共服务。然而,从已有的制度安排来看,工具主义的色彩浓厚,而且相关制度安排更多的是趋向于保证政府更为方便的管理,而非以社会组织参与社会治理为优先考量,偏离了实现对社会公共事务更好治理的要求,制度的价值未能通过制度安排得以实现。以社会组织准入机制中的双重准入登记制度为例,该制度要求相关组织必须取得业务主管单位与登记管理机关的双重准入,方能获得合法的主体资格,体现出"重准入限制"而"轻行为监管"的制度取向。从政府监管的角度而言,是方便了;但从社会组织的角度而言,却抑制了社会组织的发展,合法性主体资格难取得之难题一直困扰着社会组织对社会治理的参与,社会组织参与社会治理面临组织载体不足之现实难题。如果不能以制度应有之价值为指向进行相关的制度安排,那么制度之工具性缺陷难以从根本上得到克服,社会组织参与社会治理所需之制度安排还待形成。

三、社会组织参与社会治理制度安排之价值取向与基本原则

制度的生成受价值选择的影响,工具性价值选择趋向下的制度安排抑制了制度价值的发挥,构成了社会组织参与社会治理之障碍性因素。完善社会组织参与社会治理之制度安排应以理性的价值选择为前提,并遵循科学性原则、效率性原则及法治原则等基本原则。

(一) 社会组织参与社会治理制度安排的价值取向

社会组织参与社会治理制度安排的价值取向,系指形成相关制度安排时价值选择的趋向,其实质体现为一个优先权问题,即以何种价值目标为优先,其选择决定了制度安排的基本走向及具体建构。

1. 应当有利于社会组织对社会治理的参与

社会组织参与社会治理之制度安排应当有利于社会组织对社会治理的参与,这是参与制度的基础性价值目标。应通过有效的制度安排,使社会组织能够参与到社会治理之中,此为多元化治理模式得以实现的前提。

要实现这一价值目标,第一,要求制度安排的足够性。相关的制度安排应当能够满足社会组织参与社会治理的需要,以避免制度供给不足所导致的社会组织因缺乏必要的参与制度的支持而无法实现对社会治理的有效参与。第二,要求制度安排的有效性。相关的制度安排应当能产生推进社会治理更好实现的制度效力,仅有制度却缺乏必要的制度效力,无法支持社会组织对社会治理的有效参与。第三,要求制度安排的规范性。相关的制度安排应当能够满足合法性与适当性的要求,社会组织参与社会治理不会因制度规范性的缺失而面临合法性与适当性的质疑。第四,要求制度安排的稳定性。相关的制度安排应当是稳定的,社会组织能够据以形成较为长期的参与规划,从而使其对社会治理的参与处于可预期的稳定状态。

2. 应当有利于社会治理的更好实现

创新社会治理不仅要求以新的社会治理主体承接政府所"不能""不及"或"不宜"的公共治理职能,形成多元化的治理模式,还要求通过这种治理模式使公共治理职能得到更好的实现。社会组织不仅要参与到社会治理之中,成为公共产品与公共服务的提供主体,还要作为治理主体,构成推进国家治理体系与治理能力现代化的积极因素,推进社会治理目标的更好实现,这是社会组织参与社会治理制度安排深层次的价值目标。要实现这一目标,首先,要求制度安排的全面性。社会组织参与社会治理的制度安排不仅要及于公共产品与公共服务的提供,还要及于社会治理主体的形成、合法性资格的取得、治理权力的运行以及权利救济等诸领域,要以充分的制度安排保证治理目标的更好实现。其次,要求制度安排的合理性与正当性。相关的制度安排应当以社会治理的更好实现为考量,而非基于便于政府的管理或对社会组织及其治理行为的掌控,在发展社会组织推进社会治理更好实现的目标下进行相关制度设计,给予社会组织及其治理行为足够的发展空间。只有这样,传统行政管理体制垄断性的弊端才能得到克服,公共行政转型才有可能,国家治理体系与治理能力的现代化方能实现。

3. 应当有利于权利的保障与增进

我国是人民民主专政的社会主义国家①,对权利(Right)的保障与增进是我国社会主义建设的根本目标,也是社会组织参与社会治理制度安排最为根本的价值目标。发展社会组织,推进多元化治理模式的形成,提升国

① 参见《宪法》第1条第1款:"中华人民共和国是工人阶级领导的、以工农联盟为基础的人民民主专政的社会主义国家。"

家治理体系与治理能力的现代化,就是为了更好地实现对社会公共事务的治理,满足人民日益增长的对更为优质的公共产品与公共服务的需要。要实现这一目标,首先,要求制度安排的合规律性。相关的制度安排应当是符合经济社会发展规律、满足社会治理创新要求的制度体系。其次,要求制度安排的民主性。相关的制度在正式出台前应当充分听取公众的意见,应当提供有效的途径保证公众能够充分表达自己的利益诉求。再次,要求制度安排的创新性。党的十九大指出,"发展是解决我国一切问题的基础和关键,发展必须是科学发展,必须坚定不移贯彻创新、协调、绿色、开放、共享的发展理念"。[①] 社会组织参与社会治理制度安排存在的缺陷唯有通过制度创新方能得到彻底的解决,社会组织参与社会治理的制度安排应当在创新的理念下进行。

(二) 社会组织参与社会治理制度安排之基本原则

社会组织参与社会治理的制度安排应当以科学性与效率性为要求,并在法治的框架下进行。对科学性原则、效率性原则及法治原则的遵循,有助于克服社会组织参与社会治理制度安排之应对性、工具性等缺陷,在法治的框架下形成契合制度价值目标的参与制度体系,提供社会组织参与社会治理有效之制度支持。

1. 科学性原则

所谓科学性原则,是指社会组织参与社会治理的制度安排应当立足我国社会组织参与社会治理的实践,在发展的视域下以推进社会组织对社会治理的有效参与、社会治理的更好实现以及对权利的保障与增进等为目标进行制度设计,形成符合经济社会发展要求的制度体系,满足社会组织参与社会治理之制度需求,提升国家治理体系与治理能力的现代化水平。对科学性原则的遵循,首先,要求改变实践中应对性的"一事一制"式的制度安排,从系统规划的角度形成具有前瞻性的制度体系,取代碎片化的制度安排,为社会组织参与社会治理提供所需要的制度支持,使社会组织不仅能够据以参与社会治理,而且能够据以规范其治理行为。其次,要求实现制度安排的长效性,为社会组织参与社会治理提供稳定的制度支持,使社会组织能够据以形成对参与社会治理的合理规划与发展预期,避免因缺乏合理的预期与规划而导致参与的随机性、临时性。实践中,社会组织参与社会治理的实际效果尚不理想的一个重要的原因,就是缺乏对参与社会治

---

① 习近平:《决胜全面建成小康社会夺取新时代中国特色社会主义伟大胜利——在中国共产党第十九次全国代表大会上的报告》,人民出版社 2017 年版,第 27 页。

理的长远规划,怠于进行组织发展与能力提升,直接的后果体现为治理行为的效果不佳,间接的后果则是对社会治理的参与停留于浅层及随机层面。长效性的制度安排有助于提升社会组织对参与社会治理的预期和规划,从社会治理组织载体自身的角度解决其参与社会治理效能不佳的问题。再次,要求制度安排的关联性。社会公共事务之间并非是孤立的,而是总以一定的方式相互作用和影响,这就要求参与制度之间的关联性与系统性,孤立的、碎片化的制度安排难以形成制度的合力,互相关联、互为促进的系统性的制度体系是必要的。

2. 效率性原则

所谓效率性原则,是指参与制度的运行应当是有效率的。效率既是制度效力的体现,也是对制度的重要要求,好的制度应当是有效率的制度。对效率性原则的遵循,首先,要求社会组织参与社会治理的制度安排应当选择成本最小化的方案。制度的运行总是要消耗相应的人力、物力、财力等资源成本,传统行政管理体制下行政成本高而行政效率低下的原因在于以制度的工具价值为先,从解决实际问题的单一角度进行制度设计,从而不得不对制度的运行设置细微、繁杂的要求,控制程度过高。创新社会治理就是要减少对社会的管控程度,以制度和规则为保证,提升治理的效力,释放社会活力,以实现更好的社会治理。这就要求从制度应然价值的层面进行制度安排,增强制度的科学性,降低制度运行的成本,保证制度的有效性。其次,社会组织参与社会治理之制度安排应当有利于激发社会组织参与社会治理的积极性,提升其对社会治理的参与度,提高治理的效率。社会治理需要社会组织来完成,社会治理的实际效果受社会组织参与社会治理的积极性与参与度的影响。已有制度安排存在的问题,如登记制度存在的准入限制及过高的准入要求等,制约了社会组织合法性主体资格的取得,阻碍了社会组织对社会治理的参与,影响了社会治理的实际效果,完善社会组织参与社会治理的制度安排应以提升社会组织的积极性与参与度为要求。再次,对制度之间耦合性的要求。制度的效率还要取决于其他制度安排实现它们的完善程度。[1] 工具价值选择下应对性的制度安排难以避免制度之间的冲突与重复,导致对制度效力的损耗,制度效率被降低。制度的效率性要求社会组织参与社会治理之制度安排是相互耦合的系统的制度体系,系统化的制度体系应当形成。

---

[1] 〔美〕R. 科斯、〔美〕A. 阿尔钦、〔美〕D. 诺斯等著:《财产权利与制度变迁:产权学派与新制度学派译文集》,刘守英等译,上海人民出版社、上海三联书店 2005 年版,第 383 页。

3. *法治原则*

所谓法治原则,是指社会组织参与社会治理的制度安排应当在法治的框架下进行,以对法治的遵守为要求。对法治原则的遵循,要求社会组织参与社会治理之制度安排应当由法定的主体在法定的权限内依照法定的程序规范进行,可依之立法依据、制度安排之正当程序,以及权力的合理配置与规范运行均属必要,这正是目前社会组织参与社会治理制度安排遇到的难题。因立法规范、程序设计、权力配置与权力运行中存在的问题,社会组织参与社会治理中的制度安排,或缺乏足够的立法依据,或缺少必要的程序支持,或权力配置的合理性与运行的规范性不足,已经影响到社会组织对社会治理的参与。受制于制度安排法治化的不足,社会组织或难以据以取得合法性主体资格,从而失去了参与社会治理之合法性前提;或难以据以参与到社会治理之中,导致社会治理因承载治理职能的组织载体之不足面临落空之可能;或难以据以规范社会组织的治理行为,更好的治理因社会组织治理行为的无序或失范而遭遇障碍,对权利的保障与增进缺少了必要的支持。法治之于社会组织参与社会治理之制度安排,既是要求,也是保障。为创新社会治理,推进国家治理体系与治理能力的现代化,应当将社会组织参与社会治理之制度安排纳入法治化的轨道,实现权力配置的合理性与权力运行的规范性,提供制度安排所需之立法依据与程序支持,形成符合法治要求的制度体系,满足社会组织参与社会治理之制度需求,推进社会组织参与社会治理,保证更好的治理之实现。

四、社会组织参与社会治理制度安排之完善

摒弃工具价值取向下"一事一制"之制度安排,以法治为理念,形成系统的涵括登记制度、运行制度、监管制度、问责制度、救济制度的制度体系,以契合制度应然价值目标之制度安排,推进社会组织参与社会治理,完成对权利的保障和增进。

(一)社会组织参与社会治理制度安排的规范化

社会组织参与社会治理制度安排的规范化体现了对法治原则、科学性原则与效率性原则的遵循,需要从意识与制度两个层面予以实现。意识层面的规范化是制度层面规范化的理念前提,制度层面的规范化是制度安排规范化的实现。

在意识层面,应当形成制度安排规范化的理念。制度的选择总是基于特定的制度理念,选择的结果则影响着制度在实践中的效能。依赖制度之

工具效力的应对性制度安排已经被证明既难以保证制度本身的规范性与稳定性,也难以保证制度之间的耦合性,治理领域之复杂性与治理目的之区别性决定了应对性的制度安排下,制度之间的矛盾和冲突几乎是必然的,制度效力的折损亦为当然。制度效力的保证有赖制度理念的转变,理念的转变为优化社会组织参与社会治理制度安排、落实制度安排规范化的意识前提。以系统性制度架构的理念和思路取代应对性制度安排的思路和做法,走出"一事一制"的思维定式,在系统架构的制度理念下形成规范化的制度安排,保证制度本身的规范性与制度之间的耦合性,为社会组织参与社会治理提供制度支持。

在制度层面,应当从制度自身及制度运行的双重角度实现制度安排的规范化,两者均应在规范化的理念下进行。就制度自身的规范化而言,克服工具理念下对方便、即时的依赖,对制度主体、制度内容、制度适用对象、制度之间的关联性以及制度环境等进行全面的考量,保证形成的制度契合其价值目标,提升制度设计的科学性和规范性,实现制度安排的规范化。就制度运行的规范化而言,制度的效力常常取决于制度运行的结果,制度的价值总是要通过制度的运行来实现,制度运行的规范性与否决定着制度价值能否实现。这就要求在进行制度安排时,不能仅仅着眼于制度本身而忽视对制度运行的考虑,这正是制度安排中需要克服的一个惯性问题。制度运行所需的程序规范、程序制度以及保障制度规范运行所需的配套性制度,如监管制度、问责制度、救济制度等,在进行制度安排时均需予以充分考虑。制度安排的规范化不可能在一个孤立的环境中得到实现,需要从整体性、全局性的角度予以考量。在这样的前提下,制度的价值目标才能通过制度安排落实于社会组织参与社会治理的实践。

(二) 社会组织参与社会治理制度安排的系统化

社会组织参与社会治理已经纳入社会治理创新的范畴,将随着我国改革和发展的深入持续推进。推进社会组织参与社会治理要求解决制度运行成本高却效能低的突出矛盾,形成系统化的制度体系。反思既有之制度缺陷,系统化的制度安排应当涵括登记制度、运行制度、监管制度、问责制度、救济制度等一系列的制度构成。

一是登记制度。登记制度包含准入登记、变更登记及注销登记。为现行立法所确认的双重准入登记制度,一方面准入条件严苛,准入程序繁琐,不利于社会组织合法性资格的取得;另一方面规定原则抽象,可操作性不足,为相关部门推诿其责甚至违法违规提供了便利。完善现行的双重准入登记制度,确立直接登记的基本原则①,合理规定准入要求,简化登记程序,顺畅登记过程,为社会组织参与社会治理合法性资格取得提供制度支持,解决由此导致的实践中的多重难题。准入登记制度的优化是完善变更登记与注销登记的制度前提,如在直接登记的原则下,业务主管单位的同意亦不再是社会组织办理变更登记与注销登记必须之程序要求,对社会组织之准入要求与准入程序的变更为优化变更登记与注销登记提供了支持。

二是运行制度。社会组织参与社会治理所需的运行制度是一个系列的构成。获取参与信息为社会组织参与社会治理之前提,信息公开制度实乃必要;以制度为支持保证社会组织参与到社会治理之中方能实现对公共事务的治理,公众参与制度实乃必要;治理行为的规范性是对社会组织参与社会治理的当然要求,权力制约、说明理由、陈述与申诉制度等不可或缺。为弥补既有的制度缺陷,需要对现行的制度设计进行完善。就信息公开制度而言,确立政府信息公开的基本原则,扩大信息公开的范畴,明确不依法公开的法律责任,推进信息公开制度的落实。就公众参与制度而言,着力点在于提升制度的可操作性,应当丰富参与的途径和方式,扩大参与治理的范畴。就权力制约制度而言,社会组织履行治理职能时,行使的虽非国家行政权力,但亦为可对相对人的权利造成实质影响的社会公权力,需要对其进行制约以预防和防止其侵害相对人的合法权利。对权力的制约是法治的核心要义,党的十九大强调要"坚定不移走中国特色社会主义法治道路"和"建设社会主义法治国家"②,权力制约制度应当是社会组织参与社会治理制度安排不可缺少的重要构成。就说明理由制度而言,该制度是程序正当原则在社会组织参与社会治理制度安排中的应用,是对社会组织实施治理行为过程中的程序要求,社会组织应当以必要的方式并通过一定的途径就行使社会公权力的治理行为向相关治理对象或相应领域的公众说明理由。就陈述和申诉制度而言,当相对人认为社会组织行使社会公权力的治理行为造成对自己合法权利的损害时,享有向其进行陈述和申诉的权利,社会组织应当听取其陈述和申诉,这是程序正当原则在社会组织参与社会治理制度安排中的又一应用。运行制度既为社会组织参与社会治理提供了制度支持,又提出了对社会组织参与社会治理的要求,一方面有利于提升社会组织参与社会治理的积极性,另一方面也有利于规范社

---

① 确需业务主管单位的,以立法的形式对此类社会组织及其业务主管单位予以明确,避免其被排除于合法性登记之外。

② 习近平:《决胜全面建成小康社会夺取新时代中国特色社会主义伟大胜利——在中国共产党第十九次全国代表大会上的报告》,人民出版社 2017 年版,第 28 页。

会组织的治理行为,在社会组织参与社会治理的制度安排中有着不可替代的制度价值。

三是监管制度与问责制度。作为相互关联的两种制度,监管制度提供了对社会组织问责的制度支持,如无监管,则难问责;问责制度则有利于监管效能的提升,如无问责,则难监管。推进社会组织参与社会治理,一方面,要解决监管制度已经面临的效能不足的现实难题,以绩效评估制度对社会组织参与社会治理的实际效果进行评估并公布评估结果,社会组织可根据评估结果判断其治理行为的规范性程度,提升规范治理行为的自觉性和荣誉感。同时,以多元化的监督管理制度对社会组织参与社会治理的治理行为进行监管。随着准入登记制度的优化,对社会组织的监管不再依赖于准入限制,行为监管的重要性凸显,需要进行必要的制度建构。行为监管制度应当包含对行为的监管以及监管之间的衔接与协调两方面的内容,因而必须关注衔接协调制度的建构,以使多种监管形成合力,切实解决监管实践中存在的"越位""不到位""不在位"等难题,以有效的制度安排实现对社会组织参与社会治理的监管。另一方面,还要解决问责制度存在的问责不力等问题,通过明确对社会组织进行问责的主体、内容、方式及责任,实现对社会组织的问责。同时,通过衔接协调制度的建构,避免重复问责。监管制度与问责制度是规范社会组织参与社会治理必要的制度构成。

四是救济制度。救济制度在社会组织参与社会治理中的作用曾被忽视,治理实践中已经出现的救济难题提示了救济之不足对于社会组织参与社会治理的消极影响,既影响社会组织的积极性与参与度,也影响政府和公众对社会组织参与社会治理的信任与支持。社会组织参与社会治理关涉政府、社会组织、治理对象、组织成员、组织内部工作人员等多方主体,主体的复杂性决定了对救济制度足够性的要求,需要提供对治理中各方受损权利的法律救济。不仅涉及权力型救济与权利型救济,还包含内部救济与外部救济,需要进行合理的制度安排,明确各方在救济中的权利义务,提供有效的救济手段与顺畅的救济途径,保证社会组织参与社会治理中受损的权利能够依据有效的救济制度获得足够的法律救济,解除社会组织参与社会治理的后顾之忧,推进社会组织对社会治理的参与。

(三) 社会组织参与社会治理制度安排的去工具性

工具价值取向下的制度安排无法实现制度对科学性、效率性的要求,制度效力被消解,构成对社会组织参与社会治理反向之消极影响,因此要求制度安排的去工具性。去工具性的关键在于,充分认识参与制度之制度价值,并在此基础上理性进行价值选择,以使相关的制度安排能够契合制度的价值目标,充分发挥制度之功能。首先,相关的制度安排应当能够实现参与制度之基础性价值,保证社会组织能够据以参与社会治理,满足公共事务的治理需求,制度的系统性、关联性、足够性、稳定性为制度安排之必要考虑,以摒弃"一事一制"之临时性、碎片化制度安排。其次,相关的制度安排还应当有利于推进形成多元化的社会治理格局,实现更好的治理之深层次价值目标,制度的效率性为必要之考量。相关的制度安排要及于社会组织参与社会治理的权力配置、运行、监督等诸领域,而非仅仅局限于治理权力的运行,要求耦合性的、有效性的制度安排,以满足多元化治理主体对公共事务的治理要求,推进"政府—社会"合作关系的形成,通过社会组织与政府的分工与合作,为社会提供更好的公共产品与公共服务。再次,对权利的保障与增进是推进社会组织参与社会治理,提升国家治理体系和治理能力现代化水平的出发点和落脚点。要实现这一根本性的价值目标,应当将相关的制度安排置于法治的要求之下,以法治为保障,克服相关制度安排因法治化不足而导致的治理障碍,使社会组织能够依据合法、有效的制度安排推进社会治理的更好实现,落实保障和增进公民权利的价值目标。

第五章　社会组织参与社会治理之法律救济

社会组织参与社会治理中受损权利的法律救济涉及社会组织作为社会公权力主体、行政管理行为的相对人以及独立的自治组织时受损权利的法律救济问题。受损权利能否获得法律救济以及获得何种法律救济，取决于是否对权利救济进行了规定，以及规定了何种救济形式。社会组织参与社会治理中部分受损的权利因无法适用现行的救济规定，面临救济不能之难题，相悖于有权利必有救济之要求。应当为社会组织参与社会治理中受损的权利提供契合其发展规律的法律救济，以保证受损权利通过有效的救济得以恢复或补救，为社会组织参与社会治理营造良好的法治环境，推动社会治理从政府主导走向多元化治理。

第一节　社会组织参与社会治理法律救济解析

社会组织参与社会治理源于政府职能的有限性与快速增长的公共治理需求之间的矛盾，创新社会治理要求新的治理主体参与社会治理，社会组织由此参与到社会治理之中，并形成与政府、治理对象、组织工作人员等之间的权利义务关系，构筑起了相互关联的社会治理体系。对权利的侵害不利于形成有序的治理体系，因此要求为受损权利提供契合之法律救济。社会组织参与社会治理中受损权利的法律救济还面临诸多待解决的问题。解读社会组织参与社会治理中受损权利法律救济的形式与要求，分析受损权利法律救济面临的问题及其原因，有利于形成受损权利法律救济的新思路。

一、法律救济及其形式

法律救济以立法的既有规定为救济前提，以行政救济、司法救济等为主要形式，系为受损权利提供的一种事后补救措施。法律救济通过对侵害行为施以强制性的制裁行为,迫使侵权主体停止对被侵权对象权利的损害并承担补救责任,从而使受损的权利借助法律的强制力得到恢复或补救,是诸种权利救济手段中兼具规范性、稳定性、强制性等特性的救济方式,能够为受损权利提供可预期的有效救济。

(一)法律救济解读

在西方,法律救济被视为法律上用以防止和纠正错误的方法和行动,是"一种用来主张权利或对权利侵害行为加以阻止、矫正、责令赔偿的方法;一种赋予权利受到侵害的一方当事人诉诸法庭或其他方式的补救性权利"[①]。"法律和救济,或者权利和救济这样的普通词组构成了对语……相应地,救济是一种纠正或减轻性质的权利,这种权利在可能的范围内会矫正由法律关系中他方当事人违反义务行为造成的法律后果。"[②]在我国,有学者提出,法律救济是请求国家为其提供帮助以弥补损害与实现权利的权利,含"权利救济权和获得救济权"[③];有学者认为,法律救济"是指通过法定的途径、程序和方式裁决纠纷,纠正已发生的不当行为,维护受损一方的合法权益,并给予其法律上的补救和赔偿"[④]。

借鉴中西方对法律救济的解读,对法律救济可作如下的分析:第一,法律救济对于权利受损的权利人而言是一种权利,是"公民依法向国家和社会请求援助的自由度"[⑤]。因"当权利的行使受到阻碍或者权利遭受侵害时,若没有办法可以恢复这些权利并对其加以确认的话,那么宣布这些权利便毫无意义,命令人们遵照指示必定也是徒劳的"[⑥],故需要对受损的权利予以救济,法律救济实乃必要,其目的在于"纠正、矫正或改正已发生或业已造成伤害、危害、损失或损害的不当行为"[⑦]。第二,法律救济是以业已颁行的法律规范为依据的救济形式。区别于依照习惯、习俗等获得的救济形式,法律救济需依照法律所规定的救济方式、救济范畴并按法律规定的救济程序进行。尽管目前的立法文本中并无"法律救济"这一专门性的概念,但是法律救济需以立法规定为前提,缺乏以立法规定为依据的救

---

① *Black's Law Dictionary*, West Group Publishing, 1999, p. 1163.
② [英]戴维・M. 沃克著:《牛津法律大辞典》,李双元等译,法律出版社 2003 年版,第 764 页。
③ 张维:《权利的救济和获得救济的权利——救济权的法理阐释》,载《法律科学》2008 年第 3 期,第 22 页。
④ 胡平仁主编:《法理学》,湖南人民出版社 2008 年版,第 258 页。
⑤ 林喆著:《公民基本人权法律制度研究》,北京大学出版社 2006 年版,第 88 页。
⑥ [英]威廉・布莱克斯通著:《英国法释义》(第一卷),游云庭、缪苗译,上海人民出版社 2006 年版,第 67 页。
⑦ [英]戴维・M. 沃克著:《牛津法律大辞典》,李双元等译,法律出版社 2003 年版,第 764 页。

济形式不能纳入法律救济的范畴。第三,法律救济是以国家强制力为后盾的、能够产生一定法律后果的法律行为。以国家强制力作为保障为受损的权利提供救济使法律救济与依照习惯、习俗等获得的救济形式区别开来,法律救济往往伴随着对侵害行为法律上的强制性的制裁行为。第四,法律救济是一种补救性的权利。法律救济以权利人的合法权利受到侵害为前提,是对权利人受损权利的一种恢复或补救的措施,具有事后性的特征。第五,法律救济对权利人的救济行为有一定的要求,"为权利而奋斗是权利人对自己的义务"①。如果权利人怠于行使为法律所规定的救济权,或者不依照法律规定的要求或程序行使救济权,则可能构成对权利救济的不利影响。②

(二) 法律救济的形式

依据已有的立法,对为行政行为所侵害的受损权利之法律救济主要包括了行政救济与司法救济等救济形式。

1. 行政救济

关于何为行政救济,学界尚未达成共识,为大家所公认的通说尚未形成,相关的学说主要有广义说与狭义说两种范畴。广义说认为,为被行政行为侵害的权利提供的法律救济为行政救济。③ 如有学者提出,"行政救济体系主要包括:以内部申诉为主要特征的公务员等权益救济制度,狭义的行政救济即行政复议制度、行政诉讼制度,以及行政上不法行为损害赔偿法和不公行为损失补偿法"④;有学者提出,行政复议、行政诉讼和信访制度为我国行政救济机制的基本制度⑤。狭义说认为,为被行政行为侵害的权利提供的行政途径的法律救济为行政救济。⑥ 如有学者提出,行政相

---

① [德]鲁道夫·冯·耶林著:《为权利而斗争》,胡宝海译,中国法制出版社2004年版,第23页。

② 如《最高人民法院关于人民法院赔偿委员会适用质证程序审理国家赔偿案件的规定》第5条规定:"赔偿请求人、赔偿义务机关对其主张的有利于自己的事实负举证责任,但法律、司法解释另有规定的除外。没有证据或者证据不足以证明其事实主张的,由负有举证责任的一方承担不利后果。"权利受损的权利人应当承担对其申请的国家赔偿的举证责任,否则将承担对其不利的法律后果。

③ 从已有的广义说的研究成果来看,为行政行为所侵害的权利提供的法律救济为行政救济,行政途径的行政复议与司法途径的行政诉讼均被纳入了行政救济的范畴。

④ 倪洪涛:《社会主义核心价值观融通行政救济法治初论》,载《时代法学》2019年第3期,第8页。

⑤ 参见姜明安著:《法治思维与新行政法》,北京大学出版社2013年版,第448页。

⑥ 狭义说则认为,满足以下要求的法律救济,方为行政救济:一是为行政行为侵害的权利提供的法律救济;二是通过行政途径提供的法律救济。因此,行政诉讼并非行政救济,而是司法救济。

对人因行政主体行使行政职权的行为侵害其合法权益,依循行政途径寻求的法律救济为行政救济,依循司法途径寻求的法律救济则为司法救济。① 本书在狭义说的基础上探讨行政救济。作为"一种归属于法律上的救济权利"②,行政救济具有如下特征:一是行政救济是对权利而非权力的救济,对于受损的权利而言体现为一种救济权,是因原权利受损而获得的一种法律上的救济权;二是行政救济是一种事后性救济,是为因行政行为的侵害导致其权利受损的当事人提供的补救性权利;三是行政救济需由法律予以规定。行政救济是法律救济的一种重要形式,应当依法进行,遵循为法律所规定的程序和条件。③

2. 司法救济

"司法以一切个人的特有利益为其客体"④,"一旦判决宣布了",它就具有了"至关重要的力量"⑤。"司法救济"这一概念的提出可追溯至 1948 年联合国大会通过的《世界人权宣言》(Universal Declaration of Human Rights)第 8 条的规定:"任何人当宪法或法律赋予他的基本权利遭受侵害时,有权由合格的国家法庭对这种侵害行为作有效的补救。"其作为规范文本的最早表达,则见于 1966 年联合国大会通过的《公民权利和政治权利国际公约》(International Covenant on Civil and Political Rights)第 2 条之三的规定。⑥ 在我国,学者对司法救济的释义为,"任何人当其宪法和法律赋予的权利受到侵害时,均享有向独立而无偏倚的法院提起诉讼并由法院经过正当审讯作出公正裁判的权利"⑦。有关司法救济的特征,可作如下的分析:一是司法救济的被动性。司法救济得遵循"不告不理"之诉讼原则,需由当事人提起方可启动,人民法院不得主动依职权启动司法救济程序。

---

① 参见张海棠、娄正涛:《行政相对人行政救济与司法救济程序衔接问题研究》,载《政治与法律》2013 年第 3 期,第 155 页。

② 关保英著:《比较行政法学》,法律出版社 2014 年版,第 390 页。

③ 如以行政赔偿为例,《国家赔偿法》第 3 条和第 4 条规定了行政赔偿的范围,第 6 条规定了赔偿请求人,第 7 条和第 8 条规定了赔偿义务机关,第 9 条规定了赔偿请求人要求赔偿的法定程序。行政赔偿应当由法定的赔偿请求人依法就法定赔偿范围内的事项依据法定的程序向法定的赔偿义务机关要求国家赔偿。

④ 〔德〕黑格尔著:《法哲学原理》,范扬、张企泰译,商务印书馆 2019 年版,第 357 页。

⑤ 〔美〕本杰明·卡多佐著:《司法过程的性质》,苏力译,商务印书馆 2015 年版,第 9 页。

⑥ 《公民权利和政治权利国际公约》第 2 条之三规定:"本盟约缔约国承允:'(子)确保任何人所享本盟约确认之权利或自由如遭受侵害,均获有效之救济,公务员执行职务所犯之侵权行为,亦不例外;(丑)确保上项救济申请人之救济权利,由主管司法、行政或立法当局裁决,或由该国法律制度规定之其他主管当局裁定,并推广司法救济之机会;(寅)确保上项救济一经核准,主管当局概予执行。'"

⑦ 苗连营:《公民司法救济权的入宪问题之研究》,载《中国法学》2004 年第 5 期,第 25 页。

二是司法救济的中立性。司法救济由独立的第三方——人民法院依法进行，裁决结果需依法公开，具有裁决的中立性与裁决结果公开性的特征。三是司法救济裁决结果的强制性与裁决效力的终局性。在司法救济的过程中，人民法院代表国家独立行使审判权，人民法院作出的裁决一经生效即意味着相关纠纷得到了最终的解决，"经过程序认定的事实关系和法律关系，都被一一贴上封条，成为无可动摇的真正的过去"①。如相关当事人不履行人民法院的生效裁决，人民法院可依法予以强制执行。

二、社会组织参与社会治理法律救济的现状、问题及其分析

在社会组织参与社会治理的过程中，受损权利还面临救济不能等难题，需要对存在的问题进行梳理和分析，推进形成完备的法律救济制度体系，规范权利救济的程序，畅通权利救济的路径，为社会组织参与社会治理过程中受损的权利提供足够的法律救济。

(一) 社会组织参与社会治理法律救济的现状

以既有的立法为依据，对社会组织参与社会治理中受损权利的法律救济主要有如下几种形式：一是社会组织作为行政相对人权利受损时的救济。当社会组织作为行政相对人出现在行政管理法律关系中时，如果行政主体的行政行为侵害了其合法权利，社会组织可依据《行政复议法》申请行政复议，或依据《行政诉讼法》提起行政诉讼，社会组织的出资人、设立人依据《最高人民法院关于适用〈中华人民共和国行政诉讼法〉的解释》可以用自己的名义提起行政诉讼②，由此确认了社会组织作为行政管理法律关系中的行政相对人权利受损时的两种救济模式——行政复议与行政诉讼。所谓行政复议救济模式，是指社会组织作为行政管理法律关系中的相对人时，如认为其合法权利为行政主体的行政行为所侵害，依法向法定的复议机关提出复议申请，请求其对行政主体作出的行政行为进行审查，由复议机关依法对该行政行为的合法性及适当性进行全面审查，决定是否给予法律救济的权利救济模式。所谓行政诉讼救济模式，是指社会组织作为行政管理法律关系中的相对人时，如认为其合法权利为行政主体的行政行为所侵害，依法向人民法院提起行政诉讼，由人民法院依照法定的行政诉讼审

---

① 季卫东著：《法治秩序的建构》，商务印书馆 2014 年版，第 18 页。
② 参见《最高人民法院关于适用〈中华人民共和国行政诉讼法〉的解释》第 17 条："事业单位、社会团体、基金会、社会服务机构等非营利法人的出资人、设立人认为行政行为损害法人合法权益的，可以自己的名义提起诉讼。"

判程序,对该行政行为的合法性进行审查①,决定是否给予救济的权利救济模式。二是社会组织作为社会公权力主体在社会治理过程中侵犯了相对人的合法权利时,相对人如何获得救济。社会组织在参与社会治理的过程中,需要实施必要的治理行为,完成对社会公共事务的治理。如果社会组织实施的治理行为造成对相对人合法权利的损害,从法理与法治的角度,均应为受损权利提供必要的法律救济,以使相对人因社会组织治理行为受损的权利得到恢复或者弥补。但是,受损权利能否获得法律救济以及如何获得法律救济尚面临诸多法律上的难题,实践中受损权利未能获得必要法律救济的范例已经提示,如何为社会组织侵害的受损权利提供法律救济已为亟需解决的问题。三是为实现对社会治理的有效参与,社会组织往往需要进行一定的民事活动以保证组织的正常运转,如接受某种服务或购买某种产品,或者为组织内部的工作人员提供生活上的保障等。在这些领域如果遭遇侵害,受损的权利可以通过调解、仲裁或民事诉讼等方式获得法律救济,既有的权利救济法律规定与权利救济机制适用于对相关主体的权利救济。四是社会组织作为独立的自治性组织,需要组织工作人员承担必要的组织工作,在这一过程中,还可能对组织内部工作人员的合法权利构成侵害,组织内部的工作人员如何实现对自己合法权利的救济,现行立法还缺乏相关的规定,规范的救济程序及救济途径还待建构。

(二) 受损权利法律救济存在的问题及其原因分析

作为事后性的补救措施,对受损权利的法律救济需以已有的立法规定为依据,救济立法为实现对受损权利法律救济的规范前提。我国对社会组织参与社会治理法律救济的立法规范还较为有限,专门性的规定不足,散见于《行政复议法》《行政诉讼法》《国家赔偿法》《公务员法》等权利救济的立法规定,尚不足以提供对社会组织参与社会治理过程中受损权利的法律救济。② 加之,一则,以社会组织为调整对象的专门性的《社会组织法》尚未出台;二则,现行的行政组织法未涉及对社会组织的规定,社会组织在行政法上的法律地位还缺乏立法规范的规定或者确认。社会组织参与社会治理中,所涉的相关主体受损权利能否依循现有的救济途径获得法律救

---

① 《行政诉讼法》第 6 条规定:"人民法院审理行政案件,对行政行为是否合法进行审查。"第 77 条规定:"行政处罚明显不当,或者其他行政行为涉及对款额的确定、认定确有错误的,人民法院可以判决变更。"人民法院对行政行为的审查以合法性审查为原则,只有在行政处罚明显不当等法定情形下,才可依法作出变更判决。

② 如有学者提出,不修改现行《行政复议法》和《行政诉讼法》,不降低对受损权利法律救济的门槛,大量的行政纠纷就不可能得到有效的解决。参见姜明安著:《法治思维与新行政法》,北京大学出版社 2013 年版,第 453 页。

济,面临合法性上的存疑。法律救济制度建构中存在的不足亦影响了对受损权利的救济,各种制约因素导致了社会组织参与社会治理中法律救济的如下问题:

1. 社会组织作为社会公权力主体时的法律救济问题

现行的行政组织法,如《国务院组织法》《地方各级人民代表大会和地方各级人民政府组织法》等,以中央和地方的国家行政组织为调整对象①,并未涉及对社会组织的规定;且专门性的《社会组织法》尚付之阙如,社会组织在行政法上的法律地位如何,是否具有行政主体资格,能否成为行政诉讼的被告等尚无明确之立法规定。而社会组织在参与社会治理的过程中展开对社会公共事务的治理时,与治理行为相对人之间的关系,又显非民事法律关系中的双方当事人。由此导致了社会组织参与社会治理中权利救济的一个突出问题,即当社会组织在社会治理过程中因其治理行为造成了对相对人合法权利的损害时,受损权利如何获得法律救济。

(1) 法律救济需满足立法规定的要求

为现行立法所规定的行政救济、司法救济等救济形式,以满足法律规定的要件为要求。无论是行政复议还是行政诉讼,均要求对行政行为提起,侵权主体具有行政主体资格为对其侵权行为提起救济请求之必要要求。如果侵权主体并不具备行政法上的行政主体资格,则无法依循现有的行政法律规范对其侵权行为申请行政复议或提起行政诉讼以获得对受损权利的法律救济。民事诉讼则需对"公民之间、法人之间、其他组织之间以及他们相互之间因财产关系和人身关系"的纠纷提起②,当事人之间平等的法律地位为提起诉讼之必要前提。如果当事人之间并非平等主体之间的民事法律关系,则不能依循现有的民事法律规范提起民事诉讼以获得法律上的救济。

(2) 受损权利面临的救济难题

社会组织实施治理行为时是否可纳入行政主体的范围,因缺乏立法的规定而处于模糊状态。因社会组织在行政法上的法律地位尚无立法的明确规定,其所实施的治理行为是否属于行政行为缺乏立法规范可依,导致为其治理行为所侵害之权利的法律救济面临法律上的难题。一是受

---

① 如《国务院组织法》第1条规定:"根据中华人民共和国宪法有关国务院的规定,制定本组织法。"《地方各级人民代表大会和地方各级人民政府组织法》第54条规定:"地方各级人民政府是地方各级人民代表大会的执行机关,是地方各级国家行政机关。"

② 参见《民事诉讼法》第3条:"人民法院受理公民之间、法人之间、其他组织之间以及他们相互之间因财产关系和人身关系提起的民事诉讼,适用本法的规定。"

损权利能否依据《行政复议法》或《行政诉讼法》申请行政复议或提起行政诉讼遭遇合法性上的质疑。因缺少立法的明确规定,基于对社会组织行政法上法律地位的不同理解可能导致不同的处理结果,为社会组织治理行为侵害的权利难以通过行政复议或行政诉讼获得救济的可能性客观存在。二是与此同时,因社会组织在对社会公共事务进行治理时,与相对人之间的关系显然并非平等民事主体之间的关系,相对人亦难以对此提起以当事人法律地位平等为要求的民事诉讼,为社会组织治理行为所侵害的相对人的合法权利将陷入无从救济的两难境地。司法实践中已有的判例显示,相对人在认为社会组织的治理行为侵害了自己的合法权益时,无论对其提起的是行政诉讼还是民事诉讼,都可能面临因不符合法律规定的受理范围而被裁定驳回起诉或不予受理的可能。① 如何为社会组织治理行为所侵害的合法权利提供法律救济,已经成为社会组织参与社会治理必须解决的难点问题,还延伸出相对人能否依据《国家赔偿法》请求国家赔偿等问题。

依据我国《国家赔偿法》,当行政相对人的合法权利为行政机关及其工作人员的职权行为所侵害,行政相对人可以依法提起行政赔偿的请求。

---

① 以 2001 年"广州吉利集团诉中国足球协会名誉侵权案"(民事诉讼)与 2002 年"长春亚泰俱乐部诉中国足球协会行政处罚不当案"(行政诉讼)为例,两俱乐部对中国足球协会作出的处罚分别提起了民事诉讼与行政诉讼,均被人民法院以不符合法律规定的受理范围为由裁定驳回起诉或不予受理。"广州吉利集团诉中国足球协会名誉侵权案"的案情及裁决如下:中国足球协会纪律委员会于 2001 年 10 月 16 日依据《中国足球协会章程》及《中国足球协会违规违纪处罚办法》对广州吉利队有关队员作出了罚款、停赛等处罚,对俱乐部作出了警告等处罚。2001 年 12 月 13 日,广州吉利集团以中国足球协会纪律委员会在处罚中侵害其名誉为由向广州市天河区人民法院提起民事诉讼;2002 年 2 月 6 日,广州市天河区人民法院作出民事裁定,以《最高人民法院关于审理名誉侵权案件若干问题的解释》第 4 条"国家机关、社会团体、企事业单位等部门对其管理人员作出的结论或者处理决定,当事人以其侵害名誉权向人民法院提起诉讼的,人民法院不予受理"为依据,裁定此案不属于人民法院受理民事诉讼的范围,驳回了原告的起诉。广州吉利集团向广州市中级人民法院提起上诉,广州市中级人民法院维持了天河区人民法院的一审裁定。"长春亚泰俱乐部诉中国足球协会行政处罚不当案"的案情及裁决如下:中国足球协会纪律委员会于 2001 年 10 月 16 日依据《中国足球协会章程》及《中国足球协会违规违纪处罚办法》下发《关于对四川绵阳、成都五牛、长春亚泰、江苏舜天和浙江绿城俱乐部足球队处理的决定》,对长春亚泰俱乐部的相关队员作出了取消注册资格、转会资格等处罚,对在比赛中执教的国内主教练作出了停止赛季工作一年等处罚,对俱乐部作出了取消引进国内球员资格等处罚。长春亚泰俱乐部分别于 2001 年 10 月 19 日和 2001 年 11 月 10 日向中国足球协会提起申诉,中国足球协会均未在法定期限内作出答复。长春亚泰俱乐部于 2002 年 1 月 7 日向北京市第二中级人民法院提起行政诉讼,请求人民法院判令中国足球协会撤销作出的处理决定。2002 年 1 月 23 日,北京市第二中级人民法院作出行政裁定,以长春亚泰俱乐部及其教练员、球员对中国足球协会提起的行政诉讼不符合《行政诉讼法》规定的受理条件为由,裁定不予受理。

《国家赔偿法》明确规定了权利受损的行政相对人依法要求国家赔偿的法定范围,以及依法履行赔偿义务的赔偿义务机关。《国家赔偿法》第3条和第4条规定,公民、法人或者其他组织在为法律所规定的人身权、财产权为行政机关及其工作人员行使行政职权的行为所侵害时,有权请求国家赔偿,即行政赔偿应当针对行政机关及其工作人员行使行政职权的行为提起。《国家赔偿法》第7条和第8条规定,赔偿义务机关分别为行使行政职权的行政机关、共同行使行政职权的行政机关、被授权的组织、委托的行政机关、继续行使其职权的行政机关、撤销该赔偿义务机关的行政机关以及对加重部分履行赔偿义务的复议机关等,即赔偿义务机关为行使行政职权的行政机关或法定授权组织。由于社会组织在行政法上的法律地位并不明确,社会组织在参与社会治理的过程中,如果其治理行为侵害了相对人的合法权利,相对人能否请求国家赔偿以及由谁承担赔偿义务在法律上亦为难题,需要加以解决。

2. 社会组织作为自治组织时的法律救济问题

作为自治组织的社会组织在行使其内部治理权时,可能造成对组织内部工作人员合法权利的损害,组织内部工作人员由此面临权利救济如何实现的问题。由于缺乏相关的立法规定,在合法权利遭受侵犯时,社会组织的内部工作人员难以如行政机关的公务人员一样,可以依据《公务员法》等①,通过申请复核、提起申诉等方式获得救济。社会组织需要通过组织内部的工作人员来完成对社会公共事务的治理,如果工作人员在其合法权利遭受社会组织侵害时难以获得有效的法律救济,必然影响其对是否加入社会组织以及是否长期服务于社会组织等选择,进而影响社会组织的发展及其对社会治理职能的承担,这也是实践中社会组织对人才的吸引力不足,发展受限的重要原因之一。如何建构完善的法律救济机制,保证社会组织内部工作人员在其合法权利受到侵害时能够通过有效的救济途径获得法律救济,成为推进解决社会组织人才吸引力不足等问题时应当考量的一个重要因素。

---

① 如《公务员法》第95条第1款规定:"公务员对涉及本人的下列人事处理不服的,可以自知道该人事处理之日起三十日内向原处理机关申请复核;对复核结果不服的,可以自接到复核决定之日起十五日内,按照规定向同级公务员主管部门或者作出该人事处理的机关的上一级机关提出申诉;也可以不经复核,自知道该人事处理之日起三十日内直接提出申诉:(一)处分;(二)辞退或者取消录用;(三)降职;(四)定期考核定为不称职;(五)免职;(六)申请辞职、提前退休未予批准;(七)不按照规定确定或者扣减工资、福利、保险待遇;(八)法律、法规规定可以申诉的其他情形。"

3. 组织成员权利受损时的法律救济问题

现行立法对社会团体等社会组织的成立,有成员单位的要求。[①] 社会组织成员单位的合法权利可能为行政机关的行政行为所侵害,其受损权利的救济,依据既有的立法,只能由成员单位以自己的名义申请行政复议或提起行政诉讼。如依据《行政诉讼法》第 25 条,行政诉讼应当由行政行为的相对人以及其他与行政行为有利害关系的公民、法人或者其他组织依法提起,生态环境和资源保护、食品药品安全、国有财产保护、国有土地使用权出让等领域的行政公益诉讼由人民检察院提起。除行政公益诉讼依法由人民检察院提起外,与被诉行政行为具有法律上的利害关系构成了对行政公益诉讼以外的行政诉讼原告资格的法定要求。《行政复议法》的规定亦体现了对复议申请应由利害关系人提起的要求,依据该法第 2 条,"公民、法人或者其他组织认为具体行政行为侵犯其合法权益"时,方能"向行政机关提出行政复议申请"。

现行立法对申请行政复议及提起行政诉讼的要求,决定了利害关系人以外的其他组织或个人不能代为申请行政复议或提起行政诉讼。同时,现行立法对社会团体等社会组织准入条件的要求决定了社会团体等社会组织拥有一定数量的组织成员,当组织成员的合法权利受到行政行为的侵害时,基于与被诉行政行为或被申请的具体行政行为应当具有利害关系的资格要求,只能由权利受损的组织成员以自己的名义申请行政复议或提起行政诉讼,社会组织作为组织成员的代表并不能以自己的名义为组织成员提起权利救济的请求。在单个或少数组织成员的合法权利为行政行为侵害时,这样的救济要求对权利救济的影响不大。但是,在组织成员的合法权利受到大范围的侵害时,由权利受损的组织成员个体以自己的名义请求法律救济不仅在力量上较为单薄,不利于对其合法权利的保护,而且构成对救济资源的浪费,如何完善相关的法律救济还需要进行审慎的思考与合理的制度设计。

4. 社会组织作为行政相对人时的法律救济问题

现行立法所规定的行政复议与行政诉讼制度,既提供了社会组织作为行政管理法律关系中的相对人时,对为行政行为所侵害的权利的法律救济,也面临尚需改进的制度缺陷,如行政复议机关的非独立性、行政复议

---

① 如《社会团体登记管理条例》第 10 条第 1 款第一项规定:"成立社会团体,应当具备下列条件:(一)有 50 个以上的个人会员或者 30 个以上的单位会员;个人会员、单位会员混合组成的,会员总数不得少于 50 个。"

与行政诉讼受案范围的有限性,以及行政复议与行政诉讼的衔接问题等。行政复议机关的非独立性导致的制度缺陷体现为,行政复议机关为作出行政行为的原行政机关的上一级机关,复议机构为上一级行政机关的内设机构,复议机关的非独立性影响了复议决定的公正性,引发公众对行政救济公正性的质疑。行政复议与行政诉讼受案范围的有限性导致部分受损的权利被排除在行政复议与行政诉讼的受案范围之外,无法启动复议程序或诉讼程序以获得行政救济或司法救济。行政复议与行政诉讼如何衔接之问题影响着权利救济的公正性与足够性,制度性的难题需要破解。

第二节　域外法律救济制度之借鉴

　　西方国家大多有较为成熟的非政府组织专门性立法,建立起了行政救济与司法救济相结合的法律救济制度,行政救济与司法救济的衔接制度各具特色,提供了对受损权利的法律救济,可予以考察,从而为完善我国社会组织参与社会治理中的法律救济提供借鉴。

一、域外非政府组织立法及其对我国的启示

　　西方国家大多制定了专门性的非政府组织法,对非政府组织的性质、地位、设立、监管等进行了较为明确的规定,以此为基础,或提供对受损权利的专门性救济,或通过已有的权利救济途径实现对受损权利的法律救济。如法国在 1901 年就颁布了《非营利社团法》①;德国于 1964 年颁布了《联邦德国结社法》②;日本在 1998 年制定了《特定非营利活动促进法》,之后又制定了《关于一般社团法人以及一般财团法人的法律》《关于公益社团法人以及公益财团法人认定的法律》等相关法律法规,详细规定了一般社团法人、一般财团法人的成立、组织、运营、管理以及公益法人的认定及对其的保护措施等③;英国则主要通过《慈善法》等实现对社会组织的规范和

---

① 参见张金岭:《法国社团组织的现状与发展》,载黄晓勇主编:《中国民间组织报告(2011—2012)》,社会科学文献出版社 2012 年版,第 267 页。
② 参见王名、李勇、黄浩明编著:《德国非营利组织》,清华大学出版社 2006 年版,第 69 页。
③ 参见褚松燕著:《中外非政府组织管理体制比较》,国家行政学院出版社 2008 年版,第 72—74 页。

管理①。

分析我国社会组织参与社会治理法律救济遭遇的实践难题,一个重要的原因是缺乏对社会组织性质及其法律地位的规定,社会组织在行政法上的法律地位不明确,导致社会组织参与社会治理过程中,为社会组织治理行为所侵害的权利既难以依据行政法律规范以行政复议或行政诉讼的方式获得救济,也难以依据以当事人法律地位平等为要求的民事法律规范以民事诉讼的方式获得救济,从而陷入救济不能的两难境地,法律上的难题需要解决。以域外的非政府组织立法为借鉴,为解决社会组织参与社会治理中法律救济所面临的问题,可以通过立法的形式明确社会组织在行政法上的法律地位,为社会组织参与社会治理中受损权利的法律救济提供立法依据。

二、域外行政救济制度之比较与借鉴

类似我国行政复议制度的"异议审查"(德国)、"行政不服审查"(日本)、"善意救济"和"层级救济"(法国)、"政监察专员"与"行政审查"(英国)、"行政法法官"(美国)等提供了对受损权利的行政救济。② 这些救济制度各具特色,并随着本国经济社会的发展不断修改完善,保证了对为行政行为所侵害的合法权利的法律救济。有必要探究这些制度的制度功能与制度要求,从而为进一步完善我国的行政救济制度提供理论支持。

(一) 德国的"异议审查"制度

德国独特的行政法院体制决定了"异议审查"制度并非该国解决行政争议的主要途径,但在诉讼之前先给予行政机关一次改过机会的制度设计赋予了"异议审查"特别的制度价值。在德国,"异议审查"制度由声明异议和诉愿两部分组成。所谓声明异议,是指异议人如果对行政机关作出的行政处分不服,可以先向原作出行政处分的行政机关提出审查的请求。所谓诉愿,是指对于异议人的请求,如果原作出行政处分的行政机关认为合理,应给予其救济;若认为不合理,则不予救济,但异议人的该请求可以移送至原作出行政处分机关的上级机关,或者其他有管辖权的机关进行再审查;异议人也可以在收到行政机关作出的行政处分的一个月内,直接向该行政机关的上级机关提起诉愿,如果对上级机关作出的决定仍然不服,异议人

---

① 参见中国社会科学院"民间组织发展研究"课题组:《英国政府与民间组织:战略、政策与措施》,载黄晓勇主编:《中国民间组织报告(2008)》,社会科学文献出版社 2008 年版,第 318—321 页。

② 行政复议制度为我国采用的制度概念,西方国家有其对行政救济的专门称谓。

可以向行政法院提起行政诉讼。① 德国《行政法院法》等规定,部分行政争议有"异议审查"的前置要求,必须经"异议审查"之后方可向法院提起行政诉讼。"异议审查"在德国被定位为行政行为,得遵从行政程序法的规定适用简单快速的程序要求,需依相对人的申请方能启动。在德国,行政事实行为、行政机关内部的管理规定及单纯的行政不作为等不属于"异议审查"的范围。②

(二) 日本的"行政不服审查"制度

日本的"行政不服审查",又称"行政不服申诉",是指因不服行政厅的处分以及其他公权力行为而对其提起不服声明,通过行政机关的裁断将其撤销或者予以纠正以实现权利救济的制度。③ 依据日本《行政不服审查法》④,该制度包含声明异议、审查请求和再审查请求三项内容⑤。所谓声明异议,是指向作出行政处分之机关或者不作为之机关提出的不服申诉;所谓审查请求,是指向作出行政处分之机关或者不作为之机关以外的行政厅提起的不服申诉;所谓再审查请求,是指对审查请求的裁决仍然不服提出的申诉。依据《行政不服审查法》,能够提起"行政不服审查"的范畴包括行政机关作出的行政处分、其他行使公权力的行为、行政不作为,以及给予国家公务员的降薪、降职、休职、免职或其他明显的不利处分或惩罚处分等。⑥ 为保障对受损权利的及时救济,修改后的《行政不服审查法》在审查请求中引入了"审理员"制度及"行政不服审查会"制度,在再审查请求中引入了"审理员"制度。⑦ 区别于德国对"异议审查"的前置要求,在日本,除

---

① 参见毕可志著:《论行政救济》,北京大学出版社 2005 年版,第 152—153 页。
② 参见汉马可(Marco Haase)在 2016 年全国人大法工委主办的"中德行政复议制度研讨会"上有关"德国行政复议制度"的报告,转引自曹鎏:《五国行政复议制度的启示与借鉴》,载《行政法学研究》2017 年第 5 期,第 14 页。
③ 参见[日]市桥克哉、[日]榊原秀训、[日]本多泷夫、[日]平田和一著:《日本现行行政法》,田林、钱蓓蓓、李龙贤译,法律出版社 2017 年版,第 249 页。
④ 日本是最早对行政诉愿制度进行专门性立法的国家,于 1890 年就制定了《诉愿法》,该法共有21 个条文,就诉愿事项、诉愿处理机关、诉愿提起方式、诉愿提起期间、诉愿审理方式以及诉愿不停止执行原则等进行了规定,奠定了日本行政不服申诉制度的基础。因情势的变更,《诉愿法》面临修改的诉求,《行政不服审查法》于 1963 年 8 月 31 日通过,自 1963 年 10 月 1 日起施行,并沿用至今。该法于 2014 年进行了修改,修改后的《行政不服审查法》第 1 条即规定:"通过规定国民能经简单迅速且公正的程序广泛地对行政厅提出不服申诉的制度的目的在于,在实现国民权利利益救济的同时,确保行政的适当运营。"
⑤ 参见毕可志著:《论行政救济》,北京大学出版社 2005 年版,第 152—153 页。
⑥ 参见张维:《救济权及其在当代中国实现的制度研究》,中共中央党校 2009 年博士学位论文,第 57 页。
⑦ 参见曹鎏:《五国行政复议制度的启示与借鉴》,载《行政法学研究》2017 年第 5 期,第 21 页。

为法律所明确规定要求以不服审查为前置程序的外①，权利人有选择"行政不服审查"或行政诉讼的自由。

（三）法国的"善意救济"和"层级救济"制度

在法国，行政法院最初隶属行政系统，后逐渐形成独立的司法审查系统。为满足权利救济的要求，又形成了两种新型行政救济制度——"善意救济"与"层级救济"。"善意救济"，又称原行政机关的自我监督，是指相对人受行政行为侵害时，可以向作出行政行为的原行政机关提出申诉，请求原行政机关撤销或变更该行政行为的救济模式；"层级救济"，又称上级行政机关的监督，是指受行政行为侵害的相对人向作出行政行为的原行政机关的上级机关申请权利救济的救济模式。②"善意救济"由作出行政行为的原行政机关负责，"层级救济"由作出行政处分的原行政机关的上一级机关负责。无论是作出行政行为的原行政机关，还是原行政机关的上一级机关，只要接受了相对人权利救济的申请，均可作出维持、变更或撤销原行政行为的决定，还可作出新的决定。与德国、日本等国的行政救济主要针对具体行政行为不同，在法国，只要行政行为能够产生行政法律效果，无论其为抽象行政行为还是具体行政行为，皆属行政救济的救济范畴，相对人均可对其提起救济的请求。

（四）英国的"行政监察专员"与"行政审查"制度

在英国，早期的行政裁判所是以行政方式解决行政争议的有效手段，因该制度的行政自我救济属性与该国古老的自然法则——"任何人不得为自己案件的法官"相冲突，历经改革之后，行政裁判所从属行政机关的属性已经不复存在③，新的"行政审查"制度以更为便捷的程序与更低的成本承担起了权利救济的功能，与"行政监察专员"制度共同构成了对受损权利的行政救济。"行政监察专员"承担对政府的投诉及行政失当的调查；"行政审查"由行政相对人提起，以请求政府重新审视自己的行为并期待其作出

---

① 以"行政不服审查"为前置程序主要包括以下三种情形：一是该程序具有代替一审程序的程序价值，有助于减轻国民的程序负担；二是申请"行政不服审查"的案件数量众多，直接诉至法院将造成法院的巨大负担；三是通过"行政不服审查"程序能够减轻法院的负担等。参见［日］市桥克哉、［日］榊原秀训、［日］本多泷夫、［日］平田和一著：《日本现行行政法》，田林、钱蓓蓓、李龙贤译，法律出版社 2017 年版，第 253—254 页。

② 参见张维：《救济权及其在当代中国实现的制度研究》，中共中央党校 2009 年博士学位论文，第 57 页。

③ 参见王建新著：《英国行政裁判所制度研究》，中国法制出版社 2015 年版，第 17 页。

新的决策为内容①,为从行政行为到行政裁判所之间的中间程序,与行政裁判所之间的衔接有自由选择、审查前置与审查终局三种模式②。如果行政相对人对行政裁判所的裁决不服,还可以向法院提起行政诉讼。

(五) 美国的"行政法法官"制度

在美国,"行政法法官"(Administrative Law Judges)制度为《联邦行政程序法》所正式确立。在联邦层面,"行政法法官"虽与行政机关在一处办公但并不受该部门的命令和指示,相对人如对联邦部门作出的行政决定不服,即可向该部门的"行政法法官"申请裁决,由其作出初裁决定或建议,再由行政机关首长作出最终决定③;在州层面,为保证"行政法法官"独立于所在的听证机关,在州政府内部设立统一的行政听证办公室,设一名首席"行政法法官"进行管理,"行政法法官"由该办公室任命和管理,完全独立于其所在的行政机关。州的"行政法法官"并不只为一个机关服务,而是根据听证办公室的指派服务于不同的机关。④ 州"行政法法官"的集中使用制度提高了行政效率,降低了行政经费,增强了听证的公正性。在美国,权利救济得遵循"穷尽行政救济"原则,相对人在向法院提起行政起诉之前,必须穷尽所有可行的行政救济措施。如果相对人未穷尽行政救济措施,法院将因行政行为尚未成熟而驳回相对人的起诉。⑤

(六) 对我国之借鉴

西方国家的行政救济制度提供了如下的启示,可供我国在完善社会组织参与社会治理中的法律救济时作必要的参考:

一是重视行政救济之于权利救济的独立价值。行政救济与司法救济构成对受损权利法律救济的两种主要形式,行政救济对于受损权利的法律

---

① 参见罗伯特·托马斯在 2016 年中国行政法学研究会主办的"行政复议国际研讨会"上有关"英国行政复议制度"的报告,转引自曹鎏:《五国行政复议制度的启示与借鉴》,载《行政法学研究》2017 年第 5 期,第 16 页。

② 参见王静:《美国行政法法官集中使用制度研究》,载《行政法学研究》2009 年第 2 期,第 134 页。

③ 若联邦部门作出的初步裁决未被复审或上诉在规定期限内未被提起复审或者上诉,则成为该行政机关的最终裁决。参见曹鎏:《五国行政复议制度的启示与借鉴》,载《行政法学研究》2017 年第 5 期,第 18 页。

④ 参见王静:《美国行政法法官集中使用制度研究》,载《行政法学研究》2009 年第 2 期,第 136 页。

⑤ 当然,"穷尽行政救济"原则也有例外,在下列情形下,相对人可不经行政救济程序直接向法院提起行政诉讼:一是发生可能导致行政救济徒劳的情形,则可直接寻求司法救济;二是情况紧急,如不直接进行司法救济,可能导致无法弥补的损害;三是相对人提出了行政机关无法处理的情况等。参见曹鎏:《五国行政复议制度的启示与借鉴》,载《行政法学研究》2017 年第 5 期,第 19 页。

救济而言有不可替代的制度价值。大陆法系国家如日本、德国等均注意发挥行政救济的制度功能,并以高效、便捷的程序规定为要求;英、美等传统诉讼更为发达的英美法系国家亦认同行政救济的制度价值,美国更是规定了"穷尽行政救济"原则。

二是行政救济制度的建构应当契合本国实践,并根据情势的变更及时修正。如日本在新宪法实施的背景下对《诉愿法》进行了修改,制定了新的《行政不服审查法》,要求以公正程序实现对权利的救济①;又如美国在州层面探索"行政法法官"的独立地位与集中使用制度等。

三是应当明确行政救济的范围,尽可能提供对相对人受损权利的行政救济。如在日本,行政机关作出的行政处分、其他公权力行为以及对国家公务员作出的不利处分或惩罚处分等均可被提起行政救济的请求,涵括了内部行政行为与外部行政行为;在法国,行政救济涵括了对抽象行政行为的救济等。

四是受理行政救济申请的责任机关应当由法律予以明确,避免受损权利因责任机关不明确而无从提起行政救济。在西方,一般由作出行政行为的原行政机关、原行政机关的上一级机关或专门的机关负责。

五是是否将行政救济作为司法救济的前置程序应当根据本国的实际予以确定。如美国等国家要求将行政救济作为司法救济的前置程序,非经行政救济程序不得直接请求司法救济,除非法律有明确规定;而日本等国家则规定除非法律有明确规定,否则当事人可自由选择行政救济或司法救济,也可先行请求行政救济,对行政救济裁决不服再提起司法救济的请求。

六是注意克服行政救济内部性、非独立性等缺陷,以制度推进行政救济的中立性与独立性,以充分发挥行政救济所具有的专业性、高效性、便捷性等优势。如美国通过制度保证"行政法法官"的独立性,并在州层面推行"行政法法官"集中使用制度等。

七是以多样化的行政救济手段实现对受损权利的法律救济。如德国的"异议审查"含声明异议和诉愿,日本的"行政不服审查"含声明异议、审查请求和再审查请求,法国有"善意救济"和"层级救济"两种制度等,多样化的行政救济制度更加有利于实现对受损权利的法律救济。

_____

① 参见[日]盐野宏著:《行政救济法》,杨建顺译,北京大学出版社 2008 年版,第 10 页。

三、域外司法救济制度及其对我国的借鉴

在"坚定、一贯尊重宪法所授之权与人权,乃司法所必具的品质"理念下[①],西方国家对受损权利的司法救济已经发展较为成熟。又因"在行政官员犯法时责成法院惩治他们,并非是授予法院以特权,而是法院行使其禁止犯法的当然权利"[②],在与行政救济的衔接上,西方国家形成了契合本国实际的制度形态。

(一) 行政救济与司法救济的衔接

(1) 德国。作为欧洲大陆传统大陆法系的代表性国家,在德国,行政审判权由行政法院、社会法院和财政法院等共同行使。行政相对人如果认为行政行为侵犯其权利即可提起行政诉讼,对财税行政争议与社会行政争议有"异议审查"的前置要求。因"异议审查"是对原行政行为的再次审查,行政诉讼以"异议审查"后形成的行政行为为诉讼标的。[③] 被告的确定则由原行政行为与"异议审查"决定的主文部分决定,如果"异议审查"决定的主文部分与原行政行为的主文部分一致或未加重对相对人的处理,以原行政机关为被告;若"异议审查"决定的主文部分加重了对相对人的处理,则以"异议审查"机关为被告。[④] 如果法院裁决支持相对人的诉讼请求,则应撤销原行政机关作出的行政行为和"异议审查"决定;如果"异议审查"决定加重了相对人的负担,则可仅撤销"异议审查"决定。

(2) 英国与美国。英国与美国同为英美法系的代表性国家,但在行政救济与司法救济衔接的问题上,两国的制度不尽相同。首先,在是否要求行政救济前置的问题上,两国的制度存在差异。在英国,基于对行政裁判所裁决专业性的信任,并不要求相对人需先经行政救济程序后,方可提起诉讼,而是将选择权赋予了相对人,相对人可自由选择行政救济或司法救济。例外的情形是,在社会保障方面应适用行政救济前置程序,相对人需先经行政救济程序,才可再提起司法救济。在美国,则适用较为严格的"穷尽行政救济"原则,行政救济为司法救济的前置程序要求,非经行政救济程序不得提起司法救济。其次,在行政救济前置要求导致的行政诉讼被告的

---

① [美]汉密尔顿、[美]杰伊、[美]麦迪逊著:《联邦党人文集》,程适如、在汉、舒逊译,商务印书馆 2019 年版,第 457 页。

② [法]托克维尔著:《论美国的民主》(上卷),董果良译,商务印书馆 2014 年版,第 128 页。

③ 这在德国被称为行政诉讼的统一性原则。See Vgl. Fehling, Kastner. *Verwaltungsrecht Hanhkommentar*, Verlag Nomos, 2009, p. 6.

④ 异议审查机关作出审查决定时,应当就权利救济进行说明,如果相对人仍难以辨别作出行政行为的原行政机关与异议审查机关,法院应向相对人作出解释。

问题上,英美两国的制度趋同。因两国均将行政救济作为行政权力的自我监督手段,因而不存在经过行政救济程序后,侵权行为的责任主体发生分离的问题。

(3)日本。日本作为亚洲地区代表性的大陆法系国家,在行政救济与司法救济衔接的问题上适用相对人自由选择的原则,并不要求将行政救济作为必须的前置程序,除非法律有明确的规定。在行政救济对行政诉讼被告的影响问题上,日本亦适用相对人自由选择原则,即是以作出行政行为的原行政机关为行政诉讼的被告,还是以作出"行政不服审查"决定的机关为行政诉讼的被告,完全由相对人自由选择。

(二)非政府组织基于公共权力的行为属于行政诉讼的受案范围

在能否以非政府组织为被告提起行政诉讼的问题上,英美法系和大陆法系国家均允许对非政府组织基于公共权力的行为提起行政诉讼。对于大多数英美法系及大陆法系国家而言,对行为性质的判断并非以行为主体的性质为标准,而是看该行为是否是行使公共权力的行为,即以行为的性质为判断。① 若非政府组织作出的行为是基于对公共权力的行使,则该行为就应当受行政法律规范的约束,应纳入司法审查的范畴。

(三)对我国的借鉴

以行为性质为权利救济之判断标准,以及在行政救济与司法救济之间形成契合本国实际的衔接制度,提供了有益的启示。应当将社会组织在社会治理中的社会公权力行为纳入行政复议及行政诉讼的受案范围,并形成行政救济与司法救济之间的合理衔接,为受损的权利提供足够的法律救济。

1. 形成行政救济与司法救济的合理衔接

尽管西方各国对行政救济与司法救济之间如何衔接的规定不尽相同,但是是否有利于实现对权利的保障、前置要求是否必要等为各国形成相关制度时的基本考量。行政救济作为一种专业性很强的权利救济形式,其制度功能应当得到有效的发挥;同时,为受损权利提供独立的第三方救济为法治的核心要求之一,应当赋予相对人获得被视为社会公正最后一道防线的司法救济的权利,如何形成行政救济与司法救济的衔接,应当结合我国的实际情况予以合理设计。

2. 社会组织的公权力行为应当纳入行政复议与行政诉讼的受案范围

社会组织参与社会治理关涉社会组织对社会公权力的行使,当社会组

---

① 参见黎军著:《行业组织的行政法问题研究》,北京大学出版社 2002 年版,第 178 页。

织行使社会公权力造成对相对人合法权利的损害时，相对人受损的权利应当得到法律的有效救济。借鉴域外之经验，以行为的性质而非行为主体的性质为判断标准契合法治的原则和要求，有助于对受损权利的救济。对社会组织参与社会治理中受损权利的法律救济，可以通过侵权行为的性质作为判断来确定其救济途径。当社会组织作为社会公权力主体实施治理行为时，如果造成了对相对人及其他利害关系人合法权利的损害，应当将该基于对社会公权力行使的行为纳入行政法治的范畴，允许对侵权行为提起行政复议或行政诉讼以获得法律救济，解决实践中受损权利所面临的救济不能之难题，在提供对受损权利法律救济的同时，推进社会组织规范其治理行为，实现更好的治理之目标追求。

第三节　社会组织参与社会治理法律救济之完善

遵循公平救济、及时救济、有效救济、司法最终救济等救济原则，完善社会组织参与社会治理中受损权利法律救济的立法规范，将社会组织行使社会公权力的行为纳入法律救济的范畴，对行政复议及行政诉讼制度待完善之处进行必要的完善，并形成行政救济与司法救济的合理衔接，为社会组织参与社会治理各方权利主体提供足够的法律救济，推进社会治理的更好实现。

一、社会组织参与社会治理法律救济应当遵循的基本原则

对社会组织参与社会治理的法律救济应当能够满足对受损权利的救济要求，并保证受损的权利获得及时的救济，救济的有效性亦为对社会组织参与社会治理的要求，得遵循公平救济、及时救济、有效救济、司法最终救济等基本原则。

（一）公平救济原则

社会组织参与社会治理中受损权利的法律救济关涉社会组织不同身份下受损权利的救济问题，涉及社会组织作为行政管理法律关系中行政相对人的权利救济问题、社会组织在行使社会公权力时相对人的权利救济问题，以及社会组织作为独立的自治组织行使内部管理权时内部工作人员的权利救济问题等。法律救济所涉的对象及权利救济的内容均比较复杂，需要对权利受损方及其受损的权利提供必要的救济，忽略对某一权利受损方或某一受损权利的救济均可能影响对受损权利的法律救济，不利于社会组

织参与社会治理,进而影响对社会治理创新及国家治理体系与治理能力现代化的推进,为受损权利提供公平的法律救济实乃必要。

一是社会组织参与社会治理所涉各方的权利均应纳入法律救济的范畴。社会组织作为行政相对人时的合法权利、社会组织行使社会公权力时相对人的合法权利、社会组织在行使内部管理权时其内部工作人员的合法权利等均应得到法律的有效救济,否则可能导致社会组织参与社会治理基本要素的缺损,影响社会治理目标的实现。对权利的救济是我国法治建设的核心内容之一,为党和国家所反复强调①,因此社会组织参与社会治理应关涉各方受损权利的救济,以保证社会治理从整体上处于有序状态。

二是社会组织参与社会治理所涉各方受损的权利均应得到足够的救济。在保证社会组织参与社会治理中所涉各方权利均得到救济的同时,还应保证各方受损的权利得到足够的法律救济。尽管受损权利实际获得何种程度的救济受经济社会发展的状况、侵权方的偿付能力等诸种因素的影响,但是给予受损权利何种救济体现了对权利救济的基本态度,直接影响对权利救济的立法规范与制度设计。唯有在公平救济的理念与原则之下,受损权利才有获得足够的补救或恢复的可能。"带领人民创造美好生活,是我们党始终不渝的奋斗目标"②,加强和创新社会治理是实现这一奋斗目标的重要举措。我国《宪法》明确规定了对权利救济的要求③,习近平总书记反复强调"坚持依法治国首先要坚持依宪治国,坚持依法执政首先要坚持依宪执政"④,"宪法的生命在于实施,宪法的权威也在于实施"⑤。《宪法》对权利救济的规定应当得到切实的贯彻与落实,社会组织参与社会治理中受损的合法权利应当得到足够的法律救济,以推进社会组织参与社会

①　如党的十八大要求"更加注重发挥法治在国家治理和社会管理中的重要作用,维护国家法制统一、尊严、权威,保证人民依法享有广泛权利和自由。"参见胡锦涛:《坚定不移沿着中国特色社会主义道路前进为全面建成小康社会而奋斗——在中国共产党第十八次全国代表大会上的报告》,人民出版社 2012 年版,第 25 页。党的十九大再次强调要"维护国家法制统一、尊严、权威,加强人权法治保障,保证人民依法享有广泛权利和自由。"参见习近平:《决胜全面建成小康社会夺取新时代中国特色社会主义伟大胜利——在中国共产党第十九次全国代表大会上的报告》,人民出版社 2017 年版,第 47 页。

②　习近平:《决胜全面建成小康社会夺取新时代中国特色社会主义伟大胜利——在中国共产党第十九次全国代表大会上的报告》,人民出版社 2017 年版,第 57 页。

③　参见《宪法》第 41 条第 3 款:"由于国家机关和国家工作人员侵犯公民权利而受到损失的人,有依照法律规定取得赔偿的权利。"

④　习近平:《在庆祝全国人民代表大会成立 60 周年大会上的讲话》,载《人民日报》2014 年 9 月 6 日。

⑤　习近平:《在首都各界纪念现行宪法公布施行 30 周年大会上的讲话》,载《人民日报》2012 年 12 月 5 日。

治理，满足创新社会治理的要求。

三是公平救济对于推进社会组织参与社会治理而言有特别的法治价值。社会组织参与社会治理还面临立法规范不足、信任度不高、人才吸引力不够等诸多待解决的问题，如果不能给予社会组织参与社会治理所涉各方受损权利公平的救济，社会组织参与社会治理面临的问题与矛盾将有进一步加剧的可能。为各方提供公平的权利救济，解决各方的后顾之忧，有助于推进相关问题的解决，对于社会组织参与社会治理而言有重要的法治价值，在相关立法规范与制度设计中应当注重对公平救济原则的适用。

（二）及时救济原则

所谓"迟来的正义为非正义"[①]，救济的迟延"不仅会造成经济收益的损失，而且可能造成权利的损害"[②]。在社会组织参与社会治理过程中，若受损的权利得不到及时的救济，正义将在迟延中不断流失，导致对社会组织参与社会治理的法律救济面临更多的矛盾和难题，对及时救济原则的遵循实乃必要。一是基于救济效率的要求。所谓正义不仅应当实现，而且应当以看得见的方式实现，对受损权利予以及时救济是对救济效率的要求。当权利遭受侵害时，应当及时给予救济。二是基于救济成本的要求。对受损权利的救济必然以一定的成本支出为代价，及时救济有助于降低法律救济的成本，越是拖延救济，为法律救济支付的成本就越高。三是基于救济效果的要求。拖延救济可能导致权利救济趋向不可测的后果，从而使受损权利得不到救济。为避免这种情况的出现，当权利受到侵害时，应尽可能及时对受损权利予以救济。四是社会组织参与社会治理的特别要求。社会组织参与社会治理承载了创新社会治理、提升国家治理体系与治理能力现代化水平的重要使命，法律救济构成影响治理目标实现的重要因素。社会组织参与社会治理仍然面临诸多障碍性因素，如果受损权利得不到及时的救济，社会组织参与社会治理可能面临更为复杂或更加难以预测的问题，因此尤其要求权利救济的及时性。受损权利能否及时获得救济受救济的时限要求、程序设计等因素影响，应当合理设定救济的时限、简化救济的程序要求，保证受损的权利在合理的期限内获得及时的救济。

（三）有效救济原则

权利应当获得有效的救济，这样相对人为行政行为侵害的权利才能得

---

① 这是源自英国的古老法律格言，其英文表达为"Justice delayed is justice denied"。

② ［德］汉斯·J. 沃尔夫、［德］奥托·巴霍夫、［德］罗尔夫·施托贝尔著：《行政法》（第二卷），高家伟译，商务印书馆 2002 年版，第 205 页。

到补救或恢复。为实现权利救济的有效性，对社会组织参与社会治理的法律救济应作必要的要求。一是可依的立法规范。法律救济必须依法进行，而社会组织参与社会治理面临的一个重大难题就是立法规范严重不足，导致了包含社会组织参与社会治理法律救济在内的一系列难题，因此要完善社会组织参与社会治理的法律规范体系，为法律救济提供立法依据。二是合理的制度设计。实现对社会组织参与社会治理的法律救济还需要合理的制度设计，如行政救济制度、司法救济制度、行政救济与司法救济之间的衔接制度等，已有制度设计的不足影响了对社会组织参与社会治理的法律救济，完善法律救济制度具有必要性和迫切性。三是规范的责任追究。如果没有对责任追究的规定，社会组织参与社会治理法律救济实现与否并不会导致对相关责任主体法律上的否定性后果，法律救济的实现可能面临落空的危险。实践中，责任主体之间的相互推诿、责任主体对救济责任的规避等导致受损权利救济无门已经引发了恶劣的社会影响，不利于社会的稳定与可持续发展，规定社会组织参与社会治理法律救济的责任追究具有必要性。

（四）司法最终救济原则

行政救济对于社会组织参与社会治理的法律救济而言有其独特的制度价值，我国在对因行政行为导致的权利救济进行制度设计时，明确规定了行政救济与司法救济并行的救济形式。在行政救济与司法救济的衔接上，确立了以相对人自由选择为原则，部分权利救济需以行政救济为前置程序的制度要求，行政救济的制度价值被充分肯定。然而，行政救济作为行政系统内部的救济形式，始终面临"公正性"与"中立性"的拷问，需要为受损权利提供独立的第三方救济。司法救济由人民法院依其法定的司法审判权，遵循法定的诉讼程序为相对人受损的权利提供法律救济，有利于实现权利救济的客观性与公正性。"司法救济最终原则体现了对相对人权利较高程度的保护"，[1]为受损权利提供司法最终救济亦为各国通行的惯例。在我国社会组织参与社会治理的法律救济中，也应当遵循司法最终救济原则。除非有法律的明确规定[2]，否则应当将司法救济作为社会组织参与社会治理权利救济的最终救济形式。

二、立法规范之完善：法律救济之前提

应当以一部涵括性、基础性的《社会组织法》对社会组织的性质、法律

---

① 　毕可志著：《论行政救济》，北京大学出版社 2005 年版，第 67 页。
② 　此处的"法律"仅指全国人民代表大会及其常务委员会制定或通过的法律。

地位、法律责任等予以规定,保证受损的权利能够依循既有立法对权利救济所作的规定获得救济;对于无法依据既有立法获得救济的受损权利的法律救济问题,以专门性的立法予以规定,为社会组织参与社会治理中的权利救济提供法律依据。

(一)统一的《社会组织法》

参考域外较为成熟的经验,一般均有对非政府组织的专门性立法或由相关的法律规范予以规定,使其能够依循有关法律救济的立法规范及制度建构获得救济。我国社会组织在组织发展及社会治理中遇到的诸多难题,可以说均与组织法的缺失有关。因立法规范的阙如,社会组织的性质、法律地位等并不明确,而已有的行政救济与司法救济均有对实施侵权行为的权力主体的性质、地位等的要求,导致社会组织参与社会治理中部分受损的权利难以依循现行立法对权利救济的规定获得法律上的救济,被侵权的相对人权利救济的诉求事实上被排除于行政救济与司法救济之外,不仅不利于对相对人的权利救济,也构成了阻碍社会组织发展的不利因素。因此,需要一部统领性的、涵括全体社会组织的《社会组织法》对社会组织的性质、法律地位等进行明确,并为社会组织的相关立法提供组织法依据,推进社会组织相关立法的系统建构。鉴于《社会组织法》承载的功能和作用,该法由全国人民代表大会或其常务委员会制定为宜。

(二)专门性的救济立法

社会组织在我国系后生性的组织形态,其对社会治理的参与在改革开放后逐渐被重视,功能和作用在社会主义市场经济体制的确立和发展过程中渐显。对社会组织参与社会治理的法律救济既有权利救济的通行特点,也有其特殊性。例如,社会组织与其组织成员之间既存在管理关系,也有利益代表的关系等,通行的法律救济手段不一定能够满足特别性的救济要求。对社会组织参与社会治理中无法依据既有立法解决的法律救济问题,需要专门性的立法予以特别规定,以解决社会组织参与社会治理过程中法律救济遭遇的难题。域外对非政府组织的立法规范亦经历了不断发展完善的过程,并且注意了对非政府组织的特别立法,如日本有关非政府组织的系列立法、英国对《慈善法》的不断修正等。我国在进行社会组织的相关立法时,亦应当注意通行性立法与专门性立法的不同功能,为社会组织参与社会治理中受损权利的法律救济提供所需的立法依据。

三、完善社会组织参与社会治理法律救济之举措

扩大行政救济与司法救济的受案范围,将社会组织行使社会公权力的

行为纳入行政复议与行政诉讼的受案范围;对现行的行政复议制度与行政诉讼制度进行完善,并形成行政复议与行政诉讼的合理衔接;解决社会组织内部工作人员面临的权利救济难题以及社会组织参与社会治理过程中面临的国家赔偿等问题,为社会组织参与社会治理中受损的权利提供法律救济。

(一) 明确对社会组织公权力行为的法律救济

社会组织对社会治理的参与主要体现为对相对人及其行为的规范与约束,类型各异的社会组织通过对相对人及其行为的规范,实现社会治理的目标,从而克服传统行政管理体制的核心弊端——政府组织结构及能力的有限性与全能型管理之间难以调和的矛盾。社会组织对相对人及其行为的约束与规范相对于政府的管理而言,具有专业性、针对性、范围特定性、权利义务关系明晰性等突出优势,既有利于社会治理的更好实现,也有利于将政府从社会组织承载的治理领域中解放出来,从而解决政府组织结构及能力的有限性与全能型管理之间的矛盾,推进国家治理体系与治理能力的现代化。

应松年教授指出,"社会管理是指政府及社会组织对各类社会公共事务所实施的管理活动,管理的主体不仅包括政府,也包括具有一定公共管理职能的社会组织"。[①] 社会组织参与社会治理的内容为对社会公共事务的治理,参与的形式主要体现为对治理对象及其行为的规范与约束,权力的来源主要为组织章程以及组织纪律的规定等。当社会组织依据组织章程及组织纪律等,基于对社会公共事务的治理作出对治理对象的处理决定时,尽管社会组织并非行政机关,依据的是组织章程或组织纪律而非法律、法规或规章的明确授权,但仍非法律地位平等的私权利主体之间对私权利的处分,而是社会组织对特定范畴内社会公共事务的治理。社会组织以组织章程、组织纪律等形式获得的基于治理对象让渡的权力,与法律、法规、规章基于公民权利让渡所获得的权力在性质上并无二致,归属社会公权力的范畴。社会组织对社会公权力的行使构成对治理对象权利义务的实质影响,尤其对相对人的处分或处罚将导致相对人权利的实质性减损或义务的实质性增加,应当纳入行政法治的范畴,由行政法律规范予以调整。若社会组织对相对人及其行为的处理决定构成违法或不当,应当为相对人受损的权利提供足够的法律救济,保证社会组织治理行为的相对人在认为社会组织基于社会公权力的治理行为造成对自己合法权利的损害时,能够依循

[①]　应松年:《社会管理创新引论》,载《法学论坛》2010 年第 6 期,第 5—6 页。

既有针对行政争议的法律救济手段获得救济,即通过行政复议或行政诉讼获得对受损权利的救济,以避免相对人为社会组织公权力行为所侵害的合法权利陷入无从救济的两难境地,切实解决实践中权利救济不能的实际难题。

(二)完善行政救济与司法救济并形成合理的衔接

当社会组织在社会治理过程中作为行政管理法律关系的相对人时,其合法权利如遭受行政主体的侵害,可以依循已有的立法规范提起行政复议或行政诉讼,依据既有的法律救济途径获得救济。然而,行政复议制度与行政诉讼制度不仅面临各自的制度缺陷,在两者的关系上,还面临复议前置程序是否必要等质疑,相关的制度还应作必要的完善。

1. 行政复议制度的完善

独立性不足已经成为行政复议广受诟病的制度缺陷,甚至引发了该制度有无必要的争议。[①] 为增强行政复议的独立性,可考虑以独立的复议机关取代内设于政府或其职能部门内部的复议机构,行使对行政争议的复议权;或者在现行的行政复议的基础上,增设向独立机构申请裁决的行政救济程序,由相对人自行选择,为其提供更为充分的行政救济,在发挥行政救济专业性、便捷性、效率性等优势的同时,克服其中立性、公正性欠缺的缺陷。[②] 受案范围的限制亦制约着行政复议制度的救济功能,在《行政诉讼法》对行政诉讼的受案范围已作修改的情况下,《行政复议法》将行政复议的受案范围限定为对"具体行政行为"提起的规定已经滞后,限制了行政救济的救济范畴。应当适当扩大行政复议的救济范畴[③],与行政诉讼形成有效的衔接,保证对受损权利的法律救济。

2. 行政诉讼制度的完善

完善对社会组织参与社会治理中受损权利的法律救济,不仅要扩大行政诉讼的受案范畴,以侵权行为的性质而非侵权行为主体的性质确定救济的途径与方式,将社会组织的社会公权力行为纳入行政诉讼的受案范围;而且应当充分考虑对社会组织的组织成员合法权利的保障,在组织成员的合法权利遭受行政行为大范围的侵害时,允许社会组织以其组织成员利益代表的身份提起行政诉讼,排除对与被诉行政行为有利害关系的诉讼主体

---

① 参见杨伟东:《行政复议与行政诉讼的协调发展》,载《国家行政学院学报》2017 年第 6 期,第 41 页。
② 可参考德国的"异议审查"制度、日本的"行政不服审查"制度、美国的"行政法法官"制度等。
③ 《行政诉讼法》已作修改,将行政诉讼的受案范围由原"具体行政行为"扩大为"行政行为",《行政复议法》应作对应的修改,以使针对行政争议的行政救济与司法救济能够合理衔接,并将社会组织行使社会公权力的行为纳入行政复议受案范围。

资格的限制,克服个体性组织成员力量弱小、专业性不足等缺陷,提高组织成员获得法律救济的可能性①,同时节约诉讼资源,降低诉讼成本,为受损权利提供更为及时、有效的法律救济。

3. 行政救济与司法救济的衔接

行政救济具有行政诉讼所不具有的快捷性、效率性等特征,其对受损权利的救济价值应当得到充分的发挥。司法救济则如学者所言,是在合法的制度空间内主张和实现自己权利的有效途径,亦为防止权利为行政行为侵害的最后一道屏障。② 为权利人提供公正的司法救济为法治的基本理念与要求,行政救济与司法救济的合理衔接有利于最大限度保护权利人的合法权利,为受损权利提供有效的法律救济。是否将行政复议作为行政诉讼的前置程序,需依据权利救济的实践予以合理界定,立足我国权利救济的实际,以当事人自由选择为原则契合当下的实际,同时辅之以为法律所明确规定的复议前置程序。③ 在最终救济形式的选择上,遵循"除非有法律的明确规定,否则应当将司法救济作为最终救济的原则"④,以克服行政救济独立性不足的缺陷,保证对相对人受损权利的法律救济。如此,既能够满足社会组织参与社会治理法律救济的要求,又能够兼顾对权利救济及时性与有效性等的要求,保证社会组织参与社会治理中受损权利获得足够的法律救济。

(三) 解决社会组织内部工作人员权利救济的难题

从已有的社会组织内部管理规定来看,大都未涉及对工作人员的权利救济。当社会组织侵害其工作人员的合法权利时,组织工作人员并不能依循内部的管理规定获得救济。⑤ 从外部规范来看,已有的规定亦主要涉及对内部工作人员的管理,未对社会组织内部工作人员的权利救济进行规定⑥,社会组织的工作人员在权利受损时面临如何获得法律救济的难题。

---

① 对此,可借鉴《消费者权益保护法》第 47 条:"对侵害众多消费者合法权益的行为,中国消费者协会以及在省、自治区、直辖市设立的消费者协会,可以向人民法院提起诉讼。"该法条明确规定了消费者协会对侵害众多消费者合法权益的行为,能够以消费者协会的名义提起诉讼。类似地,可引入对社会组织成员合法权利为行政行为所侵害时的法律救济。
② 苗连营:《公民司法救济权的入宪问题之研究》,载《中国法学》2004 年第 5 期,第 26 页。
③ 此处的"法律"指全国人民代表大会及其常务委员会制定或通过的法律。
④ 此处的"法律"指全国人民代表大会及其常务委员会制定或通过的法律。
⑤ 以《北京交通大学教育基金会工作人员奖罚管理制度》为例,该制度共有条文 13 条,分为总则、奖励、惩罚与附则四部分,分别对管理制度的目的、适用对象、奖励、惩罚、解释及施行日期进行了规定,未涉及对基金会工作人员权利救济的规定。
⑥ 从建设部人教司部社团办印发的《建设部社会团体工作人员管理细则》等规定来看,亦未涉及对社会团体内部工作人员权利救济的规定。

社会组织与行政机关、事业单位等同为公共权力的享有者,《公务员法》《事业单位人员管理条例》等均规定了公务员、事业单位工作人员权利受损时的权利救济。[①] 当社会组织的工作人员与社会组织发生人事争议时,可参考《事业单位人员管理条例》等的规定[②],对一般性的人事争议以《劳动争议调解仲裁法》为依据,通过协商、调解、仲裁、诉讼的方式提起救济的请求,而对涉及本人的考核结果、处分决定等不服的,则可通过提起申诉、控告等获得救济。

(四) 社会组织参与社会治理的法律救济应当涵括国家赔偿

当社会组织作为行政管理法律关系的相对人时,其合法权利为行政机关所侵害,请求国家赔偿在法理上与法律上均无疑义,可依据《国家赔偿法》获得国家赔偿。但是,当侵权主体为作为社会公权力的社会组织时,其所造成的对相对人合法权利的损害,则面临能否申请国家赔偿的问题。依据《国家赔偿法》,行政机关及其工作人员的职务行为如果损害了相对人的合法权利,相对人有取得国家赔偿的权利,而社会组织并非国家行政机关。但是,如果社会组织在行使公权力时造成的权利损害不能申请国家赔偿,则相对人受损的权利往往得不到有效的救济,这显然与法治的原则及精神相悖。实践中,为解决执行难的问题,探寻了司法援助保险项目以破解这一难题,即保险费由政府安排专项资金支付,人民法院为投保人,人身损害赔偿的刑事附带民事诉讼案件申请执行人为受益人,补偿以支付保险金的方式进行,保险公司在理赔后享有追偿权。[③] 这一制度探索或可引入侵权主体为作为社会公权力主体的社会组织造成对相对人合法权利损害时的国家赔偿,由政府安排专项资金支付保险费,投保人为社会组织的登记管理机关,受益人为权利受损的相对人,保险公司理赔后获得追偿权,以解决对相对人受损权利的救济问题。

---

① 如国务院于 2014 年颁发的《事业单位人事管理条例》第八章以专章的形式对事业单位的"人事争议处理"进行了专门性规定。

② 如《事业单位人事管理条例》第 37 条规定:"事业单位工作人员与所在单位发生人事争议的,依照《中华人民共和国劳动争议调解仲裁法》等有关规定处理。"第 38 条规定:"事业单位工作人员对涉及本人的考核结果、处分决定等不服的,可以按照国家有关规定申请复核、提出申诉。"

③ 如宁波市中级人民法院经最高人民法院批复,试行在部分"执行不能"案件中引入保险理赔机制。参见《法院投保破解"执行不能"全国首个司法援助保险项目落地宁波》,浙江新闻网,https://zjnews.zjol.com.cn。

第六章　社会组织参与社会治理
法律责任之追究

我国社会组织的生成、发展、构成等的特殊性引发了对其应否问责与如何问责的争议,抑制或发展、放宽或从严之不同的价值选择直接影响对社会组织参与社会治理法律责任的追究。实践中,对社会组织参与社会治理法律责任之追究面临立法规范与制度建构不足等现实难题,社会组织违法或不当的治理行为还缺乏必要的约束,已经构成创新社会治理的制约因素。如何对社会组织的治理行为施以责任追究以推进其治理行为的合法性与规范性,形成共治共享的治理新格局,已经成为公共行政转型过程中必须面对的重要课题。应当落实对社会组织参与社会治理中法律责任的追究,通过责任追究规范社会组织的治理行为,提高其公信力,推进其更好地参与社会治理。

第一节　社会组织参与社会治理法律责任追究之分析

对社会组织的问责形式含政治责任、法律责任、管理责任、道德责任等四种形式,法律责任为兼具法定性、规范性与强制性的责任形式,如其他责任形式为法律所规定,则转化为法律责任形式。随着法治的不断发展,其他责任形式呈法治化的发展趋势。

一、社会组织问责与对其法律责任的追究

追究法律责任为对社会组织问责的重要形式。对社会组织法律责任的追究要求以责任规范为依据,以追责制度为支撑,目前相关的立法规定、制度建构等还较为缺乏。可以将行政问责制度作为借鉴,从理论与实践的双重角度对社会组织参与社会治理中法律责任追究进行研究,提供责任追究之理论依据与实践支持。

（一）行政问责制度及其在我国的展开

行政问责作为制度生成于英国的早期会议弹劾程序，美国的总统制被认为是现代行政问责的制度典范。关于何谓行政问责，主要的学说有以下几种：一是制度与规范说。我国学者主要是从制度与规范说的角度研究行政问责的内涵，制度与规范说又有制度说与制度规范说之区分。如有学者认为，行政问责"是指对现任各级主要负责人在所管辖的部门和工作范围内由于故意或者过失，不履行或者不正确履行法定职责，以致影响行政秩序和行政效率，贻误行政工作，或者损害行政管理相对人的合法权益，给行政机关造成不良影响和后果的行为，进行内部监督和责任追究的制度"[1]。有学者提出，行政问责是指"法定的公共权力主体针对各级政府及其公务人员所承担的职责和义务的履行情况而实施的，并要求其承担否定性结果的制度规范"[2]。有学者指出，行政问责是指"特定的问责主体针对各级政府及其公务员承担的职责和义务的履行情况而实施的，并要求其承担否定性结果的一种制度规范"[3]等。二是关系说。该学说认为，所谓问责，是指"委托方和代理方之间的一种关系，即获得授权的代理方个人或机构有责任就其所涉及的工作绩效向委托方作出回答"，当其"与公共行政联系在一起，被视为一种行政结构"[4]，即为行政问责。三是程序说。程序说认为"问责是指一种程序：通过问责程序，有关组织能够作出承诺，并平衡利益相关人根据组织的承诺所作出的决策行为和有关陈述等需要"[5]。制度与规范说、关系说、程序说分别从制度、关系、过程的角度阐释了行政问责为特定公权力主体对行政机关及其公务人员特定行为进行问责的内涵与价值取向。

就问责的主体而言，为特定的享有问责权的权力主体，其他主体不能成为行政问责的问责主体。[6] 就问责的对象而言，为行政机关及其公务人员，其他组织及个人不构成行政问责的问责对象。就问责的内容而言，为与行政机关及其公务人员行政公务身份相关的违法或不当行为，其他行为

---

[1] 韩剑琴：《行政问责制——建立责任政府的新探索》，载《探索与争鸣》2004年第8期，第20页。

[2] 刘厚金：《我国行政问责制的多维困境及其路径选择》，载《学术论坛》2005年第11期，第41页。

[3] 周亚越：《行政问责制的内涵及其意义》，载《理论与改革》2004年第7期，第42页。

[4] Jay M. Shafritz. *International Encyclopedia of Public Policy and Administration*, Westview Press, 1998, p. 6.

[5] Monica Blagescu, Lucy de las Casas, Robert Lloyd. *Pathways to Accountability: A Short Guide to the Gap Framework*, One World Trust, 2005, pp. 2 - 4.

[6] 故行政问责区别于行政监督。

不构成行政问责的问责内容。就问责的方式而言,含同体问责与异体问责。前者意指行政机关内部的问责,后者意指行政机关以外的其他问责主体的问责。就责任承担的形式而言,有学者提出有"政治责任、行政责任、法律责任和道德责任"等责任形式。[①]

"法治意味着权力在发生异化时对权力者的责任追究。"[②]以 2003 年的"非典"问责为标志,我国启动行政问责并逐步制度化。2006 年 3 月 6 日,时任国务院总理温家宝在第十届全国人民代表大会第四次会议上所作的《政府工作报告》中提出,"建立健全行政问责制,提高政府执行力和公信力";2008 年,行政问责首次写入《国务院工作规则》和年度工作要点;2009年,中共中央办公厅、国务院办公厅印发《关于实行党政领导干部问责的暂行规定》,将对领导干部的问责推向新的高度;2015 年,中共中央、国务院印发《法治政府建设实施纲要(2015—2020 年)》,要求"完善纠错问责机制,加强行政问责规范化、制度化建设,增强行政问责的针对性和时效性"。行政问责制度已经成为规范行政权力、对行政机关及其公务人员进行问责的重要制度构成,发挥着特有的制度功能。

(二) 对社会组织的问责

对社会组织进行问责在中西方均逐渐受到关注。在西方,非政府组织因在克服"市场失灵"与"政府失灵"中的积极作用而被寄予厚望。然而,快速崛起的非政府组织层出不穷的不当行为引发日渐广泛的关注,有学者提出了对非政府组织进行问责的观点,对非政府组织的问责被视为非政府组织在发展中角色范式的副产品[③],已经形成的有关非政府组织问责(Accountability)的理论主要有"资源依赖理论、利益相关者理论、委托—代理理论和管家理论"等四种理论模式[④]。在我国,社会组织行为的失范引发了公众对其公信力的质疑,相关的立法亦开始对社会组织的法律责任进行规定。尽管现行的规定还较为简单、抽象,但呈现出以立法规范对社会组织问责的发展趋势。有关社会组织问责的理论研究亦已启动,但尚未形成基于我国经验与实践的问责理论。[⑤]

关于何为对社会组织的问责,涉及由谁问责、对什么问责,以及如何问

---

① 韩志明:《当前行政问责制研究述评》,载《云南行政学院学报》2007 年第 1 期,第 158 页。

② 马怀德主编:《全面推进依法行政的法律问题研究》,中国法制出版社 2014 年版,第 495 页。

③ Lisa Jordan, Peter van Tuijl. *NGO Accountability*: *Politics*, *Principle and Innovations*, Routledge, 2006, pp. 10 - 13.

④ 傅金鹏:《西方非营利组织问责理论评介》,载《国外社会科学》2012 年第 1 期,第 113 页。

⑤ 参见何华兵、万玲:《中国非政府组织问责路径探索》,载《中国行政管理》2015 年第 11 期,第 68 页。

责等基本问题,厘清这些问题有助于形成对社会组织问责的完整认识。一是问责主体。依据资源依赖理论(Resource Dependence Theory)①,对赖以运行资源的依赖使社会组织的资助者对非政府组织拥有话语权;在利益相关理论(Stakeholder Theory)下②,由于"正是被个体或组织行为所影响的利益相关者的信息要求,决定了个体或组织的责任与问责义务"③,因此问责主体为"在组织问责过程中起组织、领导、协调等作用的组织或个人",即所有的利益相关者④;在委托—代理理论下,基于"代理人被授权采取行动,必须达到委托人明确规定的结果"的要求⑤,向非政府组织提供拨款的政府或其他组织,以及向社会组织捐赠的个体或组织等均为委托人,有权问责代理人(即非政府组织)使用拨款或捐赠的情况⑥;管家理论强调资助方与管家(即非政府组织)之间的信任关系⑦,有助于两者之间形成更为紧密的联系。参考前述四种理论,并结合我国社会治理的具体实践,依法承担对社会组织监管职能的政府及其职能部门、为社会组织提供资助或捐助的组织及个人、提供社会组织合法性基础的组织成员及社会组织治理行为指向的对象等均可成为社会组织的问责主体,能够对社会组织进行问责的主体呈现多元化的特征,从而引发了问责的另外一个问题,即前述多元化的问责主体如何对社会组织进行问责,以及社会组织如何应对多元化问责主体的问责。为避免多重问责失序⑧,社会组织应当对相关问责主体的问责予以合理的回应。二是问责内容。参考行政问责的内容,公权力主体应当对自己所实施的基于公权力的行为负责,并承担对不当或违法行为的否定性后果。社会组织作为社会公权力的行使主体,得为自身及其工作人员行使社会公权力的行为承担相应的法律责任,包括对自身组织运营承担的责任、对利益相关者承担的责任以及为完成其组织目标所应承担的责任

---

① 资源依赖理论由美国学者杰弗里·菲佛和杰勒尔德·R.萨兰基克提出,杰勒尔德·R.萨兰基克对资源依赖理论进行了系统的阐述。

② 美国学者罗伯特·爱德华·弗里曼(R. Edward Freeman)被认为是利益相关者理论最早的提出者。

③ See Jeffrey Unerman, Brendan O'Dwyer. Theorising Accountability for NGO Advocacy, Accounting, *Auditing and Accountability Journal*, Vol. 19, No. 3, 2006, pp. 349 - 376.

④ 于常有:《非营利组织问责:概念、体系及其限度》,载《中国行政管理》2011年第4期,第45页。

⑤ [美]小威廉·T.格姆雷、[美]斯蒂芬·J.巴拉著:《官僚机构与民主:责任与绩效》,俞沂暄译,复旦大学出版社2007年版,第58页。

⑥ 参见傅金鹏:《西方非营利组织问责理论评介》,载《国外社会科学》2012年,第1期,第116页。

⑦ 参见傅金鹏:《西方非营利组织问责理论评介》,载《国外社会科学》2012年,第1期,第118页。

⑧ See Jonathan GS Koppell. Pathologies of Accountability: ICANN and the Challenge of "Multiple Accountabilities Disorder", *Public Administration Review*, Vol. 65, No. 1, 2005, pp. 94 - 108.

等。三是问责形式。有学者在比较、借鉴的基础上,提出了对社会组织的问责有伦理问责、政治问责、法律问责、管理问责等四种形式。[①] 相较于伦理责任,道德责任更契合我国理论与实践中的惯常用法,可将对社会组织的责任追究概括为政治问责、法律问责、管理问责、道德问责四种形式。其中,政治问责侧重对社会组织合法性的审查;法律责任强调对法定义务的履行,对法定要求的遵循;管理责任系指社会组织对自身管理应当承担的责任;道德责任要求社会组织的行为合乎道德规范的要求,是对公权力主体相较于一般行为主体更为严格的要求。四是问责方式。就问责的具体方式而言,主要有同体问责与异体问责两种方式。社会组织内部的问责为同体问责,异体问责则是指政府及其职能部门、投资者、资助者等对社会组织的问责。

综上所述,可将社会组织问责定义为,所谓社会组织问责,是指社会组织通过一定的行为和方式,向法定的问责主体就其行使社会公权力的行为进行释明并厘清责任的归属及其承担。

(三) 对社会组织参与社会治理法律责任的追究

对社会组织的问责,含对社会组织应予承担的道德责任、政治责任、法律责任、管理责任的追究。对于政治责任、法律责任、管理责任的追究,均可设置一定的标准以达到责任追究的目的,道德责任则是以特定历史阶段及社会背景下的道德评判为标准,具有主观性、大众性等特点。尽管道德责任为消极的以不违背为最低要求的责任形式,且因缺乏明确的问责主体,需要责任主体的自觉恪守方能实现,但是对社会组织施加道德责任的要求仍是必要的。通过对公权力主体施加高于其他主体的道德要求,以道德的内化要求促使社会组织更好地行使其社会公权力,有助于社会组织自觉规范其治理行为,从而使其对社会公共事务的治理能够更好地实现。法律责任区别于道德责任,其以既有的立法规定为责任追究的依据,要求对立法规范的遵循与恪守,需由为法律所规定的问责主体依法定的条件与程序对责任主体应当承担的责任予以追究,为兼具法定性、规范性与强制性的责任形式,是实现对社会组织问责的有效方式。随着法治的不断发展,法律规范的不断健全,其他责任形式若为法律所规定,被纳入法治的范畴,则转换为法律责任形式。

---

① 参见龙宁丽:《非政府组织治理中的问责研究》,载《国外理论动态》2013年第4期,第22页。

二、社会组织参与社会治理法律责任追究的现状、问题与原因分析

《社会团体登记管理条例》《基金会管理条例》《民办非企业单位登记管理暂行条例》以专章的形式规定了对社会团体、民办非企业单位、基金会法律责任的追究①，其他相关法律规范亦有关涉社会组织法律责任的规定②。然而，在社会组织参与社会治理实践中，对社会组织法律责任追究的效果并不理想，需要对社会组织的违法或不当行为进行更为有效的遏制与纠正。"中国青少年发展基金会"（2002 年）、"红十字会"（2011 年）等一系列受媒体关注与公众质疑的社会事件彰显了对社会组织违法及不当行为施以责任追究的必要性，应当对我国社会组织参与社会治理法律责任追究进行客观的审视与理性的分析。

（一）社会组织参与社会治理法律责任追究的现状

我国社会组织的发展与全球性的"结社"发展同步，所面临的对社会组织问责的难题与其他国家对非政府组织的问责既具有相同的特点，也有我们自己需要独立面对和解决的问题。社会组织在参与社会治理中出现的权力滥用和腐败、信息不公开、过度商业化等一系列问题，使得追究社会组织的相关法律责任由争议逐渐走向共识。在立法方面，《社会团体登记管理条例》《基金会管理条例》《民办非企业单位登记管理暂行条例》《政府投资基金暂行管理办法》《社会组织抽查暂行办法》《社会组织信用信息管理办法》等法律法规相继出台，对社会组织参与社会治理法律责任追究进行了规定③，提供了对社会组织治理行为法律责任追究的立法规范；在执法中，对社会组织法律责任的追究已经成为政府及其相关职能部门的法定职责之一，政府或其职能部门不履行、不全面履行或不及时履行责任追究法定职责的，构成行政不作为，要给予相关不作为主体相应的责任追究。同

---

① 如《社会团体登记管理条例》第六章"罚则"规定了对社会团体法律责任的追究，《民办非企业单位登记管理暂行条例》第五章"罚则"规定了对民办非企业单位法律责任的追究，《基金会管理条例》第六章"法律责任"规定了对基金会法律责任的追究等。

② 如《政府投资基金暂行管理办法》第 32 条规定："各级财政部门应会同有关部门对政府投资基金运作情况进行年度检查。对于检查中发现的问题按照预算法和《财政违法行为处罚处分条例》等有关规定予以处理。涉嫌犯罪的，移送司法机关追究刑事责任。"

③ 如《社会组织信用信息管理办法》第 15 条规定："登记管理机关应当将有下列情形之一的社会组织列入严重违法失信名单：（一）被列入活动异常名录满 2 年的；（二）弄虚作假办理变更登记，被撤销变更登记的；（三）受到限期停止活动行政处罚的；（四）受到 5 万元以上罚款处罚的；（五）三年内两次以上受到警告或者不满 5 万元罚款处罚的；（六）被司法机关纳入"失信被执行人"名单的；（七）被登记管理机关作出吊销登记证书、撤销成（设）立登记决定的；（八）法律、行政法规规定应当列入的其他情形。"

时,对社会组织参与社会治理法律责任的追究也引起了公众的关注,媒体的曝光与公众的检举成为追究社会组织法律责任的重要信息来源。遗憾的是,受立法、执法以及监督中存在问题的制约,对社会组织法律责任追究的效果尚不够理想,亟需加以完善。

(二) 法律责任追究存在的问题及其原因分析

社会组织参与社会治理法律责任追究的实际效果尚不理想,法律责任追究不到位不利于对社会组织治理行为的规范,也影响社会组织的公信力。客观审视社会组织参与社会治理之实践,社会组织治理行为的规范性尚待提高,社会组织的公信力还待提升。对社会组织参与社会治理法律责任追究存在的问题予以分析,有利于落实对社会组织的责任追究,以严格的责任追究促进社会组织提升其治理行为的规范性,推进实现社会组织参与社会治理的价值目标。一是已有的立法规定法律位阶较低,立法的内容还较为原则和抽象,适用范畴亦较为有限。分析对社会组织法律责任予以规定的已有立法,有关社会组织的专门性立法或为行政法规,如《社会团体登记管理条例》《基金会管理条例》《民办非企业单位登记管理暂行条例》等;或为行政规章,如《社会组织信用信息管理办法》《政府投资基金暂行管理办法》等。《政府采购法》等虽为国家层面的立法,但仅涉及对政府采购方面法律责任的立法规定。并且,已有立法还存在或立法内容较为简单、原则、抽象,可操作性待提升等缺陷[①];或仅适用于特定的调整领域,其他领域的立法还待建构等局限[②]。有关社会组织法律责任追究还缺乏一部国家层面的统一性、统领性的立法予以调整,影响了对社会组织参与社会治理法律责任的追究。二是已有的责任规定多为对特定行为的应对性责任规定,责任规定的系统性、体系性还待加强,责任规定之间的统一性、协调性还待加强。三是已有对法律责任追究的规定以政府及其职能部门的问责为主,有关其他问责主体问责的规定还较为缺乏,问责的中立性、公正性还待提升,且问责的手段和形式单一,相关的制度建构还待完善。[③]

---

① 如《社会团体登记管理条例》第 31 条规定:"社会团体的活动违反其他法律、法规的,由有关国家机关依法处理;有关国家机关认为应当撤销登记的,由登记管理机关撤销登记。"该法条的规定就较为简单、抽象。

② 尽管《行政处罚法》等国家层面立法的相关规定可以适用于对社会组织法律责任的追究,但是这些法律并非有关社会组织的专门性立法,对社会组织参与社会治理法律责任的追究还缺乏国家层面的统领性的立法,不利于对社会组织参与社会治理法律责任的追究,还需加以完善。

③ 以《社会团体登记管理条例》第六章"罚则"的规定为例,条例第 34 条规定:"登记管理机关、业务主管单位的工作人员滥用职权、徇私舞弊、玩忽职守构成犯罪的,依法追究刑事责任;尚不构成犯罪的,依法给予行政处分。"除该规定涉及异体问责外,其他规定均为行政组织体系内部的问责。

第二节　社会组织参与社会治理法律责任追究之基本原则

我国社会组织的发展历程、构成模式、与政府之间的关系等均具有区别于西方的自己的特色,对社会组织法律责任的追究可以适当借鉴域外的经验,但不能照搬照抄。有必要对社会组织参与社会治理法律责任追究需要考量的问题予以充分考虑,确立我国社会组织参与社会治理法律责任追究应当遵循的基本原则,为法律责任追究的实践提供指导,实现法律责任追究的目标。

一、我国社会组织参与社会治理法律责任追究特殊性之考量

我国社会组织的发展、构成以及对其的监管引发了是否应当对其问责以及如何问责的争议,抑制或发展、放宽或从严之价值选择影响着法律责任追究基本原则的确立。

(一)抑制或发展：责任追究之理念之争

政府主导的发展历程、独立性的不足以及对其的双重准入要求与双重监管使得社会组织的发展受到了一定的限制,已有社会组织的数量、组织规模以及履责能力等均未能满足对社会公共事务的治理要求,快速发展的公共治理诉求与社会组织治理能力之间的矛盾凸显。社会组织的问责为阻碍社会组织发展的抑制性因素的观点由是出现,有学者提出现时背景下不宜强调对社会组织的问责。然而,社会组织不断出现的违法及不当行为使其在社会治理中的功能与作用不断被消解,社会公信力不断降低,对社会组织参与社会治理的问责为客观之诉求的观点由是产生,有学者指出问责为保证社会组织行为规范性的必要要求。发展社会组织以承接政府渐次退出的公共治理职能为创新社会治理所要求,然而治理行为的规范性却是公共治理得以实现的保证。如果忽略对社会组织违法及不当行为的问责,社会组织治理行为的规范性无法保证,社会治理的目标诉求亦无法实现,问责社会组织的违法与不当行为实乃必要。

(二)放宽或从严：责任追究之程度之争

既然对社会组织的责任追究为规范其治理行为的客观要求,如何问责便成为紧随的问题。一种观点认为,为促进社会组织的发展,不宜对社会组织作过高的责任要求,且已有的准入要求及监管制度已经较为严苛,严格的责任追究对于社会组织的发展而言为雪上加霜。对抗性的观点则认

为,问责的缺乏正是导致社会组织行为失范、公信力下降、发展受限的重要原因所在,唯有从严问责才能遏制社会组织日趋蔓延的违法与不当行为,促进社会组织的健康发展。比较中西方社会组织的发展及对其的监管,放宽对准入的限制而加强对行为的规范为基本的发展趋势,简单的放宽或从严均不能满足对社会组织参与社会治理问责的要求,社会组织参与社会治理之制度规范与责任追究均需合理设计,应当在促进社会组织发展与规范其行为之间实现平衡。

二、社会组织参与社会治理法律责任追究基本原则之构成

社会组织参与社会治理责任追究应当遵循的基本原则之价值取向直接关乎责任追究的有效性。基于我国社会组织生成与发展的特殊性,确立社会组织参与社会治理法律责任追究基本原则应当对社会组织法律责任追究的特殊性予以必要考量,在实现基本原则之间自洽性的同时,为社会组织参与社会治理法律责任追究提供指导。社会组织参与社会治理法律责任追究应当遵循责任法定原则、权责一致原则、责罚相当原则、各负其责原则、程序正当原则、教育与惩治相结合的原则等基本原则。

(一) 责任法定原则

所谓责任法定,系指社会组织及其工作人员所承担的法律责任应由既有的立法予以明确规定,由法定的问责主体在其权限范围内依照法律规定的条件和程序予以追究。责任法定原则宣示了对于法律明文规定以外的责任,社会组织及其工作人员有权拒绝承担,这是法治原则在社会组织参与社会治理法律责任追究中的具体应用。社会组织及其工作人员应否承担法律责任,以及如何承担法律责任,应由已经颁行的法律予以明确规定。一是责任类型、责任范畴、责任方式等必须由法律预先设定。社会组织及其工作人员不对法律未规定的事项承担责任,如果社会组织及其工作人员被施加了法律未规定的责任追究,即构成违法问责,社会组织及其工作人员可依法提起权利救济的请求。基于此,即使是社会组织的法定监管机构,亦不得超越法律之规定问责社会组织。对责任法定原则的严格恪守有助于保证社会组织的独立性,促进其依法在治理权限范围内独立履责。二是问责主体及其权限法定。对社会组织及其工作人员法律责任的追究必须由法定的问责主体在其法定之问责权限范围内依法进行,其他组织和个人均不得自行要求社会组织或其工作人员承担相关法律责任,否则即构成对社会组织及其工作人员合法权利的侵害,得承担相应的法律责任。三是问责程序法定。法律责任的追究往往导致对社会组织或其工作人员权利

的减损,为保证问责结果的合法性与公正性,得遵循法定的程序要求,依据法律规定的方式、步骤、顺序及时限等程序要求进行,不得减少或规避法定的程序要求,否则将构成撤销该问责行为的法定理由。四是对责任条款适用性的要求。对社会组织及其工作人员法律责任的追究必须以责任条款为依据,如果相关责任条款不具有适用性或适用性较差,在问责实践中难以依循该条款实现问责的目的,则失去了立法规定的价值。责任条款的适用性直接影响社会组织参与社会治理中法律责任追究能否得到落实,对适用性的保证应当为责任法定原则的重要要求。

(二)权责一致原则

所谓权责一致,系指社会组织及其工作人员依法应当承担的法律责任得与其依法享有的社会公权力一致。权力与责任,"不能孤立存在,没有无责任的权力,也没有无权力的责任。权力依靠责任加以限制,责任借助权力体现正当。在数量关系上,它们总是等值或等额的"①。权责一致原则是权利义务的对应性要求在社会组织法律责任追究中的具体应用。一是职权与职责之间的相互依存。赋予社会组织社会公权力的目的在于要求其承担对社会公共事务的治理职能,其职权与职责对应,社会组织得在职权范畴内履行相应的社会治理职能,并承担由此产生的法律责任。二是职权与职责逻辑上的相互关联。社会组织对社会公共事务的治理需以相应的治理权限为前提,赋予社会组织一定的社会公权力是其履责的逻辑前提,所谓"无权即无责";而对治理职能的承担为赋予其社会公权力的逻辑延伸,所谓"有权即有责"。三是职权与职责之间的平衡性。社会组织得在职权范围内履行其治理职责,其享有的职权越大,承担的职责就越多,对应的法律责任亦越多。相应地,社会组织享有的职权越小,承担的职责就越少,对应的法律责任就越少。恪守权责一致原则有助于遏制相关职能部门对社会组织履行社会治理职责的干扰,保证社会组织得以在法定的职权范畴内依法履职。

(三)责罚相当原则

所谓责罚相当,系指对社会组织及其工作人员法律责任的追究应当根据其行为的性质、情节的轻重、社会危害程度的大小等予以相应的处罚,要求重责重罚、轻责轻罚,禁止重责轻罚、轻责重罚,避免责罚不当。一是社会组织及其工作人员的行为如构成为现行立法所规定的应予承担法律责任的违法或不当行为,则应承担相应的法律责任,所谓"有责必究"。二是

---

① 胡建淼著:《领导人行政责任问题研究》,浙江大学出版社 2005 年版,第 36 页。

社会组织及其工作人员所承担的法律责任的种类应与其行为性质相当,其行为构成了何种性质的违法,即应承担对应的法律责任。[①] 三是社会组织及其工作人员所承担法律责任的轻重应当与其行为情节的轻重及社会危害程度的大小相适应,根据情节的轻重与社会危害程度的大小施以相应的处罚。四是责罚相当的要求与法定的从轻、减轻及从重、加重处罚并不冲突,责罚相当并不意味着"责"与"罚"的简单对等。对社会组织及其工作人员施以的处罚受主客观诸种因素的影响,不同的主客观因素之下,行为的动机、行为人的意图等与所形成的结果并不总是一致,故而立法规定了从轻、减轻及从重、加重等法定情节,以使法定性因素与偶发性因素的结合趋于合理。对责罚相当原则的恪守有助于对社会组织及其工作人员法律责任的追究不因社会组织身份等因素的影响而遭遇不同等的对待,从而使社会组织及其工作人员获得法律上的平等对待。

(四) 各负其责原则

所谓各负其责,系指对社会组织及其工作人员法律责任的追究只能追究责任人本人的责任,由责任人本人为其违法或不当行为承担法律责任,不能由他人代为承担责任人应当承担的法律责任。一是社会组织及其工作人员均为法律责任的承担主体,均应依法承担得由自己承担的法律责任。根据此原则,社会组织对法律责任的承担并不免除相关工作人员应当承担的法律责任,由此提出了对社会组织工作人员责任承担的明确要求,社会组织工作人员得依法对自己的行为承担相应的法律责任。因社会组织大量的治理行为需由其工作人员完成,各负其责的要求有助于相关工作人员对其行为的规范,否则将依法承担相应的法律责任,从而保证社会组织治理行为的合法性与规范性。二是社会组织工作人员对法律责任的承担含直接责任与间接责任两种形式。所谓直接责任,是指社会组织工作人员依法对其自身的行为所承担的法律责任;所谓间接责任,是指社会组织工作人员依法对他人的行为所应承担的法律责任。在间接责任之下,应予追究法律责任的行为并不由该工作人员实施,但因特定法律关系的存在,该工作人员需对他人的行为承担法律责任,如相关领导人员对其下属的行为应当承担的领导责任等。三是各负其责与受委托的责任由委托人承担并不冲突。当社会组织接受行政机关的委托实施一定的公权力行为,或将自己的部分社会公权力委托其他组织或个人行使,基于委托所产生的法律

---

① 如社会组织及其工作人员的行为构成了行政违法,应当承担行政法律责任;如构成了犯罪,应当承担刑事法律责任。

责任并不由实际实施该行为的行为人承担,而由委托的行政机关或社会组织承担。

(五) 程序正当原则

所谓程序正当,系指对社会组织及其工作人员法律责任的追究得恪守程序的要求,尊重并保障社会组织及其工作人员法定的程序权利。对正当程序原则的遵循能够避免对社会组织法律责任的追究被"用于压迫的目的,尽管这些行为程序上符合法律规定"①,应当贯穿社会组织参与社会治理法律责任追究的全部过程。一是被问责的社会组织及其工作人员的程序权利应当得到充分的保障,其所享有的陈述、申辩、申请回避、权利救济,以及知晓责任追究的理由、依据、内容等法定权利应当落实于法律责任追究的全部过程。二是对法律责任追究公开性、参与性、公正性、效率性等要求亦应落实于法律责任追究的全部过程。其中,公开性为首要的要求。"法律必须普遍地为人知晓,然后它才有拘束力"②,只有法律责任追究的依据、过程、内容、救济等实现了公开,其他要求的实现才具有可能。其次是参与性。被问责的社会组织及其工作人员只有参与到问责之中,其所享有的程序权利才有可能实现。如果被排除于问责过程之外,权利的实现将失去可能。就公正性而言,被问责的社会组织及其工作人员应当得到无偏私的对待,对其进行责任追究应只考虑与责任追究相关的因素而排除不相关因素的干扰。就效率性而言,应当遵循法定的时限要求,不得拖延或突破。基于对社会组织现时状态的考量,对社会组织及其工作人员法律责任的追究应当注重对程序正当原则的遵循,保证对社会组织及其工作人员法律责任的追究以规范的程序为要求。

(六) 教育与惩治相结合的原则

所谓教育与惩治相结合,系指对社会组织及其工作人员责任的追究既要实现对违法及不当行为的制裁和惩治,又要实现对社会组织及其工作人员的教育功能,通过对法律责任的追究来促进其自觉遵守法律规定,保证治理行为的合法性。首先,教育与惩治相结合的原则含两个要求:一是惩治,针对的是社会组织及其工作人员的违法及不当行为,并对其他社会组织形成违法要追责的警示;二是教育,通过教育促使社会组织及其工作人员自觉遵守法律。其次,教育与惩治相结合的原则要求避免两个倾向:一

---

① Rosalie Berger Levinson. Reining in Abuses of Executive Power Through Substantive Due Process, *Florida Law Review*, Vol. 60, 2008, p. 522.

② [德]黑格尔著:《法哲学原理》,范扬、张企泰译,商务印书馆 2019 年版,第 255 页。

是以惩治为目的，忽略教育功能。强调惩治而忽略教育功能将导致两个问题，即问责主体的过度问责，以及问责对象对问责的质疑，从而减损问责的实际效果。二是以教育代替问责。若以教育代替问责，则社会组织及其工作人员的违法或不当行为事实上并未被追究应当承担的法律责任，既不能通过惩治对社会组织及其工作人员形成必要的警示，还容易产生不良的导向与示范作用，引发其他社会组织的侥幸心理。对教育与惩治相结合的要求契合当下社会组织的发展。一方面，要注重问责的教育功能，给予社会组织改过的机会，避免过多采用取缔、撤销等问责方式，促进社会组织的发展。另一方面，通过及时的责任追究规范社会组织的行为，并形成良性的示范，遏制社会组织行为失范状态的蔓延，保证社会治理的有序性和规范性。

第三节 域外经验之借鉴

考察域外非政府组织问责之理论依据与制度构成，比较我国社会组织参与社会治理的问责实践与制度环境，为探寻我国社会组织参与社会治理法律责任追究的路径提供借鉴。

一、从信任到问责：域外非政府组织问责的发展历程

席卷西方的"市场失灵"与"政府失灵"凸显了非政府组织在各国公共治理中的价值与功能。在西方国家，随着"凯恩斯主义"神话的破灭、"新自由主义"的失败，自 20 世纪 80 年代始，一场真正的"全球结社革命"开始启航[1]，非政府组织大量涌现，填补了"政府失灵"与"市场失灵"导致的公共治理空白，成为与政府及市场并行的"第三部门"，获得了公众极高的信任[2]，作为社会的传统守望者独享"免于问责"的特权[3]。然而，尽管与传统的国家公权力相比，非政府组织所拥有的公共权力不以国家强制力为保证

---

① See Lester M. Salamon, S. Wojciech Sokolowski, Regina List. *Global Civil Society：An Overview*, Baltimore：The Johns Hopkins Comparative Non-Profit Sector Project, Center for Civil Society Studies, Institute for Policy Studies, the Johns Hopkins University, 2003, pp. 1 - 2.

② 如 2003 年世界经济论坛民意测验调查结果显示，非政府组织获得的信任度高于政治家、商业组织、教师和牧师；又如 2006 年英国广播公司世界服务部对 32 个国家进行的民意测验结果显示，非政府组织在众多公共机构的赞成级别中获得了最多的支持，认为非政府组织主要产生积极影响的占比为 60%，认为非政府组织主要产生消极影响的占比为 20%。参见李勇：《非政府组织问责研究》，载《中国非营利评论》2010 年第 1 期，第 57 页。

③ 参见龙宁丽：《非政府组织治理中的问责研究》，载《国外理论动态》2013 年第 4 期，第 19 页。

实施的后盾,但仍是"权力结构中不可或缺的一部分"①。不断出现的违法及不当行为消解着非政府组织的作用,公众对其的信任度不断降低,西方非政府组织开始被问责的丑闻所围攻②,"免于问责"的特权被打破,相关的理论研究与机制建构开始启动。虽然西方对非政府组织问责的研究还处于初始阶段③,大多数非政府组织仅有缺乏想象力的、有限的关于它们自己行为的问责机制④,但相关的问责理论已经开始形成。

西方对非政府组织从"免于问责"到"责任追究"的演变,提供了对社会组织的社会公权力行为不应排除于责任追究之外的启示。社会组织参与社会治理中被赋予的社会公权力,是治理对象为获得更好的治理让渡给社会组织的公共权力。如果社会组织的公权力行为造成了对治理对象合法权利的损害,则违背了权利让渡的目的。对社会组织基于社会公权力的行为,依赖其自觉或自愿保证行为的规范缺乏必要的理性,应当将其置于法治的要求之下,予以规范和控制,对社会组织违法及不当的社会公权力行为施以必要的责任追究,社会组织得为其治理行为承担相应的法律责任。

二、域外非政府组织问责理论之缺陷及其难点问题

在西方,资源依赖理论、利益相关者理论、委托—代理理论及管家理论等非政府组织问责理论,既提供了责任追究之理论支持,也面临需要克服的理论缺陷。分析西方非政府组织问责理论及其缺陷,比较我国对社会组织问责的要求,有助于形成契合我国发展要求的问责理论体系,为社会组织参与社会治理法律责任追究提供理论支持。

(一)西方主要的非政府组织问责理论及其缺陷

在西方,资源依赖理论、利益相关者理论、委托—代理理论和管家理论分别从非政府组织对组织运行所需的资源的依赖、利益相关者的影响、委托—代理之间的契约关系、委托人与管家(即非政府组织)利益的一致性等角度,阐释了对非政府组织问责的问责主体、问责框架与问责维度,为非政府组织责任追究立法规范与制度建构提供了理论支持。⑤ 同时,因资源依

---

① 龙宁丽:《非政府组织治理中的问责研究》,载《国外理论动态》2013年第4期,第19页。

② 参见何华兵、万玲:《中国非政府组织问责路径探索》,载《中国行政管理》2015年第11期,第67页。

③ 参见何华兵、万玲:《中国非政府组织问责路径探索》,载《中国行政管理》2015年第11期,第67页。

④ Jan Aart Scholte. Civil Society and Democratically Accountable Global Governmence, *Governmentand Opposition*, Vol. 39, 2004, pp. 211 – 230.

⑤ 如利益相关者理论提出,对非政府组织问责的关键是确定利益相关者的范围,明确非政府组织应当对谁负责。参见傅金鹏:《西方非营利组织问责理论评介》,载《国外社会科学》2012年第1期,第115页。

赖理论、利益相关者理论、委托—代理理论和管家理论为经济科学的主流理论，应用于对非政府组织问责时的解释力有限，面临问责过度、多重问责、问责失序、虚假代理等操作性弊病。^①　如委托—代理理论就面临重视对非政府组织的外部控制而忽视内部问责等问题。^②　总体而言，西方对非政府组织问责的理论研究与制度建构建立在其已有的社会基础与民主制度之上，且必然受非政府组织在发展过程中与政府所形成的合作与伙伴关系的影响，呈现出本土性与关联性的特点，提供了理论建构与制度设计必须根植于特定土壤之上的启示。

比较我国对社会组织参与社会治理责任追究之理论研究，社会组织参与社会治理法律责任追究面临的诸多问题还缺乏理论研究的回应。社会组织参与社会治理承载了创新社会治理，"更好满足人民在经济、政治、文化、社会、生态等方面日益增长的需要"之追求^③，应当以严格的责任追究促进社会组织规范其治理行为。对社会组织参与社会治理责任追究之理论研究，应当立足我国社会组织参与社会治理之实践，明晰责任追究问题之所在，提出契合社会组织参与社会治理责任追究要求的对策建议，为责任追究提供所需之理论支持。

（二）西方责任追究理论之难点问题

西方非政府组织问责理论凸显的另一弊端，为在寻求对非政府组织问责的解决方案时，过度强调了问责制度的工具价值，制度的工具理性被最大化，但制度的价值理性被忽略^④，如何克服这一缺陷仍是西方非政府组织问责理论需要探寻解决方案的难点问题。西方非政府组织问责理论强调制度的工具理性而忽略制度价值理性带来的一系列问题，以西方之经验证明了对责任追究制度建构理论研究价值导向的要求。有学者指出，我国

---

① 参见傅金鹏：《西方非营利组织问责理论评介》，载《国外社会科学》2012 年第 1 期；何华兵、万玲：《中国非政府组织问责路径探索》，载《中国行政管理》2015 年第 11 期；龙宁丽：《非政府组织治理中的问责研究》，载《国外理论动态》2013 年第 4 期；李勇：《非政府组织问责研究》，载《中国非营利评论》2010 年第 1 期等。

② See Alnoor Ebrahim. Making Sense of Accountability: Conceptual Perspectives for Northern and Southern Nonprofits, *Nonprofit Management and Leadership*, Vol. 14 No. 2, 2003.

③ 习近平：《决胜全面建成小康社会夺取新时代中国特色社会主义伟大胜利——在中国共产党第十九次全国代表大会上的报告》，人民出版社 2017 年版，第 15 页。

④ 如在资源依赖理论之下，资源的提供者享有了对非政府组织问责的当然权力。对于资源提供者而言，其最为关注的问题当然是非政府组织对其所提供的资源的使用情况，而即时的使用效果显然是资源使用情况最为直观的反映，这就可能导致资源提供者对非政府组织提出对即时效果的过度要求，从而使非政府组织首先要满足资源提供者对即时效果的要求而难以对资源使用构成的影响（含对其他非政府组织、公民个人及社会的影响等）予以足够考虑，导致制度的工具理性被最大化，但制度的价值理性被忽略。

对西方的问责理论与问责路径还存在依赖①,重视制度的工具价值在我国相关的制度建构中亦存在,其弊端已经凸显。如何克服工具价值导向下制度建构之弊端,形成系统、规范的责任追究制度体系,满足对责任追究制度的需求,仍是理论研究需要深入思考的问题。

三、域外非政府组织问责的实现路径

通过必要的制度建构,并以自律与他律并举为要求,西方国家启动了对非政府组织的问责,为我国社会组织问责提供了一定启示。应以规范的责任追究制度,以及内部问责与外部问责相结合的问责方式,实现对社会组织参与社会治理法律责任的追究。

(一)制度的建构

依循资源依赖理论、利益相关者理论、委托—代理理论和管家理论等问责理论,西方国家建立起了认证制度、信息公开制度、报告制度、绩效评估制度等制度体系,开启了对非政府组织的问责。② 在制度建构的同时,注意了制度效力的保证。以对非政府组织的绩效评估为例,依据绩效评估制度,对非政府组织的绩效评估既可以由非政府组织自己启动,也可以由非政府组织的捐赠方启动,捐赠方既可以自己启动,也可以委托第三方启动。③ 绩效评估的主体多元,涵括了非政府组织自己的评估,以及捐赠方或第三方的评估,有助于实现评估结果的客观性。比较我国社会组织参与社会治理中的法律责任追究,在制度建构及效力保证等方面还待完善,需要形成系统有效的责任追究制度体系,为社会组织参与社会治理法律责任追究提供制度支持。

(二)以自律与他律相结合的方式实现对非政府组织的问责

西方国家对非政府组织的责任追究包含了自律与他律两种问责方式。自律又包含纯粹的民间自律形式与民间运作、官方承认两种模式。其中,纯粹的民间自律由非政府组织自愿参加,民间运作、官方承认的典型范例如菲律宾非政府组织认证委员会对非政府组织进行免税"受赠机构"资格认证后,菲律宾国内税务局自动向这些组织办理受赠人身份证明等。④ 他

---

① 参见何华兵、万玲:《中国非政府组织问责路径探索》,载《中国行政管理》2015 年第 11 期,第 68 页。

② 如依据资源依赖理论,对资源的依赖使得资源提供者对非政府组织拥有了问责权,向其提供报告,说明资源的使用情况,成为非政府组织回应问责的应有方式。

③ 参见龙宁丽:《非政府组织治理中的问责研究》,载《国外理论动态》2013 年第 4 期,第 24 页。

④ 参见龙宁丽:《非政府组织治理中的问责研究》,载《国外理论动态》2013 年第 4 期,第 24—25 页。

律是指"由政府或公权力来执行的监督……包括组织主体资格制度、财税制度、不公平竞争规制等内容"①。对于西方非政府组织问责的实现路径，我们可以进行适度的参考和借鉴，但应克服对西方的路径依赖，本土化理论与制度的形成应当成为对社会组织问责的理论探索与制度建构的方向。

第四节　完善社会组织参与社会治理法律责任追究之构想

完善社会组织参与社会治理法律责任追究可从立法规范、制度建构、问责方式等方面展开，通过对立法规范的完善提供法律责任追究的立法依据，以有效的制度建构以及同体问责与异体问责相结合的方式，实现对社会组织参与社会治理法律责任的追究。

一、责任追究之立法规范

考察责任追究既有之立法，立法规范的完善得从立法体系与立法内容两方面同时展开。首先，应当建构完善的问责法律体系。一是推进《社会组织法》的出台，明确社会组织的性质与法律地位，提供法律责任追究的组织立法依据，解决责任追究面临的组织难题。二是出台相关的责任追究程序性立法。社会组织参与社会治理系属行使社会公权力的行为，应当遵循必要的程序规定，可出台规范社会组织公权力行为的程序法律规定，并作相应的责任规定，提供问责的程序立法依据。三是对既有立法进行必要的修改。梳理现行有关社会组织责任追究的立法规范，就相互冲突或与上位法冲突的部分予以修改完善，就立法规定不足或立法空白的调整领域进行补充立法，形成较为完善的立法规范体系，提供社会组织参与社会治理法律责任追究的立法依据。其次，对立法内容的完善。一方面，放宽对社会组织的准入要求，从而减轻准入环节的责任追究，将更多的精力投入对社会组织参与社会治理行为的监管与责任追究之中。另一方面，完善对社会组织行使社会公权力行为责任追究的立法规定，增强立法规定的规范性与可操作性，加强对社会组织参与社会治理行为的责任追究，实现从重准入到重行为的转变，以问责推进社会组织参与社会治理行为的规

---

① 于常有：《非营利组织问责：概念、体系及其限度》，载《中国行政管理》2011 年第 4 期，第 47 页。

范性。

二、责任追究之主要制度

制度建构之不足为社会组织参与社会治理责任追究需要解决的主要难题之一。责任追究所需之制度支持应当包含信息公开制度、报告制度、评估制度、参与制度等一系列的制度构成,通过相互关联的、系统的制度体系实现对社会组织参与社会治理法律责任的追究。

(一) 信息公开制度与报告制度

所谓信息公开制度,系指社会组织应当就法定或约定事项进行公开,或主动公开相关事项。所谓报告制度,系指社会组织应当依法或主动就法定或约定事项向相关主体进行报告。信息公开制度与报告制度均为对社会组织的义务性设定,要求社会组织向相关主体承担信息公开与报告的义务。有关信息公开制度与报告制度,首先,信息公开制度和报告制度已为我国现行立法所明确规定①,社会组织负有向相关主管机关就法定事项进行报告及就法定事项向社会公开的义务。通过社会组织的报告与信息公开,政府能够较为及时、准确地获得社会组织的活动情况,对其行为是否合法予以判断,决定是否予以相应的责任追究;公众可就此形成对该社会组织公信力及其行为的判断,决定是否向相关问责主体提起检举或控告,通过问责主体的问责实现对社会组织的责任追究。为立法所明确的信息公开制度与报告制度可称为法定的信息公开和报告,可结合对社会组织监管体制的改革,就信息公开和报告的对象、内容和程序进行进一步的明确,增强制度的规范性和有效性。其次,社会组织应当承担的信息公开与报告义务不限于法定的信息公开和报告。在法定的信息公开和报告义务之外,社会组织还应对资助者或捐赠者等就接受资助或捐赠等的资源使用情况,向资助者或捐赠者等承担信息公开与报告的义务。与法定的信息公开与报告义务相区别的是,社会组织可与资助者或捐赠者在不违背现行法律规定以及公共利益与第三方利益的前提下,就信息公开及报告的内容与形式等

---

① 如《社会团体登记管理条例》第 26 条第 3 款规定:"社会团体接受捐赠、资助,必须符合章程规定的宗旨和业务范围,必须根据与捐赠人、资助人约定的期限、方式和合法用途使用。社会团体应当向业务主管单位报告接受、使用捐赠、资助的有关情况,并应当将有关情况以适当方式向社会公布。"明确了对信息公开制度的要求。第 28 条第 1 款规定:"社会团体应当于每年 3 月 31 日前向业务主管单位报送上一年度的工作报告,经业务主管单位初审同意后,于 5 月 31 日前报送登记管理机关,接受年度检查。工作报告的内容包括:本社会团体遵守法律法规和国家政策的情况、依照本条例履行登记手续的情况、按照章程开展活动的情况、人员和机构变动的情况以及财务管理的情况。"明确了对报告制度的要求。

进行合理的协商,达成共识并受其约束。再次,社会组织还可主动向公众进行信息公开。依据现行立法,社会组织负有向公众公开特定信息的义务。如《社会团体登记管理条例》第 26 条规定,社会团体应当以适当的方式向社会公布使用捐赠、资助的有关情况。在法定的义务之外,社会组织还可以选择主动向公众公开其参与社会治理的相关信息,以增强公众对其的了解与信任。社会组织对公众的信息公开应真实、准确、客观,公开的方式应符合法律的规定与要求,否则将承担对提供虚假信息、违法信息等的法律责任。

(二) 评估制度

所谓评估制度,系指由特定的评估机构依据一定的标准或准则对社会组织的绩效进行评估并予以定级的制度。评估制度以一定的评估指标为标准来判断社会组织及其治理行为是否达到了预设的目标,以有效实现对社会组织的问责。有关评估制度,首先,对社会组织的评估制度已为我国现行立法所规定,《社会组织评估管理办法》规定了以分类评估的方式对社会组织进行评估,根据评估结果对社会组织进行定级并公示。在评估过程中,评估机构可以发现社会组织及其行为存在的问题,以等级评定的方式予以责任追究,促进社会组织解决存在的问题。从已有的评估立法及评估实践来看,评估制度面临的核心问题在于评估标准还待明确,影响了评估制度的制度效力,如何形成客观、科学的评估指标体系为解决问题的关键所在。其次,现行立法规定的对社会组织的分类评估以政府为主导,评估委员会及复核委员会由民政部门设立,并受其监管①,还缺乏政府以外的第三方(如独立的第三方)启动的评估,或由社会组织的资助者或捐赠者等启动的评估,以及社会组织的自我评估等评估方式,评估主体和评估方式还较为单一,需要对评估制度进行进一步的完善。一是还可以建立社会组织自我评估制度,通过内部的认证、等级评定等方式促进社会组织纠正存在的问题。② 二是建立第三方评估制度,含独立的第三方评估,以及由社会组织的资助者或捐赠者等进行第三方评估等。社会组织的自我评估及第三方评估也应注意评估指标的科学性、评估标准的客观性、评估目标的合理性,以有效的评估制度促进对社会组织法律责任的追究。

---

① 参见《社会组织评估管理办法》第 9 条:"各级人民政府民政部门设立相应的社会组织评估委员会(以下简称评估委员会)和社会组织评估复核委员会(以下简称复核委员会),并负责对本级评估委员会和复核委员会的组织协调和监督管理。"

② 当然,社会组织内部的责任追究不能成为对其责任追究的唯一方式,还需要对其施以外部的责任追究。

（三）参与制度

所谓参与制度,系指社会组织的利益相关人或治理对象以参与的方式介入社会组织的相关活动,给予社会组织的决定一定的影响,以此实现对社会组织的责任追究。参与制度是对社会组织的利益相关人或治理对象的权利性设定,解决的是社会组织的利益相关人或治理对象对社会组织进行问责的问题。通过参与制度的支持,社会组织的利益相关人或治理对象得以参与到社会组织的活动之中,及时发现问题并促进社会组织予以纠正或解决。我国现行立法对社会组织参与社会治理法律责任追究中利益相关人或治理对象的参与还缺乏较为明确的规定,需要予以完善。首先,参与的程序性支持。要为相关参与人提供可操作的程序支持①,保证相关参与人能够参与社会组织的相关活动。其次,参与的活动范畴问题。社会组织的利益相关人或治理对象可以参与到社会组织的部分决策或执行性的活动之中,并形成对社会组织决策和执行的影响。再次,参与度的问题。社会组织的利益相关人或治理对象的参与必然使社会组织的决策、执行等活动受到一定的影响,如何实现参与人的参与和社会组织行为的有效性之间的平衡,成为参与制度中的难点性问题。从域外的制度实践来看,世界银行以主要资助者和出借人会的形式召集较为重要的团体参与相关建议讨论,从而使这种方式得以迅速发展。② 可以将此作为参考借鉴,通过规范的制度形式实现利益相关人或治理对象对一定事宜的参与,实现参与和组织活动的平衡。

三、责任追究之方式

对社会组织参与社会治理法律责任的追究,需以外部问责为主导,以内部问责为必要构成,通过外部问责与内部问责相结合的方式,实现对社会组织参与社会治理法律责任的追究。

（一）内部问责

所谓内部问责,系指社会组织基于组织章程等内部管理规定,对自身所要承担责任进行反思和追究。区别于行政机关的层级制度,社会组织以自治性为突出特征,社会组织与社会组织之间并无如行政机关一般的行政隶属关系,难以形成行政机关之间基于行政隶属关系而形成的同体问责模

---

① 如通过信息公开使相关参与人知晓必要的信息,通过告知或通知参与人参与的事项及参与的时间、地点等,或者提供参与的申请、登记等方式,使参与人能够参与。

② 参见李勇:《非政府组织问责研究》,载《中国非营利评论》2010 年第 1 期,第 75 页。

式。社会组织的内部问责是社会组织基于组织章程等的规定,由组织内部的权力机关对社会组织及其工作人员应当承担的责任的追究,是社会组织自律的重要模式。尽管内部问责经常遭受公正性、足够性等的质疑,但不可否认,自律与自我责任追究是现代法治下责任追究的重要方式,对于社会组织而言尤为如此。以接受资助、捐赠等为重要资金来源的社会组织为获得运行所必须的资金支持,必须保证自身行为的规范性,以获得社会的信任,得到足够的发展空间,对自身违法或不当行为责任的追究是获得信任的重要方式。在已经发生的社会组织被施以责任追究的一系列社会事件中,失信的社会组织获得社会资助或捐赠的数额持续下降,公信力历经漫长的时间仍然难以修复的范例提供了足够的警示。社会组织应当主动规范自身的行为,对违法或不当行为予以内部问责是社会组织以自律的方式获取有序发展的必要要求。

(二) 外部问责

所谓外部问责,系指社会组织以外的其他主体对社会组织进行的责任追究,是对社会组织施以责任追究的重要方式。根据社会组织运行所需要的行为规范,现行立法对社会组织已经作出的责任规定尚不能满足对社会组织法律责任追究的需要,应当扩大社会组织外部责任追究主体的范畴,形成以政府及其职能部门、社会组织利益相关人及其治理对象为问责主体的外部问责体系。首先,政府及其职能部门的责任追究。政府及其职能部门的责任追究为对社会组织问责的重要方式,可与对社会组织监管体制的改革联动,将对社会组织法律责任追究的重心放在社会组织在社会治理中出现的违法或不当行为的责任追究上,强调过程监管。其次,社会组织利益相关人在责任追究中的功能与作用。资助人、捐赠人等利益相关人作为社会组织运行所需资金的提供者,天然地关心其所资助或捐赠资金等的使用情况,且能够以参与等政府不便或不宜的方式对社会组织进行责任追究,由其作为问责主体行使对社会组织的问责权,既能够弥补政府责任追究之不足,又能减轻政府的监管压力,有利于在实现对社会组织责任追究的同时,促进政府职能的转变,加快社会治理创新的进程。再次,社会组织治理对象的问责。治理对象的问责为权利型问责,社会组织治理对象让渡的权利是赋予社会组织社会公权力的原因所在,提供了社会组织参与社会治理合法性的基础。治理对象的权利型问责虽然不能对社会组织产生直接的强制力,且必须通过权力性主体的问责才能实现问责的目的,但是由其对社会组织的治理行为进行评价并通过一定的方式实现对其的问责,有利于社会组织自觉规范其治理行为。

　　内部问责与外部问责均为对社会组织施以责任追究的重要方式,但在两者的关系处理上,应当以外部问责为主导,内部问责为构成,内部问责不能替代外部问责的价值与功能。内部问责作为社会组织主动、自觉的责任追究方式,有其特有的法治价值。但是,"任何人不得为自己案件的法官",由责任主体以外的问责主体对其施以独立的责任追究为现代法治的核心要求,外部问责主体独立于责任主体的价值应予尊重并应当予以充分发挥,以使法治价值在社会组织参与社会治理法律责任追究中得到充分实现。

结　语

一、法治于社会组织参与社会治理之功能

改革与发展背景下,趋于多元的利益诉求与政府职能有限性之间的矛盾凸显,政府对公共事务的垄断难以为继,建立在"国家—社会"一体化结构基础上的,以政府单向度、全能型管理为特征的传统行政管理越来越不能满足对公共事务的治理要求。社会组织作为后生性的治理主体参与到社会治理之中,并不断拓展治理的范畴,单一性、垄断性的政府管理逐渐为多元化主体参与的治理模式所替代,多元主体合作治理的治理模式弥补了政府职能有限性的不足。因社会组织参与到对社会公共事务的治理之中,多元化的利益需求逐渐得到满足,传统行政管理体制的弊端得到克服,推进社会组织参与社会治理成为创新社会治理、打造共建共治共享的社会治理格局的必然要求。社会组织参与社会治理区别于传统的国家行政,传统的行政法治着重于对国家行政的规范与控制,相关的立法规范、程序设计、制度安排等主要围绕国家行政展开,法治化之不足导致了社会组织参与社会治理的一系列难题。社会组织合法性资格的取得,治理行为的规范,参与治理所需的程序设计、机制建构与制度安排,治理中受损权利的救济与法律责任追究等,或因立法规范的缺失,或因价值选择的偏离,或因制度支持的不足等,缺乏必要的法治保障,面临不能之难题。

社会组织参与社会治理之必要性与其法治化程度不高之间形成新的矛盾。反映于社会治理的实践,社会组织的组织数量、组织规模、组织分布等与社会治理的需求尚有距离,制度性的难题还待破解;社会组织的治理行为还待规范,对社会组织的监管还需优化;社会组织参与社会治理所需的程序设计、机制建构与制度安排还需要从价值选择、立法规范、制度构造等多重层面予以完善;社会组织参与社会治理中受损权利之救济及法律责任之追究还需要必要的立法规范之依据与相关制度之支持,法治化不足导致了社会组织参与社会治理效能的减损。一方面,社会组织作为新型治理

主体参与对社会公共事务的治理,解决了多元化利益诉求与政府职能有限性的矛盾;另一方面,创新社会治理,构建以多元化治理主体参与社会治理为特征的新型治理模式,离不开法治的引领与保障。应当将社会组织参与社会治理纳入法治的轨道,提供社会组织参与社会治理之立法规范,引导社会组织参与社会治理之价值选择,规范社会组织参与社会治理的治理行为,保证社会治理创新之行稳致远。将社会组织参与社会治理纳入法治轨道,提升其法治化程度,保证社会组织参与社会治理在法治的框架下依法进行成为必然之路径选择。

二、社会组织在行政法上的法律地位之确认

社会组织作为治理主体参与社会治理时,是否具有行政主体资格,能否纳入行政法治的范畴,已经成为推进社会组织参与社会治理必须解决的现实难题。以国家行政为调整对象的传统行政法未对社会组织在行政法上的法律地位进行规定,社会组织是否具有行政主体资格处于缺少立法确认的模糊状态。一方面,社会组织已经参与到社会治理之中,承担了部分公共治理的职能,弥补了政府职能有限性的不足,满足了对社会公共事务的治理需求;另一方面,社会组织又必须面对因现行立法缺乏对其以何种身份参与社会治理之必要规定所导致的一系列后果。如果不能对社会组织参与社会治理时的法律地位予以确认,不能对社会组织与政府在社会治理中的关系及其权限范畴与职能分工进行明确,合理的治理结构就难以形成。社会组织作为治理主体时在行政法上的法律地位如何,能否纳入行政主体的范畴,影响着相关的立法规范与制度构造。社会组织参与社会治理面临诸多难题,如对社会组织参与社会治理中受损权利的法律救济,对相关责任主体的责任追究等,一个重要的原因就在于社会组织作为社会治理主体时在行政法上的法律地位并不明确。如果不能对社会组织实施治理行为时是否具有行政主体资格予以明确,厘清社会组织在行政法上的法律地位,以社会组织为当然的被管理对象的立法规范与制度构造就难以从根本上得到改变。

从行政法学的角度对社会组织在社会治理中的权力来源及其行使进行分析:第一,社会组织的权力来源于组织章程或组织纪律等的规定,其实质为组织成员或治理对象的让渡;第二,社会组织通过对组织成员或治理对象行为的规范与控制实现治理;第三,社会组织基于组织章程或组织纪律等作出的处理决定,对组织成员或治理对象具有约束力;第四,社会组织依据组织章程或组织纪律等作出对组织成员或治理对象的处理决定时,

显非法律地位平等的私权利主体之间的权利处分;第五,社会组织权力行使的目的是满足对社会公共事务的治理要求。尽管社会组织并非行政机关,但在其行使基于组织成员或治理对象让渡的治理权限时,与行政机关行使基于公民让渡的国家行政权力在行为性质与行为目的上并无二致。如学者所指出的,政府并非唯一的公权力主体,政府以外的公共体亦可以成为公权力的主体①,只有行政机关与社会组织形成了对社会治理的合理分工,理性的治理结构才能形成,行政机关与社会组织之间权力的合理配置与规范运行才能可期,治理的目标才能真正实现。行政机关行使国家行政权力的行为应当纳入行政法治的范畴,社会组织行使社会公权力的行为亦应当纳入行政法治的范畴。应当对社会组织行使社会公权力实施对社会公共事务治理时的行政主体资格予以确认,明确作为治理主体的社会组织在行政法上的法律地位,理顺其与政府之间的职能关系。以此为前提,完善社会组织参与社会治理的立法规范与制度构造,解决社会组织参与社会治理所面临的一系列难题。

三、程序设计、机制建构与制度安排之要求

推进社会组织参与社会治理,关键在于是否有规范的程序设计、有效的机制建构与合理的制度安排的支持。立足社会组织参与社会治理之实践,程序设计、机构建构与制度安排的不足制约了社会组织对社会公共事务的治理,影响了社会治理创新的推进。梳理既有之程序设计、机制建构与制度安排,面临如下几个问题:一是工具价值之取向。在价值取向上,既有的程序设计、机制建构与制度安排趋于对程序、机制、制度之工具价值的依赖,虽有利于即时性地解决问题,但工具价值选择下的程序设计、机制建构与制度安排无法克服应对性、碎片化的缺陷,难以提供契合社会组织参与社会治理价值要求的程序设计、机制建构及制度安排,不利于社会组织参与社会治理的纵深发展,更好的治理遭遇程序设计、机制建构与制度安排不足之难题。二是机制、制度之混同。机制的有效运行需要有关联之制度的支持,制度亦需要机制的支持来避免效力的损耗,两者相互作用,互为支持。然而,在已有的理论研究与实践运作中,常常将两者混同,或以机制为制度,或以制度为机制,这些都消减着社会组织参与社会治理中机制与制度的效力。三是立法层面与实践层面的双重不足。既有的单行性立

---

① 参见姜明安:《行政管理体制改革的目标、任务和路径选择》,载《前沿理论》2008 年第 12 期,第 13 页。

法指向特定的社会组织,立法调整的对象及范畴还较为有限,未能将参与社会治理的社会组织均涵括其中,社会组织参与社会治理可依据的立法规范较为有限,必然影响实践中的程序设计、机制建构及制度安排,社会组织参与社会治理程序设计、机制建构与制度安排不足的难题需要破解。

解决社会组织参与社会治理的程序设计、机制建构、制度安排不足的难题,首先要求理念的转变,克服传统工具价值选择的影响,在理念重塑的前提下完善相关的立法规范以及程序设计、机制建构与制度安排,避免应对性的程序设计、机制建构与制度安排,以契合程序、机制、制度价值要求的程序设计、机制建构与制度安排来满足社会组织参与社会治理对程序、机制、制度的需求。其次要求形成对机制与制度的科学认知,厘清机制与制度之间的关系,避免参与机制与参与制度的混同,建构扶持机制、信任机制、合作机制等社会组织参与社会治理所需的参与机制,并以登记制度、运行制度、监管制度、问责制度、救济制度等为社会组织参与社会治理提供制度支持。再次是对法治原则的遵循,应当完善社会组织参与社会治理的立法规范,提供程序设计、机制建构与制度安排所需的立法依据,以统一性规定与具体性规定相结合的方式进行程序设计,以符合科学性且适应社会组织参与社会治理为要求进行机制建构与制度安排,推进社会组织参与社会治理,实现更好的治理。

四、权利救济与责任追究之价值

为受损的权利提供必要的法律救济,对违法或不当的治理行为施以相应的责任追究,为规范社会组织的治理行为、保证治理效果相辅相成的两个方面。能否为受损权利提供足够的法律救济,是否对违法或不当的治理行为施以必要的责任追究,既影响社会组织对是否参与社会治理以及如何参与社会治理的选择,也影响对社会组织参与社会治理认可与否及支持与否的选择,决定了社会组织参与社会治理之实际效能与发展趋向。受制于社会组织行使社会公权力进行治理时在行政法上的法律地位尚不明确,以及行政救济、司法救济制度存在的不足等问题,社会组织参与社会治理中部分受损权利或面临救济不能,或面临救济不足等难题。与此同时,对社会组织参与社会治理的责任追究还面临应否问责与如何问责的争议。社会组织参与社会治理过程中,不断出现的违法及不当行为消解着社会组织的公信力,降低了社会治理的成效,制约了社会组织对社会治理的参与。

权利救济与责任追究面临的难题要求完善对受损权利的法律救济,并实现对违法或不当治理行为的责任追究。立足我国社会组织参与社会治理之实践,对于受损权利的法律救济而言,一方面是以《社会组织法》明确社会组织在行政法上的法律地位,将其参与社会治理的公权力行为纳入行政法治的范畴,同时完善权利救济立法规范,为受损权利的法律救济提供立法依据;另一方面是通过优化行政复议制度与行政诉讼制度,增强行政复议的独立性,同时拓展行政复议与行政诉讼的受案范围,形成行政救济与司法救济的合理衔接,为社会组织参与社会治理中,作为社会公权力主体、行政管理行为的相对人以及独立的自治组织时,各方主体受损权利提供足够的法律救济。对于对社会组织违法或不当治理行为的责任追究而言,应当从立法规范、制度建构、问责方式等方面全面展开对责任主体的责任追究。一是通过完善责任追究立法规范,为责任主体的责任追究提供立法依据。二是建构涵括信息公开制度、报告制度、评估制度、参与制度等的责任追究制度体系,提供责任追究的制度支持。三是以内部问责与外部问责相结合的方式对相关责任主体施以责任追究,应当以外部问责为主导,以内部问责为构成,避免将内部问责作为唯一的问责途径,实现对社会组织参与社会治理法律责任的追究。

主要参考文献

一、著作类

1. 《马克思恩格斯选集》（第1卷），人民出版社2012年版。

2. 《马克思恩格斯选集》（第2卷），人民出版社2012年版。

3. 《马克思恩格斯选集》（第3卷），人民出版社2012年版。

4. 《马克思恩格斯选集》（第4卷），人民出版社2012年版。

5. 江必新著：《法治政府的制度逻辑与理性构建》，中国法制出版社2014年版。

6. 江必新著：《程序法治的制度逻辑与理性构建》，中国法制出版社2014年版。

7. 马怀德主编：《全面推进依法行政的法律问题研究》，中国法制出版社2014年版。

8. 姜明安著：《法治思维与新行政法》，北京大学出版社2013年版。

9. 罗豪才、毕洪海编：《行政法的新视野》，商务印书馆2011年版。

10. 张文显著：《法哲学范畴研究》，中国政法大学出版社2001年版。

11. 关保英著：《比较行政法学》，法律出版社2014年版。

12. 俞可平著：《论国家治理现代化》，社会科学文献出版社2015年版。

13. 王名、李勇、黄浩明编著：《美国非营利组织》，社会科学文献出版社2012年版。

14. 王名、李勇、黄浩明编著：《德国非营利组织》，清华大学出版社2006年版。

15. 王名编著：《非营利组织管理概论》，中国人民大学出版社2002年版。

16. 王名等著：《中国社会组织（1978—2018）》，社会科学文献出版社2018年版。

17. 季卫东著：《法治秩序的建构》，商务印书馆2014年版。

18. 季卫东著：《通往法治的道路：社会的多元化与权威体系》，法律出版社2014年版。

19. 贺林波、李燕凌著：《公共服务视野下的行政法》，人民出版社2013年版。

20. 康晓光、冯利著：《中国第三部门观察报告》，社会科学文献出版社2020年版。

21. 王建新著：《英国行政裁判所制度研究》，中国法制出版社2015年版。

22. 童星著：《中国社会治理》，中国人民大学出版社2018年版。

23. 周红云主编：《社会治理》，中央编译出版社2015年版。

24. 陈瑞华著：《程序正义理论》，中国法制出版社2010年版。

25. 李迎生著：《社会工作》，中国人民大学出版社2010年版。

26. 石佑启、杨治坤、黄新波著：《论行政体制改革与行政法治》，北京大学出版社2009年版。

27. 石佑启、杨治坤著：《论部门行政职权相对集中》，人民出版社2012年版。

28. 石佑启、陈咏梅著：《法治视野下行政权力合理配置研究》，人民出版社2016年版。

29. 石佑启、陈咏梅著：《行政体制改革及其法治化研究：以科学发展观为指引》，广东教育出版社 2013 年版。

30. 陈咏梅著：《行政决策不作为责任追究法律问题研究》，广东教育出版社 2019 年版。

31. 孙笑侠著：《程序的法理》，商务印书馆 2005 年版。

32. 胡建淼著：《领导人行政责任问题研究》，浙江大学出版社 2005 年版。

33. 苏力、葛云松、张守文、高丙中著：《规制与发展：第三部门的法律环境》，浙江人民出版社 1999 年版。

34. 徐国栋著：《民法基本原则解释：成文法局限性之克服》，中国政法大学出版社 2001 年版。

35. 沈原著：《市场、阶级与社会：转型社会学的关键议题》，社会科学文献出版社 2007 年版。

36. 王名扬著：《美国行政法》（上、下），中国法制出版社 2005 年版。

37. 王名扬著：《法国行政法》，中国政法大学出版社 1997 年版。

38. 蔡磊著：《非营利组织基本法律制度研究》，厦门大学出版社 2005 年版。

39. 张清、武艳著：《社会组织的软法治理研究》，法律出版社 2015 年版。

40. 周俊著：《社会组织管理》，中国人民大学出版社 2014 年版。

41. 程龙著：《法哲学视野中的程序正义：以研究程序正义中的分析模式为主的考察》，社会科学文献出版社 2011 年版。

42. 褚松燕著：《中外非政府组织管理体制比较》，国家行政学院出版社 2008 年版。

43. 黎军著：《行业组织的行政法问题研究》，北京大学出版社 2002 年版。

44. 邓国胜著：《非营利组织评估》，社会科学文献出版社 2001 年版。

45. 徐亚文著：《程序正义论》，山东人民出版社 2004 年版。

46. 辛鸣著：《制度论：关于制度哲学的理论建构》，人民出版社 2005 年版。

47. 施惠玲著：《制度伦理研究论纲》，北京师范大学出版社 2003 年版。

48. 胡平仁主编：《法理学》，湖南人民出版社 2008 年版。

49. 叶必丰著：《行政行为原理》，商务印书馆 2014 年版。

50. 毕可志著：《论行政救济》，北京大学出版社 2005 年版。

51. 王建芹著：《非政府组织的理论阐释：兼论我国非政府组织法律的冲突与选择》，中国方正出版社 2005 年版。

52. 王建芹著：《从管制到规制：非政府组织法律规制研究》，群言出版社 2007 年版。

53. 秦晖著：《政府与企业以外的现代化：中西公益事业史比较研究》，浙江人民出版社 1999 年版。

54. 王绍光著：《多元与统一：第三部门国际比较研究》，浙江人民出版社 1999 年版。

55. 徐增辉著：《新公共管理视域下的中国行政改革研究》，中山大学出版社 2009 年版。

56. 麻宝斌等著：《公共治理理论与实践》，社会科学文献出版社 2013 年版。

57. 吴玉章著：《民间组织的法理思考》，社会科学文献出版社 2010 年版。

58. 林喆著：《公民基本人权法律制度研究》，北京大学出版社 2006 年版。

59. 高丙中、袁瑞军主编：《中国公民社会发展蓝皮书》，北京大学出版社 2008 年版。

60. 李林、田禾主编：《法治蓝皮书：中国法治发展报告（2014）》，社会科学文献出版社 2014 年版。

61. 黄晓勇主编：《中国民间组织报告（2011—2012）》，社会科学文献出版社 2012 年版。

62. 黄晓勇主编：《社会组织蓝皮书：中国社会组织报告（2018）》，社会科学文献出版社 2018 年版。

63. 徐家良主编：《社会组织蓝皮书：中国社会组织评估发展报告（2018）》，社会科学文献出版社 2018 年版。

64. 胡锦涛：《高举中国特色社会主义伟大旗帜　为夺取全面建设小康社会新胜利而奋斗——在中国共产党第十七次全国代表大会上的报告》，人民出版社 2007 年版。

65. 胡锦涛：《坚定不移沿着中国特色社会主义道路前进　为全面建成小康社会而奋斗——在中国共产党第十八次全国代表大会上的报告》，人民出版社 2012 年版。

66. 习近平：《决胜全面建成小康社会　夺取新时代中国特色社会主义伟大胜利——在中国共产党第十九次全国代表大会上的报告》，人民出版社 2017 年版。

67. ［美］拉塞尔·哈丁著：《群体冲突的逻辑》，刘春荣、汤艳文译，上海人民出版社 2013 年版。

68. ［美］弗朗西斯·福山著：《国家构建：21 世纪的国家治理与世界秩序》，黄胜强、许铭原译，中国社会科学出版社 2007 年版。

69. ［法］孟德斯鸠著：《论法的精神》（上册），张雁深译，商务印书馆 2019 年版。

70. ［古希腊］亚里士多德著：《政治学》，吴寿彭译，商务印书馆 2012 年版。

71. ［英］洛克著：《政府论》（下篇），叶启芳、瞿菊农译，商务印书馆 2015 年版。

72. ［美］本杰明·卡多佐著：《司法过程的性质》，苏力译，商务印书馆 2015 年版。

73. ［法］让·雅克·卢梭著：《社会契约论》，徐强译，九州出版社 2006 年版。

74. ［英］阿克顿著：《自由与权力》，侯建译，商务印书馆 2001 年版。

75. ［美］汉密尔顿、［美］杰伊、［美］麦迪逊著：《联邦党人文集》，程适如、在汉、舒逊译，商务印书馆 2019 年版。

76. ［美］沃尔特·W. 鲍威尔、［美］保罗·J. 迪马吉奥主编：《组织分析的新制度主义》，姚伟译，上海人民出版社 2008 年版。

77. ［法］托克维尔著：《论美国的民主》（上、下卷），董果良译，商务印书馆 2014 年版。

78. ［美］朱迪·弗里曼著：《合作治理与新行政法》，毕洪海、陈标冲译，商务印书馆 2010 年版。

79. ［美］丽莎·乔丹、［美］彼得·图埃尔主编：《非政府组织问责：政治、原则与创新》，康晓光等译，中国人民大学出版 2008 年版。

80. ［英］托尼·布莱尔著：《新英国》，曹振寰译，世界知识出版社 1998 年版。

81. ［美］莱斯特·M. 萨拉蒙著：《全球公民社会：非营利部门视界》，贾西津、魏玉等译，社会科学文献出版社 2002 年版。

82. ［美］莱斯特·M. 萨拉蒙著：《全球公民社会：非营利组织国际指数》，陈一梅译，北京大学出版社 2007 年版。

83. ［美］迈克尔·D. 贝勒斯著：《法律的原则：一个规范的分析》，张文显等译，中国大百科全书出版社 1996 年版。

84. ［美］查尔斯·沃尔夫著：《市场与政府：权衡两种不完善的选择》，谢旭译，中国发展出版社 1994 年版。

85. ［德］鲁道夫·冯·耶林著：《为权利而斗争》，胡宝海译，中国法制出版社 2004 年版。

86. ［美］肯尼思·F. 沃伦著：《政治体制中的行政法》，王从虎译，中国人民大学出版社 2005 年版。

87. ［日］重富真一著：『アジアの国家とNGO』，明石书店 2001 版。

88. ［日］谷口安平著：《程序的正义与诉讼》，王亚新、刘荣军译，中国政法大学出版社 2002 年版。

89. ［日］市桥克哉、［日］榊原秀训、［日］本多泷夫、［日］平田和一著：《日本现行行政法》,田林、钱蓓蓓、李龙贤译,法律出版社 2017 年版。

90. [日]盐野宏著:《行政救济法》,杨建顺译,北京大学出版社 2008 年版。

91. [美]马克·H.穆尔著:《创造公共价值:政府战略管理》,伍满桂译,商务印书馆 2016 年版。

92. [美]W.理查德·斯科特著:《制度与组织:思想观念与物质利益》,姚伟、王黎芳 译,中国人民大学出版社 2010 年版。

93. [美]罗尔斯著:《正义论》,何怀宏、何包钢、廖申白译,中国社会科学出版社 2020 年版。

94. [美]库珀著:《二十一世纪的公共行政:挑战与改革》,王巧玲、李文钊译,中国人 民大学出版社 2006 年版。

95. [英]威廉·布莱克斯通著:《英国法释义》(第一卷),游云庭、缪苗译,上海人民出 版社 2006 年版。

96. [美]朱莉·费希尔著:《非政府组织与第三世界政治的发展》,邓国胜、赵秀梅译, 社会科学文献出版社 2002 年版。

97. [美]杰克·奈特著:《制度与社会冲突》,周伟林译,上海人民出版社 2009 年版。

98. [英]戴维·M.沃克著:《牛津法律大辞典》,李双元等译,法律出版社 2003 年版。

99. [德]黑格尔著:《法哲学原理》,范扬、张企泰译,商务印书馆 2019 年版。

100. [德]哈特穆特·毛雷尔著:《行政法学总论》,高家伟译,法律出版社 2000 年版。

101. [德]汉斯·J.沃尔夫、[德]奥托·巴霍夫、[德]罗尔夫·施托贝尔著:《行政法》 (第二卷),高家伟译,商务印书馆 2002 年版。

102. [美]R.科斯、[美]A.阿尔钦、[美]D.诺斯等著:《财产权利与制度变迁:产权学派 与新制度学派译文集》,刘守英等译,上海人民出版社、上海三联书店 2005 年版。

103. [英]R.A.W.罗兹著:《理解治理:政策网络、治理、反思与问责》,丁煌、丁方达 译,中国人民大学出版社 2020 年版。

104. [英]安东尼·吉登斯著:《第三条道路:社会民主主义的复兴》,郑戈译,北京大学 出版社、三联书店 2000 年版。

105. [英]贝弗里奇著:《贝弗里奇报告:社会保险和相关服务》,劳动和社会保障部社 会保险研究所译,中国劳动社会保障出版社 2008 年版。

106. [美]小威廉·T.格姆雷、[美]斯蒂芬·J.巴拉著:《官僚机构与民主:责任与绩 效》,俞沂暄译,复旦大学出版社 2007 年版。

107. [美]理查德·J.皮尔斯著:《行政法》(第一、二、三卷),苏苗罕译,中国人民大学出 版社 2016 年版。

108. [美]约翰·克莱顿·托马斯著:《公共决策中的公民参与》,孙柏瑛等译,中国人民 大学出版社 2010 年版。

109. [美]理查德·C.博克斯著:《公民治理:引领 21 世纪的美国社区》,孙柏瑛,中 国人民大学出版社 2013 年版。

110. [美]道格拉斯·C.诺思著:《制度、制度变迁与经济绩效》,杭行译,格致出版社、 上海三联出版社、上海人民出版社 2014 年版。

111. [澳]欧文·E.休斯著:《公共管理导论》,张成福、马子博译,中国人民大学出版社 2015 年版。

112. [英]斯蒂芬·奥斯本著:《新公共治理? ——公共治理理论和实践方面的新观 点》,包国宪译,科学出版社 2016 年版。

二、论文类

1. 黄晓春：《当代中国社会组织的制度环境与发展》，载《中国社会科学》2015 年第 9 期。

2. 竺乾威：《政府职能的三次转变：以权力为中心的改革回归》，载《江苏行政学院学报》2017 年第 6 期。

3. 竺乾威：《新公共治理：新的治理模式？》，载《中国行政管理》2016 年第 7 期。

4. 江必新、李沫：《论社会治理创新》，载《新疆师范大学学报（哲学社会科学版）》2014 年第 2 期。

5. 江必新、王红霞：《社会治理的法治依赖及法治的回应》，载《法制与社会发展》2014 年第 4 期。

6. 江必新、邵长茂：《社会治理新模式与行政法的第三形态》，载《法学研究》2010 年第 6 期。

7. 张康之：《论主体多元化条件下的社会治理》，载《中国人民大学学报》2014 年第 2 期。

8. 张康之、张乾友：《三维视角中的公共行政概念》，载《中国行政管理》2012 年第 6 期。

9. 张康之：《合作治理是社会治理变革的归宿》，载《社会学研究》2012 年第 3 期。

10. 刘琼莲：《中国社会治理共同体建设的关键：信任与韧性》，载《学习与实践》2020 年第 11 期。

11. 马金芳：《社会组织多元社会治理中的自治与法治》，载《法学》2014 年第 11 期。

12. 钟哲：《地方政府社会治理创新可持续性提升的路径选择——以制度伦理为视角》，载《东北师大学报（哲学社会科学版）》2015 年第 2 期。

13. 俞可平：《国家治理的中国特色和普遍趋势》，载《公共管理评论》2019 年第 1 期。

14. 俞可平：《法治与善治》，载《西南政法大学学报》2016 年第 1 期。

15. 俞可平：《推进国家治理体系和治理能力现代化》，载《前线》2014 年第 1 期。

16. 俞可平：《中国公民社会概念、分类和制度环境》，载《中国社会科学》2006 年第 1 期。

17. 姜明安：《论法治国家、法治政府、法治社会建设的相互关系》，载《法学杂志》2013 年第 6 期。

18. 姜明安：《行政管理体制改革的目标、任务和路径选择》，载《前沿理论》2008 年第 12 期。

19. 姜明安：《行政的"疆域"与行政法的功能》，载《求是学刊》2002 年第 2 期。

20. 周佑勇：《公共行政组织的法律规制》，载《北方法学》2007 年第 1 期。

21. 周佑勇：《行政法的正当程序原则》，载《中国社会科学》2004 年第 4 期。

22. 顾昕、王旭：《从国家主义到法团主义——中国市场转型过程中国家与专业团体关系的演变》，载《社会学研究》2005 年第 2 期。

23. 王名、贾西津：《中国 NGO 的发展分析》，载《管理世界》2002 年第 8 期。

24. 马庆钰、贾西津：《中国社会组织的发展方向与未来趋势》，载《国家行政学院学报》2015 年第 4 期。

25. 贾西津：《境外非政府组织境内活动管理法实施观察》，载《中国非营利评论》2018 年第 2 期。

26. 石佑启、杨治坤：《中国政府治理的法治路径》，载《中国社会科学》2018 年第 1 期。

27. 石佑启、陈可翔：《粤港澳大湾区治理创新的法治进路》，载《中国社会科学》2019 年第 11 期。

28. 石佑启：《论公共行政之发展与行政主体多元化》，载《法学评论》2003 年第 4 期。

29. 石佑启、陈咏梅：《论社会管理主体多元化与行政组织法的发展》，载《法学杂志》2011 年第 12 期。

30. 石佑启、陈咏梅：《论我国行政组织结构优化的法治保障》，载《广东社会科学》2012 年第 6 期。

31. 白景坤：《我国社会组织管理体制改革的目标及路径探析》，载《理论探讨》2010 年第 2 期。

32. 王思斌：《社会治理结构的进化与社会工作的服务型治理》，载《北京大学学报（哲学社会科学版）》2014 年第 6 期。

33. 王新时：《从行政组织法的视角看我国非政府组织之法律规制》，载《内蒙古大学学报（哲学社会科学版）》2012 年第 1 期。

34. 李建华：《公共政策程序正义及其价值》，载《中国社会科学》2009 年第 1 期。

35. 李景鹏：《论制度与机制》，载《天津社会科学》2010 年第 3 期。

36. 葛道顺：《中国社会组织发展：从社会主体到国家意识——公民社会组织发展及其对意识形态构建的影响》，载《江苏社会科学》2011 年第 3 期。

37. 应松年：《社会管理创新引论》，载《法学论坛》2010 年第 6 期。

38. 严振书：《现阶段中国社会组织发展面临的机遇、挑战及促进思路》，载《北京社会科学》2010 年第 1 期。

39. 郭道晖：《权力的多元化与社会化》，载《法学研究》2001 年第 1 期。

40. 孙柏瑛：《当代政府治理变革中的制度设计与选择》，载《中国行政管理》2002 年第 2 期。

41. 郭风英：《社会组织参与社会治理的责任与困境》，载《云南行政学院学报》2015 年第 4 期。

42. 徐越倩、吴丹阳：《社会组织参与社会治理的标准化》，载《治理研究》2020 年第 6 期。

43. 杨伟东：《行政复议与行政诉讼的协调发展》，载《国家行政学院学报》2017 年第 6 期。

44. 关保英：《行政法治社会化的进路》，载《法学》2015 年第 1 期。

45. 田凯：《西方非营利组织治理研究的主要理论述评》，载《经济社会体制比较》2012 年第 6 期。

46. 姜晓萍：《国家治理现代化进程中的社会治理体制创新》，载《中国行政管理》2014 年第 2 期。

47. 周晓丽、党秀云：《西方国家的社会治理：机制、理念及启示》，载《南京社会科学》2013 年第 10 期。

48. 王名、蔡志鸿、王春婷：《社会共治：多元主体共同治理的实践探索与制度创新》，载《中国行政管理》2014 年第 12 期。

49. 王名：《中国非政府组织发展的制度分析》，载《中国非营利评论》2007 年第 1 期。

50. 孙笑侠：《两种价值序列下的程序基本矛盾》，载《法学研究》2002 年第 6 期。

51. 曹任何：《治理与善治的合法性分析》，载《南京社会科学》2003 年第 5 期。

52. 刘旺洪：《社会管理创新与社会治理的法治化》，载《法学》2011 年第 10 期。

53. 周红云：《中国社会组织管理体制改革：基于治理与善治的视角》，载《马克思主义与现实》2010 年第 5 期。

54. 周庆智：《社会治理体制创新与现代化建设》，载《南京大学学报（哲学．人文科学．社会科学）》2014 年第 4 期。

55. 徐倩：《包容性治理：社会治理的新思路》，载《江苏社会科学》2015 年第 4 期。

56. 宋敏、吴晓云：《和谐社会语境下我国非政府组织的发展路径》，载《广西社会科学》2009 年第 10 期。

57. 汪小波、黄晶：《国外非政府组织理论研究综述》，载《辽宁行政学院学报》2012 年第 5 期。

58. 范如国：《复杂网络结构范型下的社会治理协同创新》，载《中国社会科学》2014 年第 4 期。

59. 郁建兴、沈永东：《调适性合作：十八大以来中国政府与社会组织关系的策略性变革》，载《政治学研究》2017 年第 3 期。

60. 纪莺莺：《当代中国的社会组织：理论视角与经验研究》，载《社会学研究》2013 年第 5 期。

61. 王诗宗、宋程成：《独立抑或自主：中国社会组织特征问题重思》，载《中国社会科学》2013 年第 5 期。

62. 吴晓林：《"社会治理社会化"论纲——超越技术逻辑的政治发展战略》，载《行政论坛》2018 年第 6 期。

63. 吴建平：《理解法团主义——兼论其在中国国家与社会关系研究中的适用性》，载《社会学研究》2012 年第 1 期。

64. 徐靖：《论法律视域下社会公权力的内涵、构成及价值》，载《中国法学》2014 年第 1 期。

65. 喻中：《作为国家治理体系的法治体系》，载《法学论坛》2014 年第 2 期。

66. 詹少青、胡介埙：《西方政府——非营利组织关系理论综述》，载《外国经济与管理》2005 年第 9 期。

67. 张仲涛、韩欢欢：《社会组织参与群体性事件治理的局限及其优化》，载《江海学刊》2014 年第 6 期。

68. 南锐：《精细化视角下省域社会治理绩效的组合评价——基于 29 个省域的实证研究》，载《北京交通大学学报（社会科学版）》2017 年第 4 期。

69. 苗连营：《公民司法救济权的入宪问题之研究》，载《中国法学》2004 年第 5 期。

70. 虞维华：《非政府组织与政府的关系——资源相互依赖理论的视角》，载《公共管理学报》2005 年第 5 期。

71. 严励：《刑事政策研究应关注刑事政策机制》，载《学术交流》2011 年第 1 期。

72. 史云贵、欧晴：《社会管理创新中政府与非政府组织合作治理的路径创新论析》，载《社会科学》2013 年第 4 期。

73. 余凌云：《公共行政变迁之下的行政法》，载《华东政法大学学报》2015 年第 5 期。

74. 高秦伟：《社会自我规制与行政法的任务》，载《中国法学》2015 年第 5 期。

75. 任彬彬：《结构张力与理性行动：地方政府社会组织登记管理制度改革的困境解析》，载《理论月刊》2020 年第 7 期。

76. 高红、尹兴：《政府与直属社团的强组织关系模式研究》，载《中国行政管理》2020 年第 10 期。

77. 崔俊杰：《我国当代行政法治变迁的特色、反思与前瞻》，载《行政法学研究》2016 年第 1 期。

78. 翁士洪、顾丽梅：《治理理论：一种调适的新制度主义理论》，载《南京社会科学》

2013 年第 7 期。

79. 吴玉敏：《创新社会管理中的社会自治能力增强问题》，载《社会主义研究》2011 年第 4 期。

80. 文军：《中国社会组织发展的角色困境及其出路》，载《江苏行政学院学报》2012 年第 1 期。

81. 蔡雅洁：《欧盟社会治理研究述评》，载《欧洲研究》2013 年第 3 期。

82. 陈家建：《法团主义与当代中国社会》，载《社会学研究》2010 年第 2 期。

83. 李勇：《非政府组织问责研究》，载《中国非营利评论》2010 年第 1 期。

84. 郑杭生：《社会建设和社会管理研究与中国社会学使命》，载《社会学研究》2011 年第 4 期。

85. 徐继敏：《国家治理体系现代化与行政法的回应》，载《法学论坛》2014 年第 2 期。

86. 张维：《权利的救济和获得救济的权利——救济权的法理阐释》，载《法律科学》2008 年第 3 期。

87. 何芸：《社会组织在社会管理中的主体性问题》，载《理论探索》2011 年第 4 期。

88. 向德平、苏海：《"社会治理"的理论内涵和实践路径》，载《新疆师范大学学报（哲学社会科学版）》2014 年第 6 期。

89. 何显明：《治理民主：一种可能的复合民主范式》，载《社会科学战线》2012 年第 10 期。

90. 陈瑞华：《程序性制裁制度的法理学分析》，载《中国法学》2005 年第 6 期。

91. 陈瑞华：《论协商性的程序正义》，载《比较法研究》2021 年第 1 期。

92. 佟德志：《当代世界民主治理的主体复合体系》，载《政治学研究》2020 年第 6 期。

93. 张贤明，张力伟在《社会治理共同体：理论逻辑、价值目标与实践路径》，载《理论月刊》2021 年第 1 期。

94. 江国华：《习近平全面依法治国新理念新思想新战略的学理阐释》，载《武汉大学学报（哲学社会科学版）》2021 年第 1 期。

95. 曹鎏：《五国行政复议制度的启示与借鉴》，载《行政法学研究》2017 年第 5 期。

96. 王静：《美国行政法法官集中使用制度研究》，载《行政法学研究》2009 年第 2 期。

97. 韩剑琴：《行政问责制——建立责任政府的新探索》，载《探索与争鸣》2004 年第 8 期。

98. 韩志明：《当前行政问责制研究述评》，载《云南行政学院学报》2007 年第 1 期。

99. 刘厚金：《我国行政问责的多维困境及其路径选择》，载《学术论坛》2005 年第 11 期。

100. 周亚越：《行政问责制的内涵及其意义》，载《理论与改革》2004 年第 7 期。

101. 于常有：《非营利组织问责：概念、体系及其限度》，载《中国行政管理》2011 年第 4 期。

102. 魏治勋：《"善治"视野中的国家治理能力及其现代化》，载《法学论坛》2014 年第 2 期。

103. 曾正滋：《公共行政中的治理——公共治理的概念厘析》，载《重庆社会科学》2006 年第 8 期。

104. 傅金鹏：《西方非营利组织问责理论评介》，载《国外社会科学》2012 年第 1 期。

105. 熊光清：《中国民间组织的主要功能、制度环境及其改进路径》，载《哈尔滨工业大学学报（社会科学版）》2013 年第 4 期。

106. 陈成文、赵杏梓：《社会治理：一个概念的社会学考评及其意义》，载《湖南师范大学社会科学学报》2014 年第 5 期。

107. 曹爱军、方晓彤:《社会治理与社会组织成长制度构建》,载《甘肃社会科学》2019
年第 2 期。

108. 陈义平:《社会组织参与社会治理的主体性发展困境及其解构》,载《学术界》2017
年第 2 期。

109. 周学荣:《社会组织参与社会治理的理论思考与提升治理能力的路径研究》,载《湖
北大学学报(哲学社会科学版)》2018 年第 6 期。

110. 胡澎:《日本非营利组织参与社会治理的路径与实践》,载《日本学刊》2015 年第
3 期。

111. 张海棠、娄正涛:《行政相对人行政救济与司法救济程序衔接问题研究》,载《政治
与法律》2013 年第 3 期。

112. 王浦劬:《国家治理、政府治理和社会治理的含义及其相互关系》,载《国家行政学
院学报》2014 年第 3 期。

113. 李长春:《论中国慈善组织的监管》,载《暨南学报(哲学社会科学版)》2013 年第
6 期。

114. 龙宁丽:《非政府组织治理中的问责研究》,载《国外理论动态》2013 年第 4 期。

115. 杨丽、赵小平、游斐:《社会组织参与社会治理:理论、问题与政策选择》,载《北京
师范大学学报(社会科学版)》2015 年第 6 期。

116. 范和生、唐惠敏:《社会组织参与社会治理路径拓展与治理创新》,载《北京行政学
院学报》2016 年第 2 期。

117. 何华兵、万玲:《中国非政府组织问责路径探索》,载《中国行政管理》2015 年第
11 期。

118. 王利明:《法治:良法与善治》,载《中国人民大学学报》2015 年第 2 期。

119. 张维:《救济权及其在当代中国实现的制度研究》,中共中央党校 2009 年博士学位
论文。

120. 汪春翔:《和谐社会视域下社会组织建设研究》,江西师范大学 2013 年博士学位
论文。

121. 黄建:《民主政治视域下中国非政府组织发展研究》,中共中央党校 2014 年博士学
位论文。

122. 习近平:《在首都各界纪念现行宪法公布施行 30 周年大会上的讲话》,载《人民日
报》2012 年 12 月 5 日。

123. 习近平:《在庆祝全国人民代表大会成立 60 周年大会上的讲话》,载《人民日报》
2014 年 9 月 6 日。

124. 何增科:《从社会管理走向社会治理和社会善治》,载《学习时报》2013 年 1 月
28 日。

125. [美]彼得·豪尔、[美]罗斯玛丽·泰勒:《政治科学与三个新制度主义》,何俊智
译,载《经济社会体制比较》2003 年第 5 期。

126. [英]格里·斯托克:《作为理论的治理:五个论点》,华夏风译,载《国际社会科学
杂志(中文版)》2019 年第 3 期。

三、外文类

1. Adonai Lacruz, Everton Cunha. Project Management Office in Non-governmental
Organizations: An Ex Post Facto Study, *Revista de Gestão*, Vol. 25, No. 2, 2018.

2. Leanne M. Kelly, Maya Cordeiro. Three Principles of Pragmatism for Research on Organizational Processes, *Methodological Innovations*, Vol. 13, No. 2, 2020.

3. Joshua Steinfeld, Clifford McCue, Eric Prier. Professionalism as Social Responsibility in Procurement and Administration, *European Business Review*, Vol. 39, 2017.

4. LisaJordan, Peter van Tuijl. *NGO Accountability: Politics, Principle and Innovations*, Routledge, 2006.

5. Ronald Dworkin. *Justice in Robes*, Harvard University Press, 2006.

6. Donald F. Kettl. *The Global Public Management Revolution: A Report on the Transformation of Governance*, Brookings Institution Press, 2000.

7. Adil Najam. The Four-C's of Third Sector-Government Relations: Cooperation, Confrontation, Complementarity, Co-optation, *Nonprofit Management and Leadership*, Vol. 10, No. 4, 2000.

8. Rosalie Berger Levinson. Reining in Abuses of Executive Power Through Substantive Due Process, *Florida Law Review*, Vol. 60, 2008.

9. John Casey. *The Nonprofit World: Civil Society and the Rise of the Nonprofit Sector*, Kumarian Press, 2016.

10. Jonathan G. S. Koppell. Pathologies of Accountability: ICANN and the Challenge of "Multiple Accountabilities Disorder", *Public Administration Review*, Vol. 65, No. 1, 2005.

11. Monica Blagescu, Lucy de las Casas, Robert Lloyd. *Pathways to Accountability: A Short Guide to the Gap Framework*, One World Trust, 2005.

12. Lester M. Salamon, S. Wojciech Sokolowski, Regina List. *Global Civil Society: An Overview*, Johns Hopkins University, 2003.

13. Peter Graefe. Personal Services in the Post-industrial Economy: Adding Non-profits to the Welfare Mix, *Social Policy&Administration*, Vol. 38, 2004.

14. Jan Aart Scholte. Civil Society and Democratically Accountable Global Governance, *Government and Opposition*, Vol. 39, 2004.

15. Jay M. Shafritz. *International Encyclopedia of Public Policy and Administration*, Westview Press, 1998.

16. Alnoor Ebrahim. Making Sense of Accountability: Conceptual Perspectives for Northern and Southern Nonprofits, *Nonprofit Management and Leadership*, Vol. 14, No. 2, 2003.

17. Jeffrey Unerman, Brendan O'Dwyer. Theorising Accountability for NGO Advocacy, Accounting, *Auditingand Accountability Journal*, Vol. 19, No. 3, 2006.

18. Barry R. Weingast, Donald A. Wittman. *The Oxford Handbook of Political Economy*, Oxford University Press, 2008.

19. Fehling, Kastner. Verwaltungsrecht Hanhkommentar, *Verlag Nomos*, 2009.

20. Freek van der Vet. Holding on to Legalism: The Politics of Russian Litigation on Torture and Discrimination before the European Court of Human Rights, *Social & Legal Studies*, Vol. 23, No. 3, 2014.

21. Anthony Heyes, Steve Martin. Social Labeling by Competing NGOs: A Model with

Multiple Issues and Entry, *Management Science*, Vol. 63, No. 6, 2017.

22. Ralph M. Kramer, Hakon Lorentzen, Willem B. Melief, Sergio Pasquinelli. *Privatization in Four European Countries*: *Comparative Studies in Government-Third Sector Relationships*, Routledge, 2019.

图书在版编目(CIP)数据

社会组织参与社会治理法律问题研究/陈咏梅著.
上海:上海三联书店,2024.12. —ISBN 978 - 7 - 5426
- 8709 - 8

Ⅰ.D922.104

中国国家版本馆 CIP 数据核字第 20244H3F84 号

社会组织参与社会治理法律问题研究

著　　者 / 陈咏梅

责任编辑 / 宋寅悦
装帧设计 / 一本好书
监　　制 / 姚　军
责任校对 / 王凌霄

出版发行 / 上海三联书店
　　　　　　(200041)中国上海市静安区威海路 755 号 30 楼
邮　　箱 / sdxsanlian@sina.com
联系电话 / 编辑部 021 - 22895517
　　　　　　发行部 021 - 22895559
印　　刷 / 上海惠敦印务科技有限公司

版　　次 / 2024 年 12 月第 1 版
印　　次 / 2024 年 12 月第 1 次印刷
开　　本 / 710mm×1000mm　1/16
字　　数 / 210 千字
印　　张 / 11.75
书　　号 / ISBN 978 - 7 - 5426 - 8709 - 8/D·660
定　　价 / 88.00 元

敬启读者,如发现本书有印装质量问题,请与印刷厂联系 13917066329